U0453289

社会企业合法性机制建构研究

刘小霞 著

中国社会科学出版社

图书在版编目（CIP）数据

社会企业合法性机制建构研究 / 刘小霞著 . —北京：中国社会科学出版社，2021.8
ISBN 978 – 7 – 5203 – 8686 – 9

Ⅰ.①社… Ⅱ.①刘… Ⅲ.①企业管理制度—研究—中国 Ⅳ.①F279.246

中国版本图书馆 CIP 数据核字（2021）第 129519 号

出 版 人	赵剑英
责任编辑	王莎莎
责任校对	张爱华
责任印制	张雪娇

出　　版	中国社会科学出版社
社　　址	北京鼓楼西大街甲 158 号
邮　　编	100720
网　　址	http://www.csspw.cn
发 行 部	010 – 84083685
门 市 部	010 – 84029450
经　　销	新华书店及其他书店
印　　刷	北京明恒达印务有限公司
装　　订	廊坊市广阳区广增装订厂
版　　次	2021 年 8 月第 1 版
印　　次	2021 年 8 月第 1 次印刷
开　　本	710×1000　1/16
印　　张	21
插　　页	2
字　　数	323 千字
定　　价	128.00 元

凡购买中国社会科学出版社图书，如有质量问题请与本社营销中心联系调换
电话：010 – 84083683
版权所有　侵权必究

目 录

第一章 绪 论 …………………………………………………… (1)
  第一节 选题缘起 ………………………………………… (1)
  第二节 社会企业的概念厘定 …………………………… (5)
  第三节 本书分析框架 …………………………………… (26)

第二章 社会企业的历史演进及制度约束 …………………… (42)
  第一节 福利企业的发端及早期形态 …………………… (42)
  第二节 "单位社会"与福利企业制度的形成 …………… (47)
  第三节 市场化改革与社会福利企业的转型 …………… (49)
  第四节 社会治理与现代社会企业的发展 ……………… (57)
  本章小结 …………………………………………………… (60)

第三章 社会企业的身份识别与合法性危机 ………………… (61)
  第一节 社会企业的角色定位与身份识别 ……………… (61)
  第二节 社会企业的类型特征及目标选择 ……………… (65)
  第三节 责任边界与社会企业的行动框架 ……………… (73)
  第四节 社会企业的权利缺失与合法性危机 …………… (75)
  本章小结 …………………………………………………… (86)

第四章 社会企业合法性建构的制度环境 …………………… (88)
  第一节 国家规制与社会企业行动之间的张力 ………… (88)

第二节 制度设置与组织行动：环境中的组织 …………（104）
第三节 组织环境的边界：功能性组织场域 ……………（112）
本章小结 ……………………………………………………（118）

第五章 社会企业合法性建构的多维框架 ……………………（119）
第一节 社会企业的合法性及困境 …………………………（119）
第二节 社会企业的合法性建构的组织策略 ………………（124）
第三节 社会企业合法性机制获得的路径依赖 ……………（133）

第六章 社会企业内部合法性建构：自致、协作与融合 ……（137）
第一节 社会企业正式组织结构的生成 ……………………（138）
第二节 制度嵌入与角色表达：合法性身份建构中的组织
　　　 行动 …………………………………………………（161）
第二节 集团故事："江湖马哥" ……………………………（202）
第三节 效率机制与合法性机制：结构性矛盾的策略选择 …（207）
本章小结 ……………………………………………………（212）

第七章 社会企业外部合法性建构：抗争、合作与嵌入 ………（214）
第一节 社会企业的组织策略：组织目标的形成和实施 …（214）
第二节 社会企业的生态网络：利益相关者群体 …………（231）
第三节 资源依赖与制度抗争：外部合法性获得的策略
　　　 选择 …………………………………………………（293）
本章小结 ……………………………………………………（296）

第八章 社会企业合法性建构路径选择：组织行动与制度
　　　 融合 …………………………………………………（298）
第一节 社会企业角色扮演的"理想类型" …………………（298）
第二节 社会企业合法性建构的组织策略与社会行动 ……（300）

第三节 未来展望 …………………………………………（304）

附录1 访谈对象编码表 ……………………………………（306）

附录2 企业员工调查问卷 …………………………………（309）

附录3 相关政策法规一览表 ………………………………（316）

参考文献 ……………………………………………………（318）

后　记 ………………………………………………………（328）

第一章

绪　　论

第一节　选题缘起

一　研究背景

20世纪70年代以来，随着经济全球化发展对劳动力市场的冲击，欧美资本主义市场面临日益严重的福利国家危机。高福利带来的高成本，使政府不堪重负，财政赤字不断攀升。过度的福利依赖使整个社会缺乏活力。为了改变这一福利僵局，西方福利国家开始着手进行福利改革，更多把福利支出作为对社会领域的投资而非直接的经济救助，这为社会领域的发育提供了重要机遇，直接催生了社会组织的生长。社会企业作为借助商业模式解决社会问题的创新式发展模式应运而生。

改革开放40年来，我国经济快速发展，社会转型进程加速，社会异质性增强，社会分层出现，社会系统由单一走向多元，国家在社会转型中地位和作用的转变势在必需。随着公民社会的发育，国家、社会和市场共同构成了现在社会的三大支柱。这三大部门在传统社会体制下具有相对清晰的边界，但随着经济和社会的动态演进，三部门的边界越来越模糊，非营利组织和公共部门开始逐步引入了商业化的运作模式，而以"营利"为宗旨的商业企业开始向公共产品市场开放，三部门在各自发展中逐渐相互渗透、相互作用和相互影响。

当前，我国政府正着力促进公共服务均等化，加强社会治理和创新，打造共建共治共享的社会治理格局。改革开放以来中国确立的"以经济建设为中心"的发展战略，既释放了经济领域的改革活力，又激活复苏了社会力量。传统的国家垄断社会的单一格局被打破，使社会结构发生了全方位、多层面的显著性嬗变。传统的社会管理模式已经不再适应时代和实践的双重要求。现代社会治理领域的多元主体和多元决策中心，任何一个主体都难以单独行动，而必须寻求与其他主体的通力合作、共同治理，以实现治理力量的合理均衡。政府、社会组织、企业、公民个人等主体都可以在一定规则的约束下，以不同形式共同行使治理权利。激发和引导多元主体共同参与社会事务治理，既是现代社会治理的内在要求，也是提升社会治理能力水平的必然途径。① 现代社会复杂多元的需求也要求各组织主体在现代社会治理体系中能积极发挥作用，合作共治。

在市场转型时期，中国的社会保障机制在劳动就业、社会保障促进等福利领域面临着种种挑战。从理论上讲，政府在促进公共服务均等化方面扮演着重要角色，以弥补市场失灵的不足，但随着经济社会的发展，越来越多的领域几乎同时存在政府失灵和市场失灵。事实上，由于第三部门面临捐赠资源有限等因素而难以持续发展，出现志愿失灵。社会企业家群体的出现和社会企业的应运而生，无疑有利于形成一种补充性制度性安排。非营利部门在传统资金来源减少和日趋激烈竞争的环境下面临着提高效率和可持续性发展的需求。与此同时，在企业社会责任的推动下，私营部门开始以积极的行动回应社会问题，但企业公益的外部合作没有实现制度化和规范化。就企业自身来说，靠自身力量来履行企业社会责任，很容易因为企业本身的精力不足、不够专业而影响企业公益的效果。社会企业因兼具商业运作的经济性特征和履行社会公益使命的社会性目标，具备可持续性发展的能力，可以弥补非营利部门的不足和商业企业的缺陷，成为社会创新和社会治理参与的重要力量。

打造共建共治共享的社会治理格局是推动国家治理现代化的关键点和突破口。社会治理是国家治理的重要组成部分，推进社会治理现代化

---

① 夏锦文：《共建共治共享的社会治理格局：理论构建与实践探索》，《江苏社会科学》2018年第3期。

是国家治理现代化的基础性工程。新时代的社会治理格局中,政府不再是社会治理的唯一主体。现代社会治理需要政府与经济组织、社会组织、公众等多元社会主体共担社会责任,共同参与社会治理,在政府的主导下建立一个多元主体合作共治的社会治理模式。① 社会企业作为应对复杂社会需求的创新手段而引起关注,将商业运作方法运用于社会目标的实现和社会创新,促进公共服务部门的整合,实现跨部门、跨行业、跨领域的多层次需求的整合和社会问题的积极回应。社会企业的创新性价值不仅在于其整体性发展模式和理念,更重要的是它的出现弥补了市场与政府失灵的不足,促进了社会部门的整合性发展与公民社会的成长。中国大陆的社会企业发展还处于初创期,发展不尽成熟,对社会企业成长路径的关注有助于我们从中观的层面更务实地观察国家与社会的互动关系演变。

本书致力于对社会企业典型案例的制度化运作模式、组织变迁及路径选择的深入追踪,呈现社会企业如何在组织发展变迁的过程中,在不断适应制度环境变化的过程中,建构组织的合法性机制,地方政府的行为以及基于治理机制要求在资源及合法性赋予上给予的支持或规制。要研究中国社会企业何以能在社会治理格局中发挥重要作用,必须要从社会企业和制度环境的关系上去考察。组织分析不仅要关注组织的技术环境,更重要的是要考虑它的制度环境,即一个组织所处的法律制度、文化期待、社会规范、观念制度等为大众所接受的社会事实。社会的法律制度、文化期待、观念制度具有强大的约束力,规范着人们的行为,影响组织的合法性,从而获得持续性的生存和发展。

"合法性"(legitimacy)是本书的核心,对社会企业合法性的关注是本书的焦点。合法性有广义和狭义之分。合法性包含但不限于 legality(与法律的一致性)。本书指称的社会企业合法性,指的是广义的合法性,广义合法性的范畴包含法律、政治、社会认知等在内更广泛的社会领域,合法性是指符合某些规则而获得生存和发展。社会企业的合法性

---

① 廖冲绪、张曦:《共建共治共享社会治理格局的逻辑进路、时代内涵与路径创新》,《行政与法》2020 年第 3 期。

建构指的是社会企业符合所在制度环境的要求和规则而获得适应性发展的过程。开放系统下的组织依赖于与外部资源、信息和人员的交流。外部环境决定、支撑和渗透着组织，把组织看作相互依赖的活动系统，组织成为更大社会环境下不同利益参与者之间的联盟活动。新制度主义学派就是从制度环境的影响角度来认识组织行为和组织现象，认为制度化的组织是基于对外界的制度环境反映而产生的组织形式和做法。合法性机制对组织行为产生重要影响，其影响组织内部运作机制和组织结构。本书致力于把制度分析嵌入当下的社会环境中，关注社会企业的结构变迁和运作过程，探讨在社会转型的背景下，社会企业如何在获得组织自发展的同时，保持与制度环境的积极互动，建构组织合法性的过程。

需要明确的是，本书关注的是社会企业如何通过组织结构的适应性调整，在与外部环境的互动中建构合法性的过程，而非通过具体指标的测量检验社会企业是否具有合法性，这是两种截然不同的分析路径，后者并非本书的侧重点。

二 研究意义

任何理论的发展都是基于实践的推进，制度主义的理论建构也是在欧美国家发展的历史情景基础上的，理论的发展给我们提供了分析问题的工具，但如果据此直接比对中国社会的组织实践来检视某些命题则很不妥当，因此，理论研究的本土化显得尤为重要。

第一，中国制度框架下的社会企业本土化成长路径研究。中国的社会企业实践是在社会转型的背景下发展起来的，有其独特的组织特质和发展模式，难以简单运用既有的组织理论来分析，这需要在研究分析中对组织理论进行批判性借鉴和运用。本书跟随组织研究的发展趋势，努力融合不同视角下的组织理论研究优势，着重从更加宽泛的生态层面，通过社会企业个体的纵向组织变迁过程，分析社会企业本土化发展的脉络和成长路径。本书对社会企业合法性建构的研究，是在社会企业的制度化运作和社会行动基础上的，从社会企业的内部治理和制度化运作的过程中透视社会企业的合法性建构路径，探讨社会企业如何把其历史经验整合进组织的规则和组织逻辑中，试图解释社会转型背景下的社会企业在国家与社会互动关系中的组织定位和社会功能,为中国社会企业研究提供一种实证性的研究范式。

第二,经验层面的中国社会企业案例的组织发展变迁研究,关注社会企业的成长路径、社会空间及路径依赖,厘清社会企业本土化发展路径。社会转型的复杂性和服务诉求的多元化促使社会领域内国家、社会和市场的相互融合。社会企业与社会结构的变迁相伴而生,转型期社会结构的分化和整合为社会组织的发育提供了更大的空间场域,不同的组织形态可以依据各自性能的变化对社会需求做出回应。中国社会企业的发展还未形成规模效益和广泛认知。对社会企业自身发展过程的关注,通过社会企业案例的组织发展变迁研究,解析社会企业的成长过程及路径依赖,提供可资借鉴的社会企业实务发展模式,这个过程本身就具有重要的实践价值。通过实证研究探索社会企业的具体生长路径、社会空间、制度因素,关注社会企业如何在发展的过程中获得自身生存和发展的合法性,对于我国社会企业的未来发展,具有重要的现实意义。

第二节 社会企业的概念厘定

社会企业的概念界定一直是社会企业研究中颇受争议的话题之一。很多研究[①]都试图界定社会企业的内涵,而欧美社会企业在组织和实践

---

① Prabhu, G. N. "Social Entrepreneurship Leadership", *Career Development International*, 1999, Vol. 4, No. 3, pp. 140 – 145; Leadbeater, C., *The Rise of the Social Entrepreneur*, London: Demos, 1997; Social Enterprise London, Introducing Social Enterprise, London, 2001; Kim Alter. Social Enterprise Typology, 2007. http://www.virtueventures.com/typology; Harding, R., Social Enterprise: The New Economic Engine? Business Strategy Review, 2004, 15: 39 – 43; Jacques Defourny, "Introduction: From Third Sector to Social Enterprise", in Carol Borzaga & Jacques Defourny (eds.), *The Emergence of Social Enterprise*, London & New York: Routledge, 2001, pp. 1 – 28; Elizabeth Chell, Social Enterprise and Entrepreneurship Towards a Convergent Theory of the Entrepreneurial Process, *International Small Business Journal*, February 2007, Vol. 25, No. 1, pp. 5 – 26; Social Enterprise London, Understanding Social Enterprise, London, 2001; Neck, H., Brush, C. and Allen, E., *The Landscape of Social Entrepreneurship*", Business Horizons, 2009, p. 52.

活动上有诸多差异，对其进行统一界定是十分困难的事情，[①] 同时也很少有研究对欧美社会企业概念进行对比性分析。[②] 关于社会企业多样化的定义，学者们[③]多认为定义的不一而足是对多样化利益群体的真实反映，重要的是要明确社会企业一词在特定使用情境中的含义。因此，研究多采取欧洲及美国社会企业分别论述的方式。鉴于各国由于社会企业兴起背景、社会政策差异而显现的不同特质，为了更加清晰地理解社会企业概念的本质，笔者也遵循社会企业的地域分类标准，将社会企业的概念研究区分为欧洲、美国和中国路径分别论述。

一　社会企业的概念厘定

1. 欧洲社会企业的概念界定

欧洲社会企业的概念讨论比较有代表性的描述主要集中在 OECD 和欧洲委员会的相关著作中，当然诸多学者也展开了丰富的讨论。英国作为社会企业的发展的主要阵地之一，在推动社会企业研究及发展方面起了重要作用。

OECD 在 1999 年出版的《社会企业》(*Social Enterprises*) 一书中指出，社会企业的出现主要在于回应市场及福利国家供给不足的危机，提供新的就业机会，增加社会与社区服务需求。然而社会企业由于在 OECD 各国呈现出不同的形态和内涵，因而难以有一致认可的定义。OECD 在分析会员国社会企业组织类型的基础上指出，社会企业指任何为公共利益而进行的私人活动，依据企业战略，达成特定的经济或社会目标，但不以利润最大化为目标，并有助于创新性地解决社会排斥及失业问题的组织。[④]

---

① Shaw, Eleanor, "Marketing in the Social Enterprise Context: Is it Entrepreneurial?" *Qualitative Market Research: An International Journal*, Vol. 7, No. 3, 2004, pp. 194 – 205.

② Janelle A. Kerlin, Social Enterprise in the United States and Europe: Understanding and Learning from the Differences, *Voluntas: International Journal of Voluntary and Nonprofit Organizations*, 2006 (17): 247 – 263.

③ Peredo, A. and McLean, M., "Social Entrepreneurship: A Critical Review of the Concept", *Journal of Word Business*, 2006, 41 (1): 56 – 65; 赵萌：《社会企业战略：英国政府经验及其对中国的启示》，《经济社会体制比较》2009 年第 4 期。

④ OECD, Social Enterprises, OECD, 1999.

OECD 在 2003 年出版的《变革经济中的非营利部门》（*The Non-profit Sector in a Changing Economy*）一书中对社会企业的概念做了进一步的补充，认为社会企业是介于公私部门间的组织，其主要形态为利用交易活动以达成目标及财政自主的非营利组织，社会企业除采取商业企业经营手法外，也兼具非营利组织强烈的社会使命感。社会企业的主要形态包含员工所有制企业、储蓄互助会、合作社、社会合作社、社会公司、中型劳工市场组织、社区企业，及慈善的贸易部门。主要活动包含两个领域：训练及整合劳动市场排除的员工，传递个人及福利服务。①

欧洲委员会于 2001 年出版的、由博尔扎加（Borzaga）和德福尼（Defourny）主编的《社会企业的浮现》（*The Emergence of Social Enterprise*）一书，被认为是一本极具经验及理论贡献、研究欧洲社会企业中具有代表性的著作。该书建构了欧洲社会企业的分析框架，提出了阐述欧洲社会企业起源的三种解释理论：制度理论（institutional theory）、社会资本理论（social capital theory）及整合理论（integrated theory），认为社会企业起源于社会经济（social economy）及非营利部门（non-profit sector），但二者在利益分配上存在根本差异。

基于社会面向（social dimensions）和经济（economic）两重指标，欧洲委员会认为社会企业是合作社（co-operatives）与非营利组织（non-profit organizations）的交叉点（crossroad），其中合作社包含劳动者合作社（workers' co-ops）及使用者合作社（users' co-ops），而非营利组织包含生产型非营利组织（production oriented NPOs）及倡议型非营利组织（advocacy oriented NPOs），而社会企业偏向劳动者合作社与生产型非营利组织的混合体。（如图 1-1）②具体来说，欧洲的社会企业主要集中在两个领域：一是与救助失业及扶助落后地区相关

---

① OECD, The Non-profit Sector in a Changing Economy, OECD, 2003, p.299；赵莉、严中华：《国外社会企业理论研究综述》，《理论月刊》2009 年第 6 期。
② Jacques Defourny, "Introduction: From Third Sector to Social Enterprise", in Carol Borzaga & Jacques Defourny (eds.), *The Emergence of Social Enterprise*, London & New York: Routledge, 2001, pp.1-28.

联的企业；二是为社区提供服务的领域。①德福尼还指出，社会企业的本质是取决于两类组织的特征的组合，我们不能用静态的方法来分析问题。

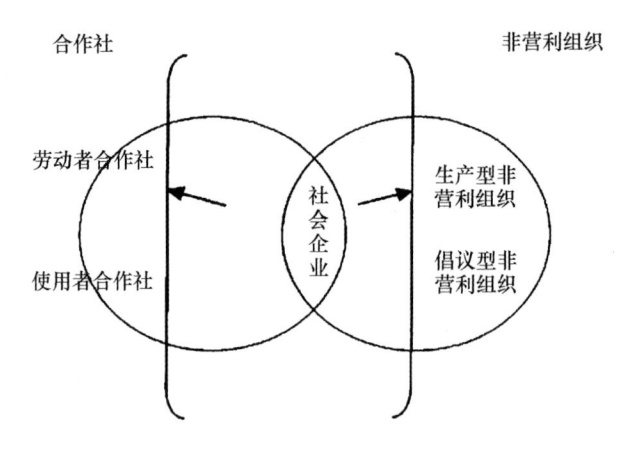

图1-1 欧洲社会企业概念图②

资料来源：Jacques Defourny, "Introduction: From Third Sector to Social Enterprise", in Carol Borzaga & Jacques Defourny (eds.), *The Emergence of Social Enterprise*, London & New York: Routledge, 2001, pp. 1-28.

佩斯托夫（Pestoff）③在探讨北欧社会企业发展经验的基础上，提出了从福利国家到福利社会（form the welfare state to a welfare society）转变的观点，认为社会企业是具有社会价值的合作社及志愿服务组织。社会企业的蓬勃发展，使其逐渐成为公共服务的重要替代者。社会企业不以利润最大化为目的，具有清晰的社会目标，能提供更多的就业机会，吸纳更广泛的公民参与，有利于社会福利的变革。

英国是社会企业发展的主要阵地之一。英国政府自上而下积极的制

---

① 王名、朱晓红：《社会企业论纲》，载《中国非营利评论》，社会科学文献出版社2010年版，第1—31页。
② Pestoff, Victor A., *Beyond the Market and State: Social Enterprise and Civil Democracy in a Welfare Society*, Aldershot: Ashgate Publishing Company, 1998, p. 12.
③ Pestoff, Victor A., *Beyond the Market and State: Social Enterprise and Civil Democracy in a Welfare Society*, Aldershot: Ashgate Publishing Company, 1998, p. 12.

定推动社会企业发展的战略规划,推动社会企业的发展。英国政府对社会企业的定义为:"社会企业是一个商业组织,它以社会为主要目标,其利润所得主要用于对社会目标的支持性投资或直接投资到社区当中,而不是为了股东或所有者的利益最大化。"[1] 英国社会企业(Social Enterprise UK)[原名为英国社会企业联盟(The UK-based Social Enterprise Coalition)]对社会企业的定义为:"社会企业是受社会或环境目标驱动的企业。"[2] 其在原有定义——运用商业手段,实现社会目的的基础上进行了修正,突出环境目标,反映了社会企业的可持续发展过程中对双重底线的修正,突出保持环境永续发展的三重底线。下表为欧洲社会企业概念的综合整理。以下是有代表性的几种观点,详见表1-1:

表1-1 欧洲社会企业概念界定

	提出者	概念界定
学界	OECD (1999)	任何为公共利益而进行的私人活动,依据企业战略,达成特定的经济或社会目标,不以利润最大化为目标,并有助于创新性地解决社会排斥及失业问题的组织。社会企业的出现主要在于回应市场及福利国家供给不足的危机,提供新的就业机会,增加社会与社区服务需求。
	OECD (2003)	介于公私部门间的组织,主要形态为利用交易活动以达成目标及财政自主的非营利组织,社会企业除采取商业企业经营手法,也具备非营利组织强烈的社会使命感。社会企业的主要形态包含员工所有制企业、储蓄互助会、合作社、社会合作社、社会公司、中型劳工市场组织、社区企业及慈善的贸易部门。
	Defourny (2001)	社会企业是合作社与非营利组织的交叉点,合作社包含劳动者合作社及使用者合作社,非营利组织包含生产型和倡议型非营利组织,而社会企业偏向劳动者合作社与生产型非营利组织的混合体。
	Thomas (2004)	社会企业乃是第三部门的要素之一,社会企业代表一种全新精神的企业形态,社会企业的发起代表从传统福利系统转变为混合系统的过程。

---

[1] http://www.socialenterprise.org.uk/.
[2] http://www.socialenterprise.org.uk/.

续表

提出者		概念界定
学界	Pestoff (1998)	社会企业是具有社会价值的合作社及志愿服务组织。社会企业不以利润最大化为目的，具有清晰的社会目标，能提供更多的就业机会，吸纳更广泛的公民参与，有利于社会福利的变革。
政府	英国政府	社会企业是一个商业组织，它以社会为主要目标，利润所得主要用于对社会目标的支持性投资或直接投资到社区当中，而不是为了股东或所有者的利益最大化。
	Social Enterprise UK	受社会或环境目标驱动的企业。

欧洲社会企业的发展与第三部门的变革不无关系。依据社会企业的经济和社会面向双重指标来看，欧洲社会企业被视为融合经济与社会两项指标之混合组织（hybrid organization）。[①] 德福尼指出，社会企业的本质取决于两类组织特征的融合程度，此观点为把握欧洲社会企业的概念提供了基本指引。然而，在实践发展中，双重指标观点的社会企业，其可行性遭到许多挑战，为了解决弱势群体就业之结构性困境和追求财政支持，欧美社会企业内涵已逐渐演化，在原先经济与社会指标外，加入公共政策（public policy）或环境（environment）指标，朝向三重底线（triple‑bottom line）方向迈进。

2. 美国社会企业的概念界定

美国学界对于社会企业的界定非常广泛，认为它包括了从事社会公益事业的营利公司、以追求商业利润和社会目标为双重宗旨的组织以及从事商业活动的非营利组织。美国实务界则将这一概念更多地用来指称从事商事活动并获得收入的非营利组织，意在描述非营利组织的商业化倾向。[②] 美国的社会企业实践强调社会创新和社会企业家精神。学界亦

[①] Defourny, Jacques, "Introduction: From Third Sector to Social Enterprise", in Carol Borzaga & Jacques Defourny (eds.), *The Emergence of Social Enterprise*, London & New York: Routledge, 2001, pp. 1–28.

[②] 金锦萍:《社会企业的兴起及其法律规制》,《经济社会体制比较》2009 年第 4 期。

偏向于使用"社会企业精神"（social entrepreneurship）这一概念。① 希伯特·霍格（Hibbert Hogg）等人认为社会企业精神是指为了社会利益而实践的企业行为，这种行为的最终目的不是经济利益，企业获得的利润要用于保障特定弱势群体的利益。②

狄兹（J. Gregory Dees）提出的"社会企业光谱"（social enterprise spectrum）概念，是解释美国社会企业的典型分析架构。"社会企业光谱"依据主要利害关系人与非营利组织的关系，将社会企业分为三个类型：纯慈善性质的、混合性质的及纯商业性质的社会企业。

表1-2　　　　　　　　　　社会企业光谱③

纯慈善的 ←——————→ 纯商业的

动机、方法及目标		诉诸声誉 使命驱使 社会价值	混合动机 使命及市场驱动 社会及经济价值	诉诸自利 市场驱使 经济价值
主要利益 相关者	受益者	免费	补助金或全额报酬与免费之间的混合	依市场行情支付
	资本	捐款和补助	低于市场行情的资本或捐款与市场行情的资本的混合	具备市场行情的资本
	人力	志愿者	低于市场行情的报酬或志愿者与付全薪员工的混合	支付市场行情的报酬
	提供者	非现金方式的捐赠	特定的折扣或物品捐赠与全价货品的混合	依市场行情价格收费

丹尼斯·杨（Dennis R. Young）从社会企业的组织特质角度界定社会企业。杨认为，社会企业是指采取企业的方式和商业活动，以促进社会事业（social cause）或对公共财政有所贡献为目标的组织。若从结构

---

① Van Til, Jon, *Growing Civil Society: From Nonprofit Sector to Third Space*, Indiana: Indiana University Press, 2000, p. 13.
② Hibbert, S. A., G. Hogg and T. Quinn, "Consumer Response to Social Entrepreneurship: The Case of the BigIssue in Scotland", *International Journal of Nonprofit & Voluntary Sector Marketing*, 7 (3), 2002, pp. 288-201.
③ J. Gregory Dees, *Enterprising Nonprofits*, *Harvard Business Review*, Jan. - Feb. 1998, p. 60.

决策（structural decisions）的角度分析，社会企业包含两种界定方式，其一，对社会公益有所贡献的企业；其二，作为非营利组织通过商业化手段赚取利润。据此两种界定方式，社会企业乃是一个连续体组织，可区分为三种组织形态：企业慈善（corporate philanthropist）、社会目的组织（social purpose organization），及两者之间的混合型组织（hybrids）。[1]

丹尼斯·杨[2]认为，就企业慈善而言，社会企业是指营利企业运用部分资源，以促进社会事业，提升公共形象。采取企业经营策略，企业慈善依据"开明的自利"（enlightened self-interest）准则运作。但史密斯（C. Smith）认为，企业慈善在本质上，仍是营利性企业，其从事的慈善活动是一种企业战略；[3] 就社会目的组织而言，社会企业则是一个致力于达成某些社会目的的组织，坚持使命优先，不以营利为目的，企业活动所得收入，是用以支持使命的策略性手段；[4] 而混合型组织不以利润最大化为目的，在私人利益与社会事业之间采取最适合的结构和策略。丹尼斯·杨指出，无论采取何种形式，混合型的组织要兼具企业及社会问题的敏感度及处理技巧，若采用非营利形式，志愿者、员工及董事会成员，较倾向于采取商业与慈善混合收入的形式；若采取营利形式，则必须坚持营利的同时，满足财政及社会利益。[5]

美国的社会企业实践发展相对于英国来说，体现了一种由民间非营利组织主导的社会企业发展模式。美国政府对于社会企业的定义较为宽

---

[1] Dennis R. Young., "Organizational Identity in Nonprofit Organizations: Strategic and Structural Implications", *Nonprofit Management & Leadership*, Vol. 12, No. 2, 2001, pp. 139–157；郑胜分：《欧美社会企业发展及其在台湾应用之研究》，博士学位论文，国立政治大学，2005年；赵莉、严中华：《国外社会企业理论研究综述》，《理论月刊》2009年第6期。

[2] Dennis R. Young, "Organizational Identity in Nonprofit Organizations: Strategic and Structural Implications", *Nonprofit Management & Leadership*, Vol. 12, No. 2, 2001, pp. 139–157.

[3] Smith, C. "Desperately Seeking Data", in D. F. Burlingame & D. R. Young (eds.), *Corporate Philanthropy at the Crossroads*, Bloomington: Indiana University Press, 1996.

[4] Young, Dennis R., "Organizational Identity in Nonprofit Organizations: Strategic and Structural Implications", *Nonprofit Management & Leadership*, Vol. 12, No. 2, 2001, pp. 139–157.

[5] Young, Dennis R., "Organizational Identity in Nonprofit Organizations: Strategic and Structural Implications", *Nonprofit Management & Leadership*, Vol. 12, No. 2, 2001, pp. 139–157.

泛，通常包括所有非营利机构、公共服务机构及其他基于社会使命所运作的机构。① 美国社会企业联盟认为，社会企业是以社会公益为基本目标的企业，其运用商业的手段和方法以及市场力量来促进社会、环境及社会正义的进程。② 戴维·伯恩斯坦（David Bornstein）从社会创新的角度将社会企业界定为：社会企业是无数受各种变革驱动，寻求解决社会问题的创新途径的总称；是解决不为公共部门或商业手段所能回应的社会问题的有效途径。认为社会企业解决的社会问题的共同特点在于：这些问题不为公共部门或商业手段所回应，社会企业则是创新性的解决途径。③ 美国的斯克尔基金会（Skoll Foundation）认为：社会企业家是社会变迁的行动者，他们用创新的方法造福人类。社会企业家充满进取心，他们为使命所驱使，有策略和智慧并重视行动的结果。④ 综上，美国社会企业概念主要观点如表1-3所示：

表1-3　　　　　　　　　美国社会企业概念界定

	提出者	概念界定
学界	Hibbert, S. A., G. Hogg and T. Quinn（2002）	社会企业精神是指为了社会利益而实践的企业行为，这种行为的最终目的不是经济利益，而是企业获得的利润要用于保障特定弱势群体的利益。
	Dennis R. Young（2001：152）	社会企业是采取企业的方式和商业活动，以促进社会事业或对公共财政有所贡献为目标的组织。社会企业乃是一个连续体的组织，并可区分为三种组织形态：企业慈善、社会目的组织以及两者之间的混合型组织。
	J. Gregory Dees（1999）	社会企业并非单纯为财政目标而存在，而是一种多元混合的综合体。社会企业是在纯慈善（非营利组织）与纯营利（私人企业）之间的连续体。

---

① 李衍儒、江明修：《社会企业之发展经验与政策建议：以美国、英国、中国香港与中国台湾为例》，《中国非营利评论》2011年第1期。
② Social Enterprise Alliance：https://www.se-alliance.org/why。
③ David Bornstein：《如何改变世界：社会企业家与新思想的威力》，吴士宏译，新星出版社2006年版。
④ Skoll Foundation：www.skollfoundation.org。

续表

	提出者	概念界定
学界	David Bornstein（2006）	社会企业是无数受各种变革驱动，寻求解决社会问题的创新途径的总称；是解决不为公共部门或商业手段所能回应的社会问题的有效途径。
政府	美国政府	包括所有非营利机构、公共服务机构及其他基于社会使命所运作的机构。
实务界	美国社会企业联盟	社会企业是以社会公益为基本目标的企业，其运用商业的手段和方法以及市场力量来促进社会、环境及社会正义的进程。

美国社会企业最主要组织特质在于"类商业"活动，[①] 也就是所谓的"福利市场化"（marketization of welfare），具体指的是将市场形态关系引入社会福利领域。美国社会企业的发展主要表现出非营利组织的商业化和企业的非营利化两种趋势。光谱的连续体可以产生多种互补关系的动态组合，呈现出社会企业的不同型征，为分析非营利组织的商业化趋势抑或商业组织的非营利化提供可能的思路。

欧美社会企业发展的地域差异性，造成了研究上的分离。近年来，有学者[②]已经意识到这一点，并试图在统一的框架下对欧美社会企业概念进行对比性分析。贾·克林（J. A. Kerlin）比较了欧美社会企业的概念，分析了欧美社会企业形成的不同历史背景条件、生存的制度环境，并希望能在社会企业发展上相互借鉴。

3. 中国社会企业的概念界定

社会企业的兴起也引起了我国学者和实务界的兴趣和关注。由于中国香港、台湾地区因社会发育程度相对较高，社会组织也比较活跃，社

[①] Austin, J., "Strategic Collaboration Between Nonprofits and Business", *Nonprofit and Voluntary Sector Quarterly*, Vol. 29, No. 1, 2000, pp. 69-97.

[②] Janelle A. Kerlin, Social Enterprise in the United States and Europe: Understanding and Learning from the Differences, *Voluntas: International Journal of Voluntary and Nonprofit Organizations*, 2006（17）：247-263；Janelle A. Kerlin, *Social Enterprise: A Global Comparison*, UPNE, 2009；J. Defourny, Conceptions of Social Enterprise and Social Entrepreneurship in Europe and the United States: Convergences and Divergences, *Journal of Social Entrepreneurship*, Volume 1, Issue 1, 2010, pp. 32-53.

会企业的实践及研究也较大陆更为丰富。

表1-4　　　　　　　　　欧美社会企业概况比较①

	美国	欧洲
重心	经济效益	社会效益
常见的组织类型	非营利组织［501（c）（3）］	协会/合作社
焦点	所有非营利活动	公益服务
社会企业的类型	较多	较少
受益者	限制性的	所有人
发展战略	基金会	政府/欧盟
大学研究	商科和社会科学	社会科学
所处环境	市场经济	社会经济
法律框架	缺乏	发展不足但正在改变

资料来源：J. A. Kerlin, 2009: 259。

一般而言，社会企业是一盘生意，以达至某种社会目的。社企所得利润主要用作再投资于本身业务，以达到既定的社会目的，例如提供社会所需的服务（如长者支援服务）或产品、为弱势社群创造就业和培训机会、保护环境、利用本身赚取的利润资助其辖下的社会服务等，而非分派给股东。② 中国香港社会企业资源中心③认为中国香港社会企业不是纯粹的企业，亦不是一般的社会服务，而是社会企业透过商业手法运作，赚取利润用以贡献社会。它们重视社会价值，多于追求最大的企业盈利。陈锦棠④指出中国香港的社会企业具有四项特质：借由企业的发展策略达成社会目的；发展途径包括以工代赈和社会投资；鼓励小区中的边缘团体自力更生；重视可永续发展。

---

① Janelle A. Kerlin, Social Enterprise in the United States and Europe: Understanding and Learning from the Differences, *Voluntas: International Journal of Voluntary and Nonprofit Organizations*, 2006 (17): 247-263.
② http://www.social-enterprises.gov.hk/。
③ 社会企业资源网，http://sebc.org.hk/sebc/chi/node/64。
④ 转引自林吉郎《民间团体发展社会企业的策略途径：香港经验的启发》，http://www.sysme.org.tw/other/multiemployment/internet/caring/dissertation03.pdf。

中国香港扶贫委员会①在推动社会企业在中国香港的发展方面做了持续的努力和跟进工作。② 中国香港扶贫委员会认为社会企业主要包含以下特点：(1) 同时追求商业及社会目的，这是社会企业的特色。(2) 从事商业或贸易活动。认为社会企业的基本特点，就是以企业运作的模式达致社会目的，这是社会企业与传统福利业务的分别。(3) 非牟利。社会企业的基本定位是达致社会目的，而非赚取最多利润。虽然不同的法律形式可让经营者在某种程度上分享收入，但利润所得应主要用于企业或社会上。③

中国香港社会企业的发展相对比较偏重其社会经济功能，而中国台湾则有所不同。中国台湾非营利界采纳的"社会企业化经营"概念与欧美的概念大致相符。认为社会企业经营化活动指为赚取收入以履行社会目的而进行任何业务活动或策略。④

中国台湾社会企业的发展，始于民间，深耕于社区，并因中国台湾的整体环境发展、多元文化的融合，产生具有中国台湾特性的社会企业，也造就中国台湾多元化与多样化的社会企业形态与经营模式。中国台湾社会企业的发展，源于多元混合发展与公私协力的过程。混合发展意指非营利组织从自身发展与服务使用者的权益发展而产生营利模式。另一种是社会问题与社会排除的解决模式，让许多想从事解决社会问题但不愿意投入公共服务的创业家，有另一个解决问题的出路与方向。

中国台湾的社会企业具有以下六种特性：一是多元形态与类型。如采用非营利组织、合作社、公司等组织形态。服务类型与产品也非常多

---

① 中国香港扶贫委员会于 2005 年年初由中国香港特区政府成立，主要负责处理关于贫困问题的跨部门及跨领域相关事宜，通过加强政府的协调和整合，防止贫困。

② 中国香港扶贫委员会：《"从受助到自强"——社会企业的发展》，文件第 22/2005 号，2005 - 9 - 20，讨论文件；中国香港扶贫委员会：《"从受助到自强"——推动社会企业人员培训》，文件第 12/2006 号，2006 - 6 - 13；中国香港扶贫委员会：《推动社会企业在香港发展立法会》，CB (2) 2461/05 - 06 (01) 号文件，2006 - 6 - 15；中国香港扶贫委员会：《"从受助到自强"——社会企业的发展（最新情况）》，文件第 4/2007 号，2007 - 1 - 8；中国香港扶贫委员会：《"从受助到自强"—社会企业的发展—未来方向》，文件第 7/2007 号，2007 - 5 - 3。

③ 中国香港扶贫委员会：《"从受助到自强"—社会企业的发展—未来方向》，文件第 7/2007 号，2007 - 5 - 3。

④ 《台湾的社会企业化经营活动》，资料编号：IN16/06 - 07。

样,包括食品、农产品、餐饮、加油站、文化创意商品、资料建档、生态旅游等;二是社区在地化发展。如社区老人供餐与送餐;在地特色农产品,由在地社区居民进行加工、包装与销售,并发展生态休闲观光、解说导览;或利用社区建设参与老人服务、儿童服务,让妇女参与服务增进收入,并促进青年返乡工作;三是就业与社会融合。为身心障碍者、特殊境遇妇女、中高龄失业者、青少年等提供就业机会,促使他们与外界接触,参与社会的公共事务,增进社会参与及融合;四是农业社会企业的发展。重拾人与土地的关系,采用天然无毒的栽种方式,改变环境、促进健康,促使青年参与农业相关工作;五是异业联盟与组织合作。如从事公平贸易的社会企业共同组成公平贸易推广协会,推动公平贸易的理念与想法,开设公平贸易超市;六是微型社会企业的发展。中国台湾的社会企业规模偏向微型企业,只有少数企业规模较大,员工人数可上达上百人,但规模仍属于小规模的组织,相对于社会仍具有一定的影响力。

中国台湾社会企业研究主要以从事社会福利服务为主的非营利组织为主要研究对象,多从组织发展或第三部门产业化的角度展开。郑胜分[1]根据经济与社会面向的双重分析指标和非营利组织与企业两种组织形态的双向指标体系,将社会企业归纳成两大发展途径:非营利组织效法企业途径和企业的非营利途径。依据OECD的定义方式,将社会企业界定为"第三部门"(Third Sector)范畴。李衍儒、江明修[2]吸取了欧美学界对社会企业的界定,认为社会企业除指涉企业的非营利化,即企业慈善及社会责任的展现外,也包含非营利组织的商业化,以及于创立初始直接以达成社会目标,并以商业手段运作而成立之组织。

相比中国香港、台湾地区社会企业的蓬勃发展和研究深入,中国大陆社会企业的研究则略显薄弱。但近年来学界对社会企业的关注度日益高涨,研究逐渐从引入国外的经典著作或译著,到对社会企业发展要素

---

[1] 郑胜分:《社会企业的概念分析》,http://nhuir.nhu.edu.tw:8085/ir/handle/987654321/5654.2007。

[2] 李衍儒、江明修:《社会企业之发展经验与政策建议:以美国、英国、中国香港与中国台湾为例》,《中国非营利评论》2011年第1期。

的讨论。中国大陆社会企业研究中最早引入"社会企业"概念对社会企业问题进行系统介绍的文章，是北京大学刘继同教授节译经济合作与发展组织起草的一个研究报告——《社会企业》。① 随后开展的社会企业早期研究，主要体现在对国外社会企业兴起的背景、概念、特征和类型的总结，以及发展经验的介绍等。② 近些年来社会企业的研究③领域逐渐扩大，研究范畴从社会企业的功能、运作模式到社会企业家精神、立法、治理、认证标准等的讨论，相比早期研究更加深入和系统，促进了社会企业研究的深度与广度。

我国学者对社会企业的概念界定在本质上和欧美是一致的，体现了社会企业的混合体特征和可持续性。王名、朱晓红④在梳理国内外有关社会企业研究的基础上，概括了社会企业的认识框架，包括认识社会企业的现象与本质两个维度，观察社会企业的公益、市场和文化三个视角，以及分析社会企业的市场实践、公益创新、政策支持和理想价值四个层次。在此基础上，把社会企业定义为一种介于公益与营利之间的企业形态，是社会公益与市场经济有机结合的产物，是一种表现为非营利

---

① 丁开杰：《从第三部门到社会企业：中国的实践》，《经济社会体制比较》（增刊）2007年第2期。

② 赵萌：《社会企业战略：英国政府经验及其对中国的启示》，《经济社会体制比较》2009年第4期；杨家宁、陈健民：《西方社会企业兴起的背景及研究视角》，《中国非营利评论》2010年第1期；杨家宁：《社会企业研究述评——基于概念的分类》，《广东行政学院学报》2009年第3期；赵莉、严中华：《国外社会企业理论研究综述》，《理论月刊》2009年第6期。

③ 毛基业、赵萌等：《社会企业家精神——创造性地破解社会难题》，中国人民大学出版社2018年版；李健：《政策设计与社会企业发展——基于30个国家案例的定性比较分析》，《理论探索》2018年第2期；高传胜：《社会企业的包容性治理功用及其发挥条件探讨》，《中国行政管理》2015年第3期；谢家平、刘鲁浩、梁玲：《社会企业：发展异质性、现状定位及商业模式创新》，《经济管理》2016年第4期；韩文琰：《立法认证：解决我国社会企业融资难的重要途径——现实审视与国际比较》，《甘肃政法学院学报》2018年第2期；李健、张米安、顾拾金：《社会企业助力扶贫攻坚：机制设计与模式创新》，《中国行政管理》2017年第7期；刘振、崔连广、杨俊、李志刚、宫一洧：《制度逻辑、合法性机制与社会企业成长》，《管理学报》2015年第4期；樊云慧：《论我国社会企业法律形态的改革》，《法学评论》2016年第5期。

④ 王名、朱晓红：《社会企业论纲》，《中国非营利评论》，社会科学文献出版社2010年版。

组织和企业双重属性、双重特征的社会组织。潘小娟[①]从社会企业所具有的共同的基本特征出发，认为社会企业是介于传统的以营利为目的的企业和民间非营利组织之间的，以社会责任感而非利润驱动的，为实现既定的社会、环境目标和可持续发展而进行商业交易的组织。杨家宁、陈健民[②]认为社会企业是非营利组织面对经费紧缺及为提高自身运行绩效，以企业行为来解决社会问题，实现非营利组织社会使命的组织形式。他们指出社会企业并非是特定社会背景下的企业现象，而是社会企业给予社会价值的创造优先于盈余的获取，因而对社会企业的社会价值或者社会影响如何评价，是社会企业研究和实务领域的重大课题。时立荣[③]从组织创新的角度，认为社会企业是一种社会组织创新，包含了社会福利企业，但已经超越了福利企业的"剩余"含义。

我国民间组织管理局对社会企业的属性这样界定：社会企业不是纯粹的企业，亦不是一般的社会服务，社会企业通过商业手法运作，赚取利润用以贡献社会。它们所得盈余用于扶助弱势社群、促进小区发展及社会企业本身的投资。它们重视社会价值，多于追求最大的企业盈利。社会企业的基本特征主要表现在不是以盈利最大化为目标，但又要追求盈利。社会企业的社会目标是满足社会需要、创造就业机会、促进员工发展、建立社会资本、推动可持续发展。

总体看来，中国社会企业的发展由于尚无专门立法，难以依据法律导向界定社会企业的边界，而社会企业类型的多样性也增加了概念界定的难度。笔者认为，秉持社会目标的商业行为体现了社会企业的基本内涵，可据此判断社会企业的实践导向，从而产生更具实践性和解释力的社会企业定义。

二 社会企业的组织属性

社会企业在实践发展中，因为复杂的混合体特征而表现出多面性，

---

① 潘小娟：《社会企业初探》，《中国行政管理》2011年第7期。
② 杨家宁、陈健民：《西方社会企业兴起的背景及研究视角》，《中国非营利评论》2010年第1期。
③ 时立荣：《从非正规就业组织到社会企业》，《理论导刊》2005年第9期。

因此对社会企业的争议也首先集中于社会企业的组织属性。社会企业应该是非营利组织还是商业企业，抑或是传统的企事业单位？从以上研究回顾可以看出，虽然欧美社会企业兴起背景不同，但均因强调经济和社会指标，被视为混合型组织。所以，从社会组织的目标属性来判断，只要兼具经济目标和社会目标，就可以称为社会企业。

德福尼[①]认为，非营利部门和社会经济概念存在局限性。非营利部门和社会经济都是非常笼统的概念，它们涵盖了众多作用各异的组织，而且这两个概念的最本质特征是静态，而不是动态，无法对第三部门中存在的许多变化作出详尽的解释。所以，对社会企业的研究不能局限在"社会经济"和"非营利组织"这些概念上，而是应该超越这两种概念和分析方法。

对于社会企业组织属性的争议，笔者认为首先要明确的一个问题是判断一个组织是营利组织或非营利组织的标准是什么。根据我国财政部颁发的《民间非营利组织会计制度》规定，我国非营利组织应符合三个条件：（1）不以营利为目的。（2）任何单位或个人不因为出资而拥有非营利组织的所有权；收支结余不得向出资者分配。（3）非营利组织一旦进行清算，清算后的剩余财产应按规定继续用于社会公益事业。非营利组织主要从事社会公益活动，不以营利为目的，其目标并不是利润最大化，但这并不表示非营利组织不能营利。金锦萍[②]从社会企业法律规制的角度，认为区分营利组织和非营利组织的法律意义在于法律规制的差异，设立营利组织的行为是投资行为，而非营利组织的行为则是法律意义上的捐赠行为。而营利和非营利的界限则是非营利组织可以获得税收优惠和公众捐赠并因此也担负公众问责制的原因所在。而一个国家的社会企业采取营利组织形式还是非营利组织形式，与各国在是否允许非营利组织从事商事活动问题上的立场有密切关系。

---

① Jacques Defourny, "Introduction: From Third Sector to Social Enterprise", in Carol Borzaga & Jacques Defourny (eds.), *The Emergence of Social Enterprise*, London & New York: Routledge, 2001, pp. 1–28.

② 金锦萍：《社会企业的兴起及其法律规制》，《经济社会体制比较》2009年第4期。

德福尼[①]指出，社会企业并不单单是非营利部门或者社会经济的一个新发展，研究应该关注社会企业为什么可以被看作一个真正的企业，以及这些组织及其企业家的行为在多大程度上可以被定义为社会性的。社会企业处于合作社和非营利部门的交界处，而交叉部分也会不断地增加，社会企业的本质取决于两类组织特征的组合。有学者[②]也指出，判定社会企业社会内涵的主要标准是看其经济活动如何与组织声称的社会使命相关联，看它有怎样的社会产出，以及看它对个人、群体、社区乃至更广泛领域产生怎样的中长期社会影响。社会企业的企业内涵在于创立人和管理团队所具备的企业家精神，在于其运用商业企业式的和以市场原则为基础的组织结构、管理模式和运营模式，及其所具备的不依赖于外部资助的可持续收入机制。

从以上讨论可以看出，社会企业的概念界定尽管涵盖范围不一，侧重各有不同，但关于组织属性的讨论是基本一致的。由于各国社会企业的组织类型与法律地位的差异性，学者们对社会企业的概念界定各有侧重。欧洲社会企业倾向于从功能上对社会企业加以定位，比如解决失业、社区照顾等方面的问题；美国则倾向于用社会企业的精神来界定非营利组织或商业企业行为是否符合社会企业行为。中国香港、台湾地区社会企业多强调其社会功能。然而，无论社会企业采取什么样的形式，社会实践中，社会企业始终以"社会目标"为目标，以"商业运营"为手段的模式已获得国际上的广泛认可和采纳。

三　几组相近概念讨论

1. 社会组织与第三部门

社会组织是一个统称，在社会科学中有广义和狭义之分。广义的社会组织主要指的是人们从事共同活动所集结成的群体形式。狭义的社

[①] Jacques Defourny, "Introduction: From Third Sector to Social Enterprise", in Carol Borzaga & Jacques Defourny (eds.), *The Emergence of Social Enterprise*, London & New York: Routledge, 2001, pp. 1–28.

[②] 赵萌：《社会企业战略：英国政府经验及其对中国的启示》，《经济社会体制比较》2009年第4期。

组织是为了特定目标而有意识地组合起来的社会群体。这里指的主要是狭义的社会组织。社会组织在中国语境下，是对所有组织形式的统称，通常包含了包括非营利组织、非政府组织、社会团体、民办非企业单位等在内的所有组织称谓。徐永祥[①]认为，社会组织是不同于国家机器、市场组织的机构，具有官有及官办（政府所属和所办）、民有及民办的性质之分。他进一步指出，在国内外已有的研究中，诸如非政府组织、非营利组织、社会团体、民间组织、中介组织、民办非企业单位、第三部门等概念经常被混淆使用。这些概念既有内涵和外延交叉的地方，亦有明确的边界。

"第三部门"（Third Sector）是一个相对于国家（政府）、市场的概念，强调的是社会领域和国家领域、市场经济领域之间的区别。[②] 萨拉蒙等[③]概括了第三部门的五个特征：组织性（formal organization）、非政府性（nongovernmental）、非营利性（nonprofit – distributing）、自治性（self – govening）和志愿性（voluntary）。这些特征成为判断第三部门的基本标准，我国学者在研究非营利组织时也大多采用这一属性界定法。德福尼[④]把非营利部门的基本特征概况为：（1）是正式的，具有一定程度的组织化和法定特征；（2）是区别于政府的私人组织；（3）自治的，有自己的规章制度；（4）非分配性约束，利润不能在成员间进行分配；（5）必须投入一定的时间和财力来参与志愿活动，且建立在成员自由和自愿加入的基础之上。德福尼认为，社会经济包括合作社和相关企业、互助社团和协会开展的经济活动。如果从法律或制度的角度进行分析，社会经济可以分为三类企业或组织：合作社类型的企业（Cooperative – style enterprise）、互助社团类型的组织（Mutual – type organizations）和协会类型的组织（Association）。如果从各类组织共有的原则和

---

① 徐永祥：《和谐社会建构中的民间社会组织及其社会政策》，《学海》2006 年第 6 期。
② 徐永祥：《和谐社会建构中的民间社会组织及其社会政策》，《学海》2006 年第 6 期。
③ 莱斯特·M. 萨拉蒙等：《全球公民社会——非营利部门视界》，贾西津等译，社会科学文献出版社 2002 年版，第 24 页。
④ Jacques Defourny, "Introduction: From Third Sector to Social Enterprise", in Carol Borzaga & Jacques Defourny (eds.), *The Emergence of Social Enterprise*, London & New York: Routledge, 2001, pp. 1 – 28.

特征的角度进行分析，这些组织的基本准则表现为：（1）为成员或共同体服务，而不是为了创造利润；（2）独立进行管理；（3）有一个民主的决策过程；（4）人民和劳动力在收入分配中优于资本。非营利部门和社会经济都是按照它们的基本结构和组织规定来界定的，对市场收入、政府补贴或其他资源则没有任何限制或要求。二者在组织目标设定、组织的控制及利润分配等三个领域存在明显差异。

"非政府组织"（Non-Governmental Organizations，NGO）与"民间组织"是同一个概念的两种表述，民间组织是本土化表达。杰勒德·克拉克（G. Clake）认为，非政府组织是私人的、非营利的职业组织，有着独特的法律特点，关注公共福利目标，非政府组织主要致力于慈善、人权、社会福利、环境等问题的研究，而把其他如私立医院、私立学校、体育俱乐部等组织排除在外。[①] 克拉克关于非政府组织的界定更接近于它的福利性目标，在内涵上和非营利组织一致。徐永祥指出，非政府组织和民间组织对应的是国家范畴内的政府组织以及立法与司法机构等，强调的是与政府等组织的区别，即民有和民办。此外，非政府组织和民间组织不同于营利性的企业和其他市场组织，属于非营利性质的组织，其活动范围主要在于政治领域和社会领域，如政治性的社团、学术性的社团、公益性的社会服务机构和慈善机构等。[②] "非营利组织"（Non-Profit Organizations，NPO）是相对于营利性组织（企业及其他逐利机构）而言的，强调的是与企业及其他逐利机构之间的区别，即非营利的性质。其活动范围在于政治领域和社会领域，以及为企业服务而自身并不牟利的行业中介组织。从这个意义上而言，非营利组织和非政府组织、民间组织的概念具有交叉重叠之处。但非营利组织因其事实上存在着官办组织和民办组织两种形态之分，不能把非营利组织简单等同于非政府组织或民间组织。

对于非营利组织的界定，邓国胜总结了四种可供选择的方法，从法律、组织资金来源、组织特征，以及组织的"结构与运作"四个方面

---

① 杰勒德·克拉克：《发展中国家的非政府组织与政治》，载何增科主编《公民社会与第三部门》，社会科学文献出版社2000年版。
② 徐永祥：《和谐社会建构中的民间社会组织及其社会政策》，《学海》2006年第6期。

来定义。① 郭国庆主要采用了前三种,即法律定义、经济定义和职能定义,而未提及第四种。② 杨团则认为非营利组织的概念从来无法严格界定,她主要从目的、组织、部门等方面给非营利组织做了一些大致的说明。③ 徐永祥指出,民间社会组织作为现代社会组织的组成部分之一,是非政府组织和非营利组织的一种组织类型,特指那些专门从事社会福利、社会服务、社会慈善、社会管理及环境保护的社会团体或其他公益性组织。他概括了民间社会组织的四个基本特征:民间性或非政府性、非营利性、社会性及合法性。包括非政府组织、非营利组织等在内的民间社会组织,具备了社会企业的社会属性特征,但这类民间社会组织主要体现的是公共服务性和福利性,但因为缺乏营利性动机和目标而不具备发展的可持续性,因此,并不能算严格意义上的社会企业,无法归入社会企业的范畴。

2. 社会团体与民办非企业单位④

"民办非企业单位""社会团体"这两个概念都是中国式称谓,理论上都具有非政府、非营利的属性,但因为实际情况的复杂性,不能将社会团体、民办非企业单位简单地归类于非政府组织或非营利组织。我国的《民办非企业单位登记管理暂行条例》具体界定了民办非企业单位的基本概念、成立条件和利润分配原则。条例指出,民办非企业单位,是指企业事业单位、社会团体和其他社会力量以及公民个人利用非国有资产举办的,从事非营利性社会服务活动的社会组织。⑤ 申请登记为民办非企业单位,应当满足的条件有:(1)经业务主管单位审查同意;(2)有规范的名称、必要的组织机构;(3)有与其业务活动相适应的从业人员;(4)有与其业务活动相适应的合法财产;(5)有必要

---

① 邓国胜:《非营利组织评估》,社会科学文献出版社2001年版。
② 郭国庆:《现代非营利组织研究》,首都师范大学出版社2001年版。
③ 杨团:《社区公共服务论析》,华夏出版社2002年版。
④ 2016年9月1日起实施的《中华人民共和国慈善法》将民办非企业单位改为社会服务机构,不再沿用民办非企业的称谓。但作为我国社会组织发展历程中一种重要组织形态,本书为了更清晰地阐述社会企业的含义,依然把其进行基本概念的对比释义。社会服务机构是指由国家、社会团体或个人举办的,通过社会福利从业人员,为特定的有需要的服务对象提供专业服务的非营利组织,主要功能是提供福利服务。
⑤ 参见《民办非企业单位登记管理暂行条例》第二条。

的场所。① 民办非企业单位的资产来源必须合法且实行资产锁定原则，不得进行利润分配，对于捐赠和资助要实行披露。②

从民办非企业的基本要素和属性看来，其比较符合社会企业的基本特征。非营利性使其具备了社会公益性特点；参与市场竞争，从事经营活动的行为使其兼具了经济性特征；利用非国有资产的经营活动使其具备了社会性和民间性特征。所以，有学者③把民办非企业归为社会企业的范畴。笔者认为，社会企业的本质决定了它必然是经济属性和社会属性兼具的混合体，从根本上来说，社会企业应该是兼具社会目标的企业。就这点而言，我国的民办非企业单位还不能称为真正意义上的社会企业，而仅是显现了社会企业的一些基本特征。它作为我国当时社会领域中一种重要的组织形式，其法律规制和组织属性已有明确的规定，但能否真正归属到社会企业的范畴，这有待于我国对社会企业属性的定性和界定。

3. 中国情景下的社会企业

由于各国体制和政策环境的不同，社会企业的发展情况各异，社会企业的本土化研究对中国社会企业的在地发展十分重要。本土化是一个过程而不是一个目的。本土化（localization）（在主体不明的情况下，也可能被称为在地化）是相对全球化而来的另一趋势和潮流。在社会学语境中，郑杭生等④认为，所谓"本土化"是指用外来的社会学理论和方法研究本土社会，从而对原有的理论和方法加以检验，结合本土实际情况修正其中的某些概念，或赋予新的内容，或重新建构一些更为切合本土现实的理论和方法论。

---

① 参见《民办非企业单位登记管理暂行条例》第八条。
② 参见《民办非企业单位登记管理暂行条例》第二十一条。
③ 比如学者金锦萍、时立荣等。其中金锦萍认为，我国的社会企业由来已久，民办非企业单位就是其中之一。以非营利组织形式存在和活动的社会企业，其目的限制将来自于两个方面："非营利性"和组织的宗旨。"非营利性"的限制来自法律的强制性规定，目的限制则来自于章程，即创办者在创办社会企业时所确定的组织的宗旨：立足于残障人士的就业还是社区环境的改善。具体参见金锦萍《社会企业的兴起及其法律规制》，《经济社会体制比较》2009 年第 4 期；时立荣、徐美美、贾效伟：《建国以来我国社会企业的产生和发展模式》，《东岳论丛》2011 年第 9 期。
④ 郑杭生、杨心恒、苏国勋：《中国大百科全书》，《社会学》1991 年 12 月 1 日。

据此看来，中国语境下的社会企业主要意指在中国转型期的特殊社会背景和环境下，社会企业是受社会责任感而非利润驱动，为了解决社会问题，整合市场效率和社会公正，借商业化手段实现社会价值目标，增加社会利益的过程；是社会企业的经营理念、发展模式逐渐融入在地方性（locality）社会环境的过程；是发挥社会企业的社会价值和使命的过程。社会企业的衡量标准是有无增加社会效益，利润的获取是为了维持组织本身的正常运作，而不是为股东或所有人谋取最大利益。本书即以中国社会企业本土化发展为研究目标，探索社会企业在中国内地的发展模式及合法性建构过程。

本书认为社会企业主要指以商业化运作为手段，以解决社会问题、服务社会为目标，以增加社会利益、促进社会进步为贡献的创新型组织，是介于传统的以营利为目的的企业和以公益为目的的非营利组织之间的企业形态，是一种表现为经济特性和社会特性双重属性的混合型组织。社会企业的营利主要用于组织的可持续性发展而不是追求股东利益的最大化，实行有限利润分配。社会企业以达成社会目标与可持续性的商业运营为根本目的，是"目标驱动型"，区别于一般商业企业的"利润驱动型"，二者的关键区别在于企业经营的直接目的，一般商业企业目标是获取利润的最大化，以利润来衡量企业的绩效，而社会企业则为了解决社会问题，以达成社会目标，实现组织可持续发展为宗旨，它的实现形式呈多元化特征。社会企业区别于企业社会责任的明显特征，则在于社会企业的创新性。社会企业区别于非营利组织的关键差别在于它的企业形态及发展的可持续性和创造性。

第三节　本书分析框架

一　理论视角

新制度主义是组织社会学中的重要分析工具，关注社会合法化和再生产过程。新制度主义集中关注制度化的环境在组织及其结构合法化中的作用。① 合法性机制是新制度主义的重心。合法性困境是社会企业的实践困境,而新制度主义合法性的核心与社会企业组织结构的建构过程在本质上是一致性的。因此,本书拟在组织社会学的新制度主义的分析视角下,实证分析社会企业合法性建构过程。

制度化的组织是基于对外界的制度环境反映而产生的组织形式和做法。任何一个组织都必须适应环境才能生存,要从组织和环境的关系上去认识组织现象。新制度学派从制度环境的影响来认识组织行为和组织现象。② 合法性机制是新制度主义理论最为重要的机制,也是社会学理论中的核心概念之一。合法性机制是指那些诱使或迫使组织采纳在外部环境中具有合法性的组织结构或做法这样的一种制度力量。③ 各种组织受制度环境制约,追求社会承认,采纳合乎情理的结构或行为,这种因果关系被称为合法性的机制或合乎情理的逻辑。制度环境中的组织,要生存下来,必须得到社会的承认,为大众所接受。这种因果关系下产生的组织行为和做法是得到社会承认的,受到社会承认的逻辑制约的,但这种制度环境下的组织行为和效率机制下的组织行为是不同的。合法性机制影响组织结构和运作机制,约束组织的行为,帮助组织提高社会地位,促进组织间的资源交往。

社会行动与社会结构的普遍性问题是社会学理论中两个重要的一般性预设。安东尼·吉登斯提出了结构化理论,确认了行动者的主体能动性和社会结构的客观制约性之间的内在关联,用结构的二重性代替了行动与结构的二元对立。所谓结构二重性,就是结构是作为自身反复不断组织起来的行为的中介,同时又是行动的结果,社会系统的结构性特征并非外在于行动,而是不断反复卷入行动的生产与再生产中。在结构二重性的基本立场上,社会理论的任务就是考察行动如何在日常环境条件

---

① Zucker, 1987, Institutional Theories of Organizations, *Annual Review of Sociology*, 13: 443-464; Meyer, 1987, The World Polity and the Authority of the Nation-State, In Institutional Structure, ed. by George Thomas et al., 41-70, Newbury Park, Calif.: Sage.
② 周雪光:《组织社会学十讲》,社会科学文献出版社 2003 年版,第 90 页。
③ 周雪光:《组织社会学十讲》,社会科学文献出版社 2003 年版,第 77—78 页。

下被结构化,行动又如何提供自身作用将结构化的特征不断地再生产。①

自然人行动者和法人行动者是现代社会中的两种基本行动主体。社会组织属于法人行动者,法人行动者的社会行动受外部规范制度的约束。本书中社会企业作为法人行动者,受制度环境的约束,在和制度环境的互动过程中建构组织生长的合法性机制。行动者及行动能力关注组织的主体能动性及与社会结构和制度环境的互动,进而引发的社会再生产。在这个过程中,社会企业会出现行动能力的认同要求。组织的认同要求产生不同的社会行动,行动的方式和组织性质及环境相关。本书致力于把制度分析嵌入社会企业组织变迁中,关注社会企业的结构运作及社会行动,以及在此过程中显现的合法性机制建构。

二 研究思路

合法性的内涵蕴含着一个基本准则:根据一定规则判断符合某一标准而被认可或接受,从而获得合法性并得以生存。把社会学的合法性概念引入组织现象分析中,是组织合法性机制探讨的重要视角。社会企业作为一种新的组织形式,和任何新生组织一样,成长过程中都会遭受合法性的质疑和挑战,也要在和制度环境的互动中建构成长的合法性机制。因此,本书从组织和环境的关系入手,在新制度主义的视角下考察社会企业,分析社会企业的合法性困境及合法性机制获得的路径选择。本书从组织与环境的关系着手,依据合法性的来源把社会企业的合法性分为外部合法性和内部合法性。

社会企业的外部合法性主要是指社会企业的外部参与者对社会企业的认同和支持,而内部合法性主要是指社会企业的内部支持者对组织的认同和支持。具体来讲,社会企业外部合法性主要指涉社会企业的外部法律制度、专业规制、社会规范、观念制度、文化期待等,评介群体主要是社会企业的利益相关者。社会企业的内部合法性主要指涉社会企业

---

① 参见安东尼·吉登斯《社会的构成——结构化理论大纲》,李康、李猛译,生活·读书·新知三联书店1998年版。

的内部治理机制、组织策略、企业文化等。社会企业外部合法性包含的内容，蕴含了斯科特对合法性的规制、规范和认知的分类内容。内部合法性则从社会企业组织权威的构建说明合法性的内部来源。本书将依照这两个维度展开对社会企业合法性建构的分析。

社会企业的外部合法性建构基于组织运作，内部合法性建立主要依赖组织结构、企业文化和组织沟通等内部协调机制。本书选取被认为是中国典型社会企业代表——深圳市 Y 集团为个案，分析社会企业的结构运作和组织变迁，在此基础上探讨社会企业合法性建构的现实路径。具体研究思路如图 1-2 所示。

三 研究方法

(一) 案例的选取及研究方式

1. 研究方式：嵌入性单案例研究法

本书采取嵌入性单案例研究方法，主要基于以下几方面的理由：

第一，案例研究法可以还原"社会事实"，更易发现实践机理和逻辑。社会学是关于社会良性运行和协调发展的条件和机制的综合性具体社会科学。社会学的学科特点决定了它的实践性，并要求社会学研究必须要走进生活，了解社会事实，解释社会事实存在和发生的逻辑，提出应对建议。

第二，单案例研究方法的选取。孙立平认为，尽管大规模的问卷调查，是当代社会学的主流方法，对于许多社会现象的研究，其作用是不可替代的，但任何研究方法的作用都是有边界的。对于研究社会生活实践状态中的逻辑，深度的个案研究有着明显的优势，它可以使得我们深入现象的过程中去，以发现那些真正起作用的隐秘的机制。这类个案研究注重"事件性过程"，这种研究策略和路径，所要起的作用是发现实践的逻辑，而不是推断。[1]

按照罗伯特·K. 殷[2]对单案例研究设计适用范围的划定，单案例研

---

[1] 孙立平：《迈向实践的社会学》，《江海学刊》2002 年第 3 期。
[2] 罗伯特·K. 殷：《案例研究：设计与方法》（中文第 2 版），周海涛、李永贤、李虔译，重庆大学出版社 2010 年版，第 60 页。

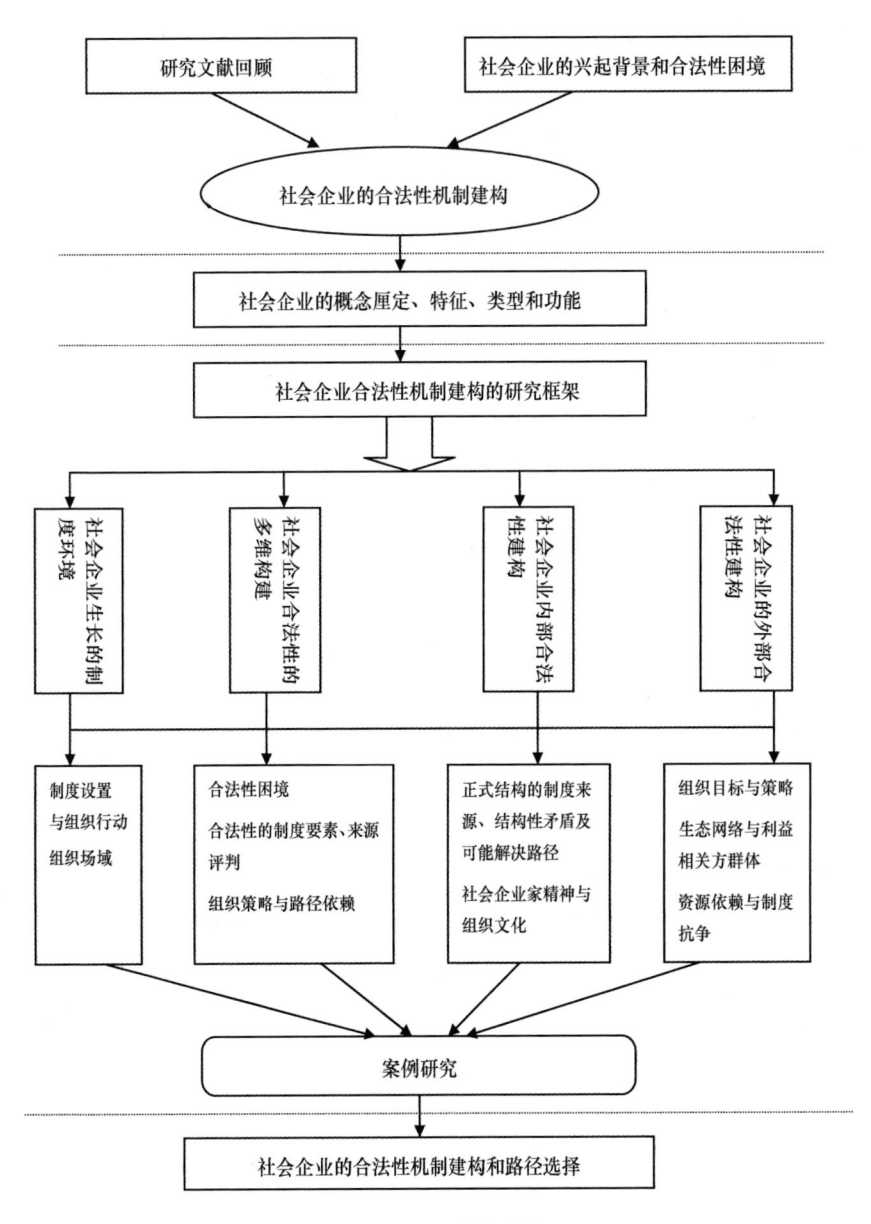

```
┌──────────────┐      ┌────────────────────────┐
│  研究文献回顾  │      │ 社会企业的兴起背景和合法性困境 │
└──────┬───────┘      └───────────┬────────────┘
       │                          │
       └──────────┐   ┌───────────┘
                  ▼   ▼
          ╭──────────────────────╮
          │ 社会企业的合法性机制建构 │
          ╰──────────┬───────────╯
                     ▼
       ┌──────────────────────────────┐
       │ 社会企业的概念厘定、特征、类型和功能 │
       └──────────────┬───────────────┘
                      ▼
       ┌──────────────────────────────┐
       │ 社会企业合法性机制建构的研究框架   │
       └──────────────┬───────────────┘
                      ▼
  ┌────────┬──────────┬──────────┬────────┐
  ▼        ▼          ▼          ▼
社会企业   社会企业    社会企业    社会企业
生长的制   合法性的    内部合法    的外部合
度环境    多维构建    性建构     法性建构
  │        │          │          │
  ▼        ▼          ▼          ▼
制度设置   合法性困境   正式结构的   组织目标与策略
与组织行动 合法性的制度  制度来源、   生态网络与利益
组织场域   要素、来源   结构性矛盾   相关方群体
          评判        及可能解决   资源依赖与制度
          组织策略与   路径        抗争
          路径依赖    社会企业家精
                     神与组织文化
  │        │          │          │
  └────────┴────┬─────┴──────────┘
               ▼
          ╭─────────╮
          │ 案例研究  │
          ╰────┬────╯
               ▼
       ┌──────────────────────────────┐
       │ 社会企业的合法性机制建构和路径选择 │
       └──────────────────────────────┘
```

图1-2 研究思路图

究设计适合用于如下几种情况：（1）用于对现有理论进行批驳或检验；（2）不常见的、独特的现象；（3）有代表性的或典型的案例；（4）启示性案例（revelatory case）；（5）对同一案例进行纵向比较。本书采用

单案例研究法，是基于上述第（3）（4）（5）种情况的考虑。首先，本书所选个案具有一定的典型性和代表性。其次，被选案例属于启示性案例。最后，本书拟通过对同一个案例的历史过程的回溯，对不同阶段的发展进行分析，揭示所要研究的案例是如何随着时间的变化而发生变化的，从而反映出研究对象在各个阶段的情况，以便深度研究社会企业合法性的建构所受外表环境和制度性因素的影响，因此，宜采用单案例研究法。

第三，嵌入型单案例研究法的选取。

一个案例研究可能包含一个以上的分析单位，无论何种情况，这些次级分析单位都可以通过抽样技术或族群技术被抽取出来用作嵌入性分析单位，这些次级分析单位能够帮助研究者拓宽研究范围并对案例进行更深入的分析。整体性研究设计常常出现的一个典型问题，是案例易流于抽象化，缺少明确具体的证据或指标，而案例研究的性质在研究过程中易发生漂移（shift），罗伯特·K. 殷认为，对无意识漂移保持警惕性的一种方法，就是提出一整套次级分析单位，所以，嵌入性研究设计是能使得研究者对案例保持高度注意的一个重要工具。

本书中，笔者选取的案例 S 市 Y 集团存在多个相关分析单位：整个系统、中间分析单位和个体。这些分析单位都可以被抽离出来进行分析，所以，本书采用嵌入性单案例研究法。同时，为了确保选择的案例与本书要研究的社会企业合法性问题具有内部关联性，本书将对分析单位进行严格而细致的界定。

2. 案例的选取：深圳市 Y 集团

本书属于探索性研究，采用定性分析方法。样本的选取方面，要契合研究目标和特殊指标体系，采用目标式抽样[①]，选取典型个案作为研究对象。

（1）与社会企业基本属性的契合，突出商业特征和企业特点。社会企业首先要有显著的商业活动，要有生产性和服务性活动；商业活动

---

① 目标式抽样又称"立意抽样"，是指根据调查人员的主观经验从总体样本中选择那些被判断为最能代表总体的单位作样本的抽样方法。

要参与自由商业市场竞争，同时社会企业要履行一定的社会使命，具有一定社会目的，这是社会企业区别于一般商业企业的重要特征。

本案例的选择基于以上两点考量：Y集团既契合本书对社会企业的界定，又具有典型性。一方面，Y社会企业是符合市场规则的商业公司，从事商业活动，参与市场竞争，独立运作，自负盈亏，追求经济利益。另一方面，集团员工90%以上为残疾人，打造了残疾人就业的重要平台，解决了残疾人8小时之外的大后勤保障，彰显了社会企业的社会使命和目标。因此，Y集团同时体现了社会企业的经济属性和社会特性，具备社会企业的一般特征，契合研究主题。

（2）样本的典型性和代表性。在社会企业发展尚属起步阶段的大陆，社会企业的整体发展状态尚无明确的统计数据和资料，而一些自称社会企业的组织是否属于社会企业尚需考量。但从另外一个方面而言，社会企业在发展初期的成长过程值得关注，因此，对于社会企业发展过程中的合法性建构及合法性机制的关注和考察，有利于探索我国转型期下社会企业的发展。对于社会企业个案的选择和其知名度相关，知名度本身也就预示着其典型性和代表性。

Y集团是全球最大的高科技社会企业（指生产方式与残疾人数），[①]是国际唯一全部由残疾人自主管理的现代化集团化高科技企业。Y集团[②]是我国社会企业的典型代表。Y社会企业是首届（英国）国际社会企业唯一金奖获得者。成立至今，20多年来从5名残障人士、1台电脑的打字复印小作坊，发展到拥有5200多员工（90%以上都是残障员工）、2家上市企业、40多家分支机构、1家基金会、14家公益组织的大型综合社企平台。其业务涉及软件、动漫、建筑设计、影视特效、电子商务、人工智能、生物科技等多个领域，获得美国SEI CMMI 5级认证、科技部双软认定企业、全国高新技术企业等荣誉的社会企业集团。在发展过程中形成一套标准化可复制的残疾人就业加无障碍生活社区的运营模式，成为拥有慈善基金会、社会组织集群、社会企业集群的综合

---

① Y集团网站。http：//www.canyouchina.com/index.asp？bianhao=1535。

② 本书中的社会企业指称的就是Y集团，它是一个社会企业发展集群，为了行文需要，所提到的Y集团及包含的社会企业集群都是一个概念，特此说明，简称Y。

型平台。Y集团的组织发展变迁展示了我国社会企业本土化的发生及成长历程。

它在组织变迁过程中建立完善了以基金会为决策顶层，社会组织群和社会企业群双轮驱动的"三位一体"组织架构体系。搭建了组织内部发展的"三位一体"组织管理体系，有效保证了组织管理的合法性机制；同时，组织外部也形成了一定的组织生态，搭建了为残障群体提供稳定就业岗位的社会企业平台和推动社会创新、引领慈善经济时代的社会企业航母，打造了社会企业创新生态网络。社会企业集群展现的商业发展和社会慈善的双轮驱动、三位一体的组织网络，有效保证了社会企业的组织发展及使命履行，成为较为全面的深入追踪和探讨我国社会企业发展的典型案例。这对于中国社会企业实践具有重要的参考价值，探讨这样一个社会企业的社会行动和合法性建构过程，对于研究我国社会企业的成长具有重要意义，可提供重要参照。

Y集团的成长同时也是残障人士生存方式革命的社会运动史，Y集团获得了极高的社会认可和评价，具有广泛的社会影响力，曾获得首届中国社会创新奖、中国消除贫困奖、全国优秀福利企业、中国公益慈善创新奖、全国民族团结进步模范集体奖等。创始人郑先生也被多次评为全国优秀福利企业家、全国劳动模范、深圳特区30年30位杰出人物、2013"CCTV年度慈善人物"、2017中国最佳商业领袖奖——年度企业公民、深圳市首届社会组织风云榜"社会组织从业20年荣誉奖"、中国70周年纪念奖章获得者、建国70周年70位公益人物等荣誉称号。徐永光先生说，Y社会企业孵化项目之所以打动所有的评委，是由于它的创新是世界性的，不仅是中国最为成功的社会企业，放眼世界范围，它也是非常优秀的，如果尤努斯的孟加拉乡村银行是第一的话，郑先生的Y就是世界第二。① 本书所选样本具有一定的知名度，也有较长时间的历史发展过程，具备社会企业的典型性特征和要素，契合研究主题。

（3）关于样本代表性的特别说明。应该说明的是，对于案例研究的推论问题，如果严格意义上来讲，"代表性"的说法并不妥当。因为

---

① 集团网站，http://www.canyouchina.com。

"代表性"属于统计调查研究的问题,主要是指在概率意义上"样本"能否推测"总体"的特征。① 因为并没有涉及"大数"现象,个案研究无从谈及这一问题,② 当然这也并非意味着个案研究的意义就仅限于其本身,研究结论没有价值和意义。罗伯特·K. 殷也指出,案例研究法的主旨并不仅仅在于某一"样本"。在进行案例研究时,你的目的是归纳出理论(分析归纳),而不是计算频率(统计归纳)。案例研究的目标,是"归纳"分析,而非"列举"分析。③ 因此,本书希望能通过案例研究的方法,选取中国社会企业的典型案例,通过对案例的深度分析归纳,探寻中国社会企业发展过程中合法性的建构过程及合法性机制的确立。所以,单案例研究并不影响研究结论的得出和代表性问题。

(二)资料的收集及分析

1. 资料收集方法

为了深入了解 Y 集团的发展历程,笔者进行了长期田野调查,深度访谈了包括集团创始人在内的各部门负责人、员工等,他们都给予了大力支持和配合。每人基本保持 2—5 小时访谈时间不等,并获得受访者的同意全程录音,以确保访谈资料的准确性和真实性。同时,对集团的利益相关方,如深圳市社会组织管理局、深圳市残疾人联合会、深圳市 L 区残疾人联合会等政府部门、商业合作企业、社区居民等进行了访谈,获得了重要的第一手资料。

研究采用单案例研究法,为了获取充分的资料,获得社会企业个案研究所需要的历史资料和当前发展状况,依据几种常见的证据来源,综合采用多种资料收集方法,以便不同类型的证据可以互补,保证资料获得最大程度上的完整性。本书采用的资料收集方法主要有以下几种:

(1)文献法:包括学术研究文献、报纸杂志、网络资源、调研单

---

① 谢宇:《社会学方法与定量研究》,社会科学文献出版社 2006 年版;彭玉生:《社会科学中的因果分析》,《社会学研究》2011 年第 3 期。

② 王富伟:《个案研究的意义和限度——基于知识的增长》,《社会学研究》2012 年第 5 期。

③ 罗伯特·K. 殷:《案例研究:设计与方法》(中文第 2 版),周海涛、李永贤、李虔译,重庆大学出版社 2010 年版,第 60 页。

位提供的内部书面文字材料等。学术文献收集主要围绕社会企业的概念讨论、活动领域、社会影响等相关方面展开;网络资源方面,主要收集相关社会企业网站的一些资料以及被访单位网站的相关资料等。

(2) 结构访谈法:预调查中采用开放式访谈的方法,走访国内较为典型的社会企业负责人和相关方,大致了解社会企业的发展概况。在掌握了相对较为全面的基本资料后,根据研究主题筛选出符合本书主题的案例,再设计出结构式访谈提纲深入调查。调查主要关注社会企业发起的背景,发展的历史过程和变革,以及变迁过程中利益相关方各自的角色和功能。调研过程关注社会企业的组织结构、运作过程;社会企业运作的困境和障碍有哪些?经济效益和社会效益如何?获得哪些社会资源和关系的援助?等等。

(3) 深度访谈法:主要针对本书研究中所选个案的关键人物和企业员工,进行深度个案追踪式访谈。访谈对象主要包括该社会企业的创始人、初创者、各部门负责人、各部门资深员工、新员工以及包括政府、商业合作企业、义工、社区居民等在内的利益相关者等。了解不同角色的人在社会企业的运作过程中各自的角色,以及在社会企业合法性建构过程中的行动。依据理论饱和(Theoretical saturation)的准则,本书的深度访谈一共获得超过100份个案访谈资料,共整理有效的一手访谈资料超过50万字。

(4) 观察法:对于社会企业个案,笔者现场参与到社会企业的日常运作中,不同程度地参与到社会企业组织及群体中,共同生活并参与日常活动,进行参与式观察,以期了解社会企业的社会行动及活动过程。

(5) 问卷法:本书中针对所选社会企业案例的运作部分内容的分析,笔者设计了相应的调查问卷,并进行了数据分析。调查问卷资料的收集方法主要采用的是自填问卷法,问卷对象是该案例总部所有的在岗员工,被调查者当天填答问卷并收回。因为在正式问卷调查之前发放了30份试问卷,在试做的基础上调整了问卷个别内容,使得问卷设计更具针对性。同时问卷发放的当天,被调研单位的董事长在内部高层例会上进行了特别说明,并要求各部门支持调研工作,172份问卷全部回收，除其中 7 份问卷填答不合要求作废之外，其余都是有效问卷。问卷的填答对象包含了单位各层次人员，具有一定代表性和说服力。

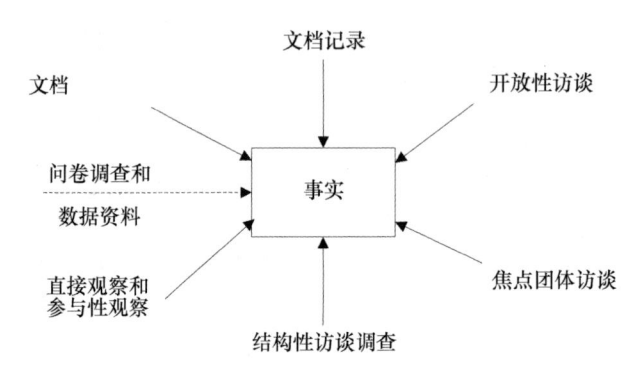

图 1-3 各方证据的融合

资料来源：罗伯特·K. 殷：《案例研究：设计与方法》（中文第 2 版），周海涛、李永贤、李虔译，重庆大学出版社 2010 年版，第 126 页。

本书的访谈对象主要围绕研究对象合法性评判的来源方——社会企业的利益相关者群体，其中以研究对象——Y 集团为核心，包括集团的创始人、董事长、各部门负责人、员工、社区居民、义工、合作商业企业、合作非营利组织、政府工作人员、媒体、专家等。访谈对象的编码方式为"身份+姓氏+访谈时间"。其中，身份包括：Y 集团（Y）、基金会（F-Foundation）、集团四大中心——文宣中心（W）、技术中心（J）、拓展中心（T）、财务中心（C）、深圳市（S）、海南省（H）、喀什（K）、山东（S）、残联（D-Disabled Persons´Federation）、民间组织管理局（M）、居民（R-resident）、义工（V-volunteer）、媒体［（M-media）］专家（E-expert）、商业企业（E-Enterprises）、非营利组织（NPO-Non-profit organizations）比如，在代码 YFZ120825 中，Y 代表 Y 集团，F 代表基金会，Z 代表姓氏首字母，120825 代表访谈时间是 2012 年 8 月 25 日，特别说明：如果姓氏简称等出现重叠，则加注名字的首字母。

2. 资料分析方法

本书拟采用定性分析与定量分析相结合的方法，以定性研究方法为主，辅以定量分析。正如帕森①所言，研究者将定量和定性方法进行结合的主要原因是，社会是多面的、多层次的、多视角的。研究者要根据研究目的和掌握的资料类型来选择合适的数据分析方法。本书拟在定性研究的基础上，辅以定量方法收集更多数据来对研究发现进行三角测量，使得研究解释更为全面。实践证明，定量和定性研究方法的结合能够提升研究发现的可靠性和深入性。② 笔者采用通则式解释模式，③ 在对所选个案进行深度调研分析的基础上，试图寻找一般性的解释因素。此外，把访谈资料和数据分析结合起来，探索社会企业合法性建构过程中的重要机制，以及这些机制存在和发挥作用的条件。本书在对社会企业样本具体发展过程进行描述的过程中，通过对资料的分析、概括和提炼，探索"事实"背后的一般性机制或规律。另外，对问卷调查收集的定量数据资料，运用 SPSS 17.0 分析软件进行单变量描述统计、多变量均值比较及回归分析，为个案分析提供充足的数据论证。

表1-5　　　　　　　　　　访谈对象一览表④

序号	受访者性质	所在单位	受访时身份	人数	访谈方式	访谈时间
1	研究对象	Y集团	创始人/董事长/总经理	7	面谈/电话	2011.09—2019.12
		YF	负责人/员工	4	面谈	2011.11-2020.02
		YT	负责人/员工	10	面谈	2011.11—2017.10

---

① Pawson, Ray, 2008, "Method Mix, Technical Hex, Theory Fix", In Manfred Max Bergman (ed.), *Advances in Mixed Methods Research: Theories and Applications*, Los Angeles, London, New Delhi, Singapore: Sage.

② 朱迪：《混合研究方法的方法论、研究策略及应用——以消费模式研究为例》，《社会学研究》2012年第4期。

③ 通则式解释：一种解释方式。在这种解释方式中，我们试图寻找一般性地影响某些情形或者事件的原因。具体参见［美］艾尔·巴比《社会研究方法》（第10版），华夏出版社2006年版，第23页。

④ 为了统计和编码的需要，员工按所在部门分类编码，将集团内部员工依据基金会和四大中心来归类。实际上在功能上他们分属于三个版块：基金会、社会组织群和社会企业群，这样的分类更准确，但若据此区分，行政人员和财务人员则要另外分类，甚是烦琐。详细编码详见附件。同时由于案例追踪周期跨度比较大，访谈资料整理分析后，部分编号资料因行文并未完全直引在文章中。

续表

序号	受访者性质	所在单位	受访时身份	人数	访谈方式	访谈时间
		YJ	负责人/员工	16	面谈	2011.11—2017.09
		YC	负责人/员工	4	面谈、网络	2011.11—2018.02
		YW	负责人/员工	7	面谈、网络	2011.11—2016.12
2	社区居民			24	面谈、座谈会	2011.11—2014.10
3	政府	S市民间组织管理局	局长	1	面谈	2012.09
		S市残联	副理事长	1	面谈	2012.08
		S市L区残联	理事长	1	面谈	2012.08
4	义工			24	面谈、网络	2012.11—2019.09
5	媒体	国家/市属媒体	记者	3	面谈	2011.11—2012.09
6	商业合作伙伴	W集团	中国区负责人	1	面谈/内部资料	2011.11—2012.12
7	NPO合作伙伴	S市X公益基金	发起人	1	面谈	2012.11
8	外部专家			3	面谈	2012.11—2018.12
9	实习生	各高校	实习生	15	面谈、网络	2012.08—2017.09

"结构——制度分析"与"过程——事件分析"是近年来讨论比较多的两种研究模式，对于本书所采用的个案研究法的资料分析，有必要就这两种研究范式在本书中的应用进行简要的说明。

所谓"过程——事件分析"，是指这样的一种社会分析方法，它试图摆脱传统的结构分析或制度分析方法，从社会的正式结构、组织和制度框架之外，从人们的社会行动所形成的事件与过程之中去把握现实的社会结构与社会过程。① 孙立平认为，采用"过程——事件分析"的方法来研究社会生活过程，是为了克服以往"静态的"结构分析或制度分析所固有的一些局限，采用这种研究策略也是因为"能够理解效能的，并不是这种结构的特征，而是过程本身，是作为相对独立的解释变项的过程因素"。孙立平认为，"过程——事件分析"研究策略的最基本点，就是要"力图将所要研究的对象由静态的结构转向由若干事件所

---

① 转引自谢立中《结构——制度分析，还是过程——事件分析？——从多元话语分析的视角看》，《中国农业大学学报》（社会科学版）2007年第4期。

构成的动态过程",着重一种动态叙事的描述,将研究对象作为或者当作一个事件性过程来描述和理解。相对其他的研究策略,孙立平认为"过程——事件分析"能更好地凸显社会事实的动态性、流动性,事件和过程展示的不是片面的一方,而是它们之间的复杂互动关系,而且这些因素的关系在动态的过程中,也同时处于一种不断建构的过程中。①

孙立平认为,中国的市场转型具有自身的独特性,政体和意识形态是连续性的,许多重要的改革和转型过程是使用渐进式的变通方式实现,在变通的过程中,特别是在开始的阶段,新的体制因素往往是以非正式的方式出现并传播的,非正式体制的生长和发育,往往发生在体制运作的过程当中。这就要求我们在研究中国市场转型的时候,必须对非正式因素,特别是对体制的运作过程,给予足够的关注。对于进入市场转型过程的实践层面,不能仅仅停留在制度和组织的结构性特征上,要对市场转型过程的实际运作进行深入透彻分析。② 孙立平提出,对实践状态社会现象的研究可概括为四个环节:过程、机制、技术和逻辑。"过程"是进入实践状态社会现象的入手点,是接近实践状态社会现象的一种途径。实践状态社会现象的逻辑,往往是在事件性的过程中才能更充分地展示出来;"机制"是逻辑发挥作用的方式;"技术"是实践状态中的行动者在行动中所使用的技术和策略,对技术和策略的强调是为了凸显实践活动中的主体性因素。实践参与者的能动性是塑造实践逻辑的一个重要因素;"逻辑"是研究的目标,通过对实践逻辑的解读,来解释我们感兴趣的问题。他进一步指出,要完成这四个环节,最适宜的研究方法就是深度个案研究。③ "过程——事件分析"的研究策略为我们进行经验研究提供了很好的思路,对拓展个案研究有着重要意义。

对于"过程——事件分析"对静态结构分析的批评,学者张静提出了"结构——制度分析"的概念来回应。"结构——制度分析"大体是

---

① 孙立平:《过程——事件分析》,《与对当代中国农村社会生活的洞察》,载王汉生、杨善华主编《农村基层政权运行与村民自治》,中国社会科学出版社2001年版。
② 孙立平:《实践社会学与市场转型过程分析》,《中国社会科学》2002年第5期。
③ 孙立平:《迈向对市场转型实践过程的分析》,《中国社会科学》2002年第2期。

指从宏观的结构和制度方面来观察和解释社会现象的一种分析方法。①张静指出"结构——制度分析"方法里重视行为的社会规则,这里的规则区别于通常所说的规律,因为规则是不断变化的,而且是在社会生活中自然形成的。人类对自身秩序控制的进步,突出体现在,新的行动总是试图(正式或非正式地)确立新行为的正当性,即确立新的社会规则。对行为正当性(规则)的创造是人类生活的自然需求,很多时候,人们需要通过规则增进安全和预期。与"过程——事件分析"比较关注"事件""过程"不同的是,"结构——制度分析"比较注重规则,这和研究者所关心的问题相关。运用结构——制度方法分析社会行为时,分析者会特别重视具体"事件"或"过程"所反映的社会(结构)关系。这里的制度不是通常意义上的"规定",而必须是真正规范行为的东西。"结构—制度分析"范式既重视过程(历史)的因素,也并不轻视丰富复杂的实际描述。要着重对各种框架有益成分的包容,而不是排斥。张静认为,"不同方法将引导研究者发现不同的东西,因而更适当的态度是,不妨去尝试各种方法。因为,既然我们同意世界的不确定性,就没有人知道我们面临问题的真正答案,自然也就没有人可以肯定,认识这些问题的最佳方法是什么,以及是否存在着某种唯一正确的方法"。至于采用何种方法,应根据研究者所关心的问题及所得到的资料性质去确定,"我看不出这些分析有什么根本的对立"。②

从以上讨论可以看出,我们很难单一从一个分析方法本身去评判它的优劣,在对社会现象和社会事实的研究中,我们也很难简单判断某一种研究方式更为适当,而只能说对于我们的实践和研究来说都同样重要,同样有用。就像张静指出的,"过程—事件分析"和"结构——制度分析"不过是两种具有同样价值的研究策略,也像谢立中认为的,它们不过是我们可以用来建构社会现实的两种不同的话语系统。在它们的引导和约束下,可以采用不同的话语策略,对社会现实作出不同的话语建构,但对这种话题系统及由其引导所完成的话语建构的优劣,却难以

---

① 谢立中:《结构——制度分析,还是过程——事件分析?——从多元话语分析的视角看》,《中国农业大学学报》(社会科学版)2007年第4期。

② 张静:《基层政权:乡村制度诸问题》,浙江人民出版社2000年版。

做出绝对的判断。①

因此，根据本书的研究主题，为了更加具体和完整地呈现研究对象，从更为丰富的社会事实中去发现实践的逻辑及社会现象背后的规则或制度要素，本书将根据研究的需要，融合这两种分析范式的特点，以期更好地通过对社会企业个案的历史性过程分析，发现社会企业合法性建构的制度影响因素和规则，完成对研究主题的分析。

---

① 谢立中：《结构——制度分析，还是过程——事件分析？——从多元话语分析的视角看》，《中国农业大学学报》（社会科学版）2007年第4期。

第二章

社会企业的历史演进及制度约束

社会企业在当代中国并不是一个新兴组织。社会企业的组织形式在不同历史阶段有不同的表现形式，称谓也各不相同。本章在梳理中国社会企业不同时期发展形势的基础上，试图探讨新的历史时期下社会企业的基本属性特征及制度性角色。

中国在20世纪以前的历史发展中没有稳定的制度化的社会福利体系，中国传统的社会福利主要是以家庭、家族和地方社区为单位的保障性服务，比较广泛存在的是民间慈善事业的发展，官方的社会救济和福利非常有限。从19世纪后半叶开始，受西方福利思想传入的影响，民间开始有私人捐赠兴办福利，建立残疾人福利院、医院等。也有一些外国教会举办的比如慈幼机构这样的社会救助机构。民国时期的政府建立了包括民政保育、劳工、农民、社会保障的社会政策体系，这些社会政策因为当时的社会政治条件的限制及战争因素，并没有得到有效实施。之后到1949年以前因为社会的动荡和战乱，民间救助没能制度化，政府举办的社会救助机构并不能照顾到所有需要帮助的人群，因此，这一时期的社会福利事业不成体系，社会福利生产几乎没有，并没有真正意义上的社会福利企业存在。

第一节 福利企业的发端及早期形态

社会福利企业是社会主义初级阶段的重要经济组织，是国民经济的重要组成部分。它的产生和发展是客观和必然的,是由我国当时的国情、体制和社会需求所决定的。这一时期的福利企业并非严格意义上的社会福利企业,只是现代福利企业的萌芽和雏形,是广义上的福利企业,主要是为了帮助包括贫困人口及残疾人等在内的弱势群体生活及就业的一种组织形式,是计划经济体制下的政府行为和制度安排。

中华人民共和国成立初期我国的生产力发展还非常薄弱,贫困人口众多,单纯依靠救济并不能解决贫困人口的生存和需求问题。发展社会福利企业,组织有劳动能力的残疾人和贫困人口参加劳动,是解决当时社会矛盾的重要途径。残疾人由于自身身体条件和文化程度的限制,很难通过社会招工的方式解决就业问题,作为吸纳残疾人就业重要载体的社会福利企业,成为解决残疾人就业问题的特殊方式和途径。

一 社会福利企业的雏形:生产自救小组

我国福利企业起源于中华人民共和国成立初期,当时是为了解决大批城市贫民的就业与生活问题而采取的一种生产自救措施。中华人民共和国成立初期,各地民政部门根据国家对城市社会救济福利工作的方针,组织社会上无依无靠、无生活来源的孤、老、残、幼和无固定职业、无固定收入、生活困难的居民以及一部分其他部门安排不了的优抚救济对象,从组织生产入手,因地制宜、因陋就简地办起了一批小型、多样的生产自救小组。这些城市街道群众互助性的生产自救小组是社会福利企业的雏形。

二 社会福利企业的萌芽:城市贫民的"以工代赈"

以工代赈是生产自救的重要形式。中华人民共和国成立初期的救灾方针明确表示,克服灾害困难的最有效办法就是生产,因此,针对农业生产、副业生产到以工代赈的生产自救成为中华人民共和国后应对灾荒的主要生产方式。

中华人民共和国成立的时候,城市充塞大批等待救济的贫民,为了从根本上解决他们的生活问题,党和政府提出了"生产自救"的方针。组织劳动生产的方式首先是"以工代赈",即吸收大批失业贫困人员参加国家举办的市政建设一类的工程。这些工程通常范围广,不需要专门技术,并能容纳大量人员参加。通过这种方式,在解决很大一部分人生计问题的同时,也使得许多市政建设工程能迅速完成。尽管当时这种生产大多是季节性、临时性的,参加生产的对象也主要是失业、无业贫困人员,但它开创了以生产自救方式解决某些救济对象生活出路问题的途径。① 这种以工代赈的生产方式通过自救和自助在很大程度上解决了当时贫民的生活问题,充当了一定的社会经济组织角色,成为社会福利企业发展的萌芽。

三 福利生产的早期形式:烈军属和贫民生产单位

从1952年起,随着城市工业与手工业的恢复与发展,一些城市的政府本着"生产自救"的方针,开始组织由烈军属和城市贫民参加的手工业、饮食服务业或小型工业生产,并逐渐吸纳部分残疾人参加。包括残疾人在内,前后约有50万人参加这种形式的生产,但还不是严格意义上的福利企业。

当时的烈、军属和贫民生产单位,在组织形式上可以分为4种类型:② (1) 由政府以优抚救济事业费或社会捐献的地方优抚基金投资开办的工厂。这类生产单位由民政部门直接领导和管理,其中完全使用机器生产的较大规模单位,业务经营和管理制度等已基本接近地方国营企业,而规模较小的手工业或者半手工业作坊,则主要承做大企业的加工订货。(2) 带有合作社性质的生产单位。一般由烈、军属自己集资筹办的,政府只在资金、业务管理、原料供给和产品推销等方面给予帮助和指导。主要实行职工民主管理。一些初具生产合作社规模的单位,按照工业生产合作社的规章分配生产利润。(3) 临时性或具有副业性质的生产小组。这类组织形式和业务不固定,没有固定资金,生产工具多为自备,参加生产的人员多为老、弱和有家务牵累的妇女。(4) 商业性质的单位。多是过去由政府投资,吸收部分烈、军属经营的商业,或

---

① 崔乃夫主编:《当代中国的民政》,当代中国出版社1994年版,第290页。
② 整理自崔乃夫主编《当代中国的民政》,当代中国出版社1994年版,第294页。

由烈、军属集资经营的商业。

国家民政部门对这些生产性自救单位给予了积极的鼓励和支持，进行全面规划和统一安排，帮助他们提高技术水平及健全内部管理制度，并纳入国家计划。1953年，第二次全国民政会议从方针上肯定了这种组织烈、军属和贫民生产的自救作法。1954年，内务部、地方工业部、中华全国合作总社、中国人民救济总会联合发出《关于建立城市烈属、军属、贫民生产和教养机构生产的联合指导机构的通知》，要求各城市在党、政统一领导下，根据当地的具体情况，由民政、合作、地方工业和救济分会等有关部门共同组织生产联合指导机构——生产指导办公室或委员会。同时指出这些生产性自救单位应根据各自具体情况和生产需要采取不同形式，不可强求划一。在此之后的几年中，各城市民政部门以生产小组、工程队、合作社和小型工厂等形式，共组织了50多万烈、军属和贫民包括残疾人参加了各种不同类型的生产。参加生产的人员，从1953年的20.9万人，增加到1956年的34.4万人。①

1956年1月，谢觉哉部长在给李富春副总理的信中，提出了关于处理城市烈属、军属、贫民生产单位问题的几点意见。要求各地承认民政部门领导的这些生产单位，在生产计划上纳入地方的经济计划，按社会福利性质的合作社待遇，还提出了将这些生产单位逐步转为残废者合作社的设想。民政部门要设立专门的管理机构，受当地计划部门、有关生产部门和民政部门的领导。1956年7月，内务部发出了《关于整顿和组织城市烈属、军属和贫民生产的通知》。通知指出：凡是主要由半劳力、辅助劳力、家庭妇女和老、弱、残废人员组成的加工服务性生产和简单的手工业生产，继续归民政部门领导。主要由整劳力组成，而又适合国家经营的生产单位，移交有关生产部门统筹安排。个别行业不符合国家和人民需要，或存在严重困难，要收缩或转业。这次整顿共有1000多个成型的厂、社交了出去。② 但当时有些地方民政部门为了甩"包袱"，把一些不能完全适应经济生产和要求的单位也一并移交，增

---

① 崔乃夫主编：《当代中国的民政》，当代中国出版社1994年版，第292页。
② 崔乃夫主编：《当代中国的民政》，当代中国出版社1994年版，第296页。

加了合作部门的负担,直接导致有关部门在整顿时辞退了大批人员,使得一些可以生产自救的人重归政府救济。社会福利生产陷入低潮,国民生活保障遭受创伤。

福利生产单位在经历这一曲折发展后,更加明确了大力组织烈、军属、贫民生产的重要性。国家内务部、财政部、商业部等各部门联合发布并出现相关文件,从政策的高度规定了对这些生产单位在税收减免、贷款扶助及原料供应等方面的保护性措施。社会福利生产又开始回升。到 1957 年年底,全国共有烈、军属和贫民生产单位 8009 个,参加生产的人员达到 58 万,全年生产总收入为 1.59 亿元。[①] 全国福利生产单位共有资金 1777 万元,其中政府以优抚救济费投资 46 万元,占资金总额的 26.15%,群众自筹资金 52 万元,占资金总额的 2.94%,历年生产积累 1260 万元,占资金总额的 70.91%。[②]

这些生产性自救单位在国家政策的扶持下进入了一个平稳和快速的发展通道,在中华人民共和国成立初期的国民经济恢复和发展中起着重要作用。从早期以工代赈的典型生产自救形式到后来的烈、军属和贫民生产单位,民众参与劳动的生产自救已经初具社会企业的社会性雏形;从这些自救单位的生产积累和效益来看,解决了参与生产人员的生计问题,基本生活得到一定程度上的保障,参加生产的人员规模逐年递增,体现了生产自救组织的经济特性和社会福利性;而一些生产性自救单位不仅已初具生产合作社规模,而且能按照合作社的章程进行利润分配,也基本显示了社会企业的利润分配原则之萌芽。

同时也应看到,这些生产性自救单位的发展,在当时的历史时期下,主要是国家为了恢复国民经济,应对灾荒而采取的一种经济发展方针,也是国民经济发展计划的一种补充,国家的政策支持和导向起着关键和主导作用。因此,在当时的经济体制下,这种生产性自救组织仅是一种恢复国民生产、安排就业的手段,而非社会建设的平台和载体。因此,这只是现代福利企业发展的萌芽形式,并非真正意义上的现代社

---

① 崔乃夫主编:《当代中国的民政》,当代中国出版社 1994 年版,第 292 页。
② 崔乃夫主编:《当代中国的民政》,当代中国出版社 1994 年版,第 295 页。

企业。

第二节 "单位社会"与福利企业制度的形成

中华人民共和国成立后,与计划经济体制相对应的城市社会管理制度被称为单位制。单位制的形成在我国有着特殊的社会背景。在计划经济时期,政府负责所有的经济、政治和社会事务,成为社会管理的唯一主体,被称为"全能政府","单位"成为中国社会的基本构成单元。经济模式实行高度集中的计划经济体制,国家统一控制和调配资源,单位成为个人和国家联系的纽带,被纳入国家行政管理体系中,个体对单位有极强的依赖性。

这一时期国家的社会福利企业政策进一步明确了福利企业的形式和目标,对福利企业的管理逐渐规范化和制度化,福利企业开始局限成为残疾人提供社会保障的福利生产单位,真正意义上的社会福利企业形成,社会福利的发展呈现制度化。

一 社会保障性福利生产单位的确立

1958年的第四次全国民政会议,明确肯定了群众性生产自救的经验,明确了组织社会福利生产,是贯彻党和国家对只有部分劳动能力的老、弱及残疾人实行"统筹兼顾,适当安排"方针的最好形式,并指出"组织社会保障性的福利生产,是一项长期的福利事业"。[①] 社会福利生产的经营方针强调依靠群众,勤俭创业,自力更生,多种经营,综合利用,以小带大,以老带新,逐步发展。在生产收入分配上,规定了4条原则:[②](1)保证生产人员的工资达到一定的水平;(2)扩大再生产,改良生产设备;(3)支援当地组织和扩大福利生产;(4)再有盈余时上缴。对于刚刚起步、规模很小的单位,则强调着重解决生产人员

---

① 崔乃夫主编:《当代中国的民政》,当代中国出版社1994年版,第298页。
② 崔乃夫主编:《当代中国的民政》,当代中国出版社1994年版,第298页。

的生活问题,改良设备,扩大生产,暂不提出上缴任务。

第四次全国民政会议之后,全国的社会福利生产出现了一个新的发展高潮。一些城市通过组织福利生产,达到了优抚补助费和社会救济费的全部自给。部分城市还用生产收益举办了养老院等,推动了整个社会福利事业的发展。福利生产也逐渐从城市扩展到了乡镇地区,对国家的社会保障改进起到了一定的推动作用。1959 年第五次全国民政会议对生产自救小组和以安置残疾人为主的生产单位进行了分类定型,把以安置残疾人为主的生产单位正式划为社会保障性的福利生产单位,真正意义上的社会福利企业开始形成。各地民政部门通过对原有企业的改造,使其逐渐转为向以安置残疾人为主的保障性福利工厂。①

第六次全国民政会议之后,各地党委和民政部门加强了对福利生产的组织领导,并进一步规定了福利生产单位的工资标准、福利待遇和收益分配等问题。在工资标准方面,实行按劳分配原则,对于工资收入不足维持生活的职工,要给予适当的救济补助。在福利待遇方面,要从实际出发,量力而行。在利润使用方面,要本着节约的原则,严格控制使用范围。利润应主要应用于改进和维修设备,改善集体福利,举办社会福利事业及救济福利费支出等。使用时要接受财政部门的监督,并要经过党委批准。如果所得利润用于这几方面后仍有剩余,应上缴国家。②这一规定进一步明确了社会福利企业的性质,显示了社会福利企业的基本属性,显现了社会福利企业的经济属性和社会属性,为现代社会企业的发展提供了示范和基础。

由此可见,这一时期社会福利生产的概念、内容、经营策略及利润分配原则逐步明确。在发展战略上强调群众主体的自力更生、逐步发展;收入分配上规定首先保证生产人员工资水平,保证企业生产,再有盈余时上交,这是一种在保证自身运营能力前提下的有限利润分配,基本体现了社会企业的利润分配原则。因此可以说,这一时期的社会福利生产单位已初步具备社会企业发展的基本特质,但依然只是计划经济体

---

① 多吉才让:《新时期中国社会保障体制改革的理论与实践》,中共中央党校出版社 1995 年版,第 204 页。

② 崔乃夫主编:《当代中国的民政》,当代中国出版社 1994 年版,第 303 页。

制下的一种国民经济生产手段和方式，党和国家依然在社会福利企业的发展中起着战略主导和行政控制作用，福利企业的发展不能体现完全意义上的自我发展，因其不能独立经营，所以并非真正现代意义上的社会企业。

二　政府主导型福利企业的特性

国家政治运动对当时的社会福利生产产生极大影响。经过改造后的福利企业虽然有国家和社会的支持，但大多是由生产人员自筹资金、由小到大自我发展起来的，生产人员的80%—90%主要是残疾人和家庭妇女，忽视不同所有制之间的区别，盲目充公的"一大二公"做法，严重挫伤了福利生产人员的积极性，影响了福利生产的发展。

单位制时期的社会福利企业发展，虽有生长自社会的萌芽，但由于所处历史时期的政治体制和经济制度，社会福利企业的发展不可能做到真正的自我运作、自主发展；而那些生产人员自筹资金自我发展的福利企业也由于没有真正的社会发展空间，不可能自主发展。社会福利企业的管理主要依赖民政部门的行政手段管理，政企不分，企业本身没有真正的生产经营与管理权，依然只是行政管理体制下的产物。所以，这一时期社会福利企业的发展依然仅是国家解决生活保障、安排就业的一种手段及国民经济方式，并非真正意义上经济发展的产物和社会发育的结果，它仅仅是具备了社会企业发展的一些基本属性和特征，并非真正意义上的现代社会企业，而社会企业一定是市场经济体制发展下的产物。

第三节　市场化改革与社会福利企业的转型

中国的社会福利生产同经济发展一样，也经历了波折，从1956年的局部性曲折到后来的一段时期，社会福利生产的发展也遭受重创，直到党的十一届三中全会以后，才得以彻底复苏，迅速发展。这一阶段社会福利企业的发展，主要指的是1978年党的十一届三中全会以来，我国的经济体制建设由计划经济体制向市场经济体制转变的过程中，社会福利企业在市场经济体制的冲击下的发展和嬗变。

一 市场经济的发展与单位制的解体

单位制的发展随着经济和政治体制的改革共生演变,经历了实践探索、发展和逐步衰竭的过程。单位制发端于中国经济起步阶段,面对的是社会的无组织化状态和政治上对集体经济的倡导,在中华人民共和国成立初期的一段时间内单位制的兴起和发展促进了经济社会的进步,实现了积极的社会动员和有效的社会控制,但另一方面,社会高度的行政化使得社会各子系统缺乏独立运作的机能,社会管理主要依赖于政府的行政化手段,鲜见社会的自主管理和运行。

随着改革开放的纵深推进和市场经济的发展,经济体制开始由计划经济体制向市场经济体制转型,政治体制改革也要求转变政府职能,重新定位政府职能,经济和社会的发展要求政府要从传统的大包大揽式的"全能政府"中解放出来,把政府管不了、管不好的事情交由社会去做,实现政社分开、政企分开,政府和社会要在分工合作的基础上各司其职,自主发展。在这种情况下,国有企业开始改革,政府职能转型,把一些传统的社会福利比如住房、养老、医疗、教育等逐渐从单位体制中剥离出来,使得单位承担的社会功能逐渐减少,更多的人逐渐从"单位"重新回归"社会",由"单位人"变成原子化状态的"社会人",单位制逐渐解体。

二 福利企业的困境与衰落

随着市场经济的发展和单位制的解体,改革开放后,我国社会福利企业虽然得以恢复、巩固和发展,但不可避免地也面临发展的困境和衰落趋势。

1959—1961年的三年经济困难时期,全国民政系统的"交厂"风,许多地方把该交的、不该交的福利生产单位统统交了出去,使得福利生产的发展遭受重创。从1969年内务部撤销,一直到1978年民政部成立,全国的社会福利生产几乎处于停滞不前,甚至是倒退的状态。大批社会福利单位连同残疾人一起被推向了社会,福利生产的萎缩使残疾人的安置问题又变得突出起来，一些社会问题也接踵而至，社会不稳定因素增加。

1980年民政部、财政部联合发出通知，为社会福利企业规定了优惠政策：第一，福利生产企业残疾人占生产人员总数35%以上的免交所得税，比例介于10%—35%的企业，所得税减半。第二，民政部门新办的福利企业，从投产之日起免交所得税一年。第三，为残疾人生产特殊用品的企业免交商业税和所得税。[①] 1981年，国务院批准了民政部关于保护和扶持社会福利生产的请示报告，推动了在全国范围内进一步落实党和政府对福利生产的扶持保护政策，国家的优惠政策极大地推动了社会福利事业的发展。

社会福利企业经过恢复和巩固，取得了较大成绩，但依然存在不少问题。部分福利工厂的办厂方向仍不够明确，安置残疾人的比例不达标，在生产设备、劳动保护、环境改造和生活福利设施方面，不能很好地体现福利企业特色；部分职工纪律松懈，"吃大锅饭"的现象严重，也有部分福利企业面临管理水平低，制度不健全，职责不清，经济效益差等发展困境。

这一时期的社会福利虽然有国家的政策扶持，但随着市场经济的推进，社会福利企业传统的管理模式和陈旧的思想已经无法适应市场经济的发展，市场竞争力弱，不可避免地面临着困境和衰败。

三 社会福利企业的转型及制度性角色

1. 社会福利企业的转型

（1）社会福利企业从传统的事业型到企业型的转变

改革开放后随着经济体制的转型，福利企业的外部环境发展变化，面临新的挑战和机遇。由于福利企业过去是按事业单位对待，以安置残疾人就业为主要目的，没有把经济效益放到应有的位置，生产不稳定。1983—1984年，仍有90%的福利企业处于微利和亏损状态，随时都有

---

① 王庆明、黄宪臣、王学东、刘占军：《现代企业家经典》，中华工商联合出版社1996年版，第846页。

被淘汰的可能。

福利企业要适应经济转型和市场竞争,必须明确市场定位,清晰组织属性,做好组织转型,真正做到从"事业型"到"企业型"的转变,建立现代企业管理制度,推进社会福利企业的发展。1985年9月,民政部在大连召开了全国社会福利生产改革工作经验交流会议。大连会议指出,社会福利企业虽有其特殊性,但本质上属于"企业"范畴,而非"事业"范畴,企业是其基本属性,要尽快实现从事业向企业的转变,坚定不移地走企业化管理的道路,把提高经济效益作为发展和巩固社会效益的前提,从根本上提高福利企业在市场竞争大环境中的生存发展能力。[①] 大连会议明确了社会福利企业的性质,确认了其企业属性的本质,这为现代社会企业的发展提供了很好的思路和方向。

(2) 社会福利企业管理模式从行政化向企业化的转变

大连会议明确了福利生产的企业化管理的方向,就管理体制、经营战略、技术改进、利润分配使用等方面提出建议。提出要实现政企分开、加强宏观管理,变行政管理型为经营服务型,走向企业化管理。关于利润分配,会议规定,上级主管部门对福利企业创造的利润要坚持多留少提的原则,使企业休养生息。福利企业减免的产品税、营业税、增值税等,原则上不参加分成,全部作为企业生产发展基金、新产品开发基金和福利基金。[②]

大连会议提出的改革措施,既迎合了新的经济形势需要,又考虑到了福利企业的特殊社会属性,促进了福利企业的各项改革。生产经营权回归企业,扩大了企业的自主权,增强了企业活力。管理体制的改革,刺激了经济效益的增长,增强了福利企业的应变能力,促进了持续稳定发展的趋势。政企分开使得民政部门把工作重点和工作职能转移到管理、监督、协调和服务上来,推动了我国经济体制和政治体制改革的进程。到1986年时,民政部门所属的福利企业发展到了2551个,职工扩大到23.6万余人,安置残疾人员8.8万名,固定资产净值拥有9亿元。

---

① 崔乃夫主编:《当代中国的民政》,当代中国出版社1994年版,第315页。
② 崔乃夫主编:《当代中国的民政》,当代中国出版社1994年版,第315页。

年总产值实现 19.2 亿元，创利润 1.89 亿元。全员劳动生产率达到 8132 元，人均创利 800 余元。①

（3）社会福利企业举办主体的多元化

党的十一届三中全会以后，尽管民政部门举办的福利企业有了很大的发展，但毕竟数量有限，已不能满足新形势下残疾人就业的需要。为了更多更好地安置城镇残疾人员和救济对象，各地民政部门积极协调地方政府各部门，帮助城镇街道恢复和兴办街道福利生产。街道的福利企业承办主体有街道办事处、居民委员会及街道与大的企事业单位挂钩合办，也有街道办厂，实行集中和分散相结合的灵活就业形式。街道福利企业符合就近办厂，方便群众的原则，显示出强大的生命力。到 1982 年，全国已有 8590 多个街道社会福利生产单位，职工 23.1 万余人，安置残疾人员和救济对象 6.77 万余人。总安置人数超过了民政部门举办的社会福利企业。② 1982 年 11 月，重庆会议提出对城市中有劳动能力的残疾人员参加生产问题，依靠街道是一条重要渠道，明确并强调街道办福利企业要坚持群众性、集体性、社会福利和生产自救性原则。这一原则明确了群体主体作用，群众可以自己办厂；体现了社会福利性，要安排有劳动能力的残疾人员和社会救济户，也明确了街道举办福利生产的目的所在，坚持福利生产社会办的方针。重庆会议后，大中城市的街道福利生产得到了很快的发展。1983 年全国城镇街道办厂已有 4220 多个，职工发展到 10 万人，安置残疾人员 2.97 万多人。在辽宁、山西等地区和上海、武汉、西安等一些大城市，大型工矿企业相对集中，形成了大企业、小社会的特点。③

1984 年 10 月，民政部、财政部联合发出通知，规定对街道举办的福利生产单位的税收，可比对民政部门举办的福利生产单位的征免税规定执行。这对发动社会力量，兴办福利生产是一个巨大的推动力，出现更多的厂矿企事业单位举办福利生产的新局面。同时期对残疾人员个人开业的免税照顾，也鼓励了残疾人的个体开业。

---

① 崔乃夫主编：《当代中国的民政》，当代中国出版社 1994 年版，第 320 页。
② 崔乃夫主编：《当代中国的民政》，当代中国出版社 1994 年版，第 320 页。
③ 崔乃夫主编：《当代中国的民政》，当代中国出版社 1994 年版，第 321 页。

福利企业在发展的过程中,出现了举办主体多元化的局面,形成了城镇街道、企事业单位兴办福利生产及残疾人个体开业等多渠道发展的方式,促进了我国社会保障事业的发展,成为残疾人就业的重要平台和载体。社会福利企业平稳发展,在一定时期内成为安置残疾人就业的重要渠道和平台。

总之,社会福利企业向企业化管理、多元化主体及社会化发展方向的转变,是自1949年以来在我国经济发展的过程中不断调整的结果,在不断地转变过程中开始进入稳固发展的阶段,逐渐形成了具有中国特色的企业组织形式。这一时期的社会福利企业在不断的嬗变中,其市场化策略、企业化的管理方式及对利润分配的规定开始逐渐显现出社会企业的特征。但我们还应明确,这一时期的福利企业依然主要是在国家行政部门的推动下发展的,国家的主体导向和行政性依然占主导地位,其并非是在市场经济条件下产生的,福利企业的功能是以安排残疾人就业为主,并非是以社会为主体的社会建设,所以不能称为是真正意义上的现代社会企业。

社会福利企业正是在这一历史沿革的过程中,经历了经济体制的调整和政治体制的改革以及社会建设的推动,开始逐渐嬗变。一些传统的依靠政府行政部门主导和推动的福利企业,在市场经济的冲击下,因为效率低下、生产不力等因素逐渐被市场淘汰;而福利企业作为安置残疾人就业的重要载体也在这一过程中发生了变化,部分企业名不副实,挂着福利企业的名头骗取税收,残疾人并不能真正就业,在新的历史形势下,福利企业再次面临改革和冲击。截至2009年,全国福利企业的数量为22 783个,相比1989年的41611个,及1999年的4.5万个,[①] 福利企业的绝对数量在减少,利润率也在下降,福利企业的发展再次面临严峻考验。社会福利企业能否在经济转型的大背景下,在市场经济进一步纵深推进的过程中继续承担残疾人就业安置的社会福利功能,值得深入思考。

---

① 数据来源:民政部:《2009年民政事业发展统计报告》《1989年民政事业发展统计报告》《1999年民政事业发展统计报告》,http://cws.mca.gov.cn。

2. 社会福利企业的制度性角色

（1）社会福利企业的国家主导性和行政参与性

一般认为，福利企业是在民政部门统一管理和指导下，以安置有一定劳动能力的视力残疾者、听力语言残疾者、肢体残疾者和智力残疾者劳动就业为主要目的，具有社会福利性质的特殊企业。① 从福利企业结构现状看，举办单位主要有各级民政部门、街道和居委会、乡镇和村委会、厂矿企事业单位及私营个体举办的，但个体极少。社会福利企业是在国家行政部门的管理和主导下作为一种安排就业的手段，它的产生和发展具有历史性。国家对社会福利企业实行税收优惠政策和扶持保护政策。所以，在目前我国经济和社会面临转型的背景下福利企业要顺应新的发展，也必然要面临转型和调整。

（2）社会福利企业的社会福利性和企业属性

福利企业具有双重属性。一方面，安置有劳动能力的残疾人就业，并给予一定的税收优惠，解决残疾人的就业、康复、培训和生活问题，促使残疾人的社会发展状况的提升，这是福利企业社会福利性的主要标志，也是其区别于一般商业企业的基本特征。

2007年6月民政部印发的《福利企业资格认定办法》，认定福利企业是指依法在工商行政管理机关登记注册，安置残疾人职工占职工总人数25%以上，残疾人职工人数不少于10人的企业。② 同时，对申请福利企业资格认定的企业，规定了应具备的条件：（1）企业依法与安置就业的每位残疾人职工签订1年（含）以上的劳动合同或者服务协议，并且安置的每位残疾人职工在单位实际上岗从事全日制工作，且不存在重复就业情况；（2）企业提出资格认定申请前一个月的月平均实际安置就业的残疾人职工占本单位在职职工总数的比例达到25%（含）以上，且残疾人职工不少于10人；（3）企业在提出资格认定申请的前一个月，通过银行等金融机构向安置的每位残疾人职工实际支付了不低于所在区县（含县级市、旗）最低工资标准的工资；（4）企业在提出资

---

① 闵真、张九赋、杨庆信主编：《社会福利企业管理学》，辽宁人民出版社1989年版，第1页。

② 参见民政部《福利企业资格认定办法》第二条。

格认定申请前一个月,为安置的每位残疾人职工按月足额缴纳所在区县(含县级市、旗)人民政府根据国家政策规定缴纳的基本养老保险、基本医疗保险、失业保险和工伤保险等社会保险;(5)企业具有适合每位残疾人职工的工种、岗位;(6)企业内部的道路和建筑物符合国家无障碍设计规范。① 从福利企业资格申请的规定条件可以看出,福利企业对残疾人就业实现一定的保护政策,从企业设立的角度提出了一定要求,体现了福利企业的社会目的性和就业保护。

另一方面,福利企业也具备一般商业企业的共同属性,即通过物质生产和商业经营活动,提供产品和服务,在本质上属于企业的范畴,是具有法人资格、自主经营、独立核算、自负盈亏的经济实体,而非事业单位范畴。

从福利企业的双重属性来看,已具备了现代社会企业的基本特征,从这个角度来说,其和现代社会企业的组织属性契合。因此,社会福利企业是现代社会企业发展的早期形式。

(3) 社会福利企业利润分配的有限性

社会福利企业的利润分配原则,在其历史演进过程中逐渐明确。《社会福利企业管理暂行办法》〔1990〕21号规定,社会福利企业主办单位和企业实行利润分成,要坚持多留少提的原则,提取比例最高不得超过企业扣除所得税、各种基金等之后纯利润的30%,并规定提取的利润应主要用于对社会福利企业的新建、扩建、技术改造、新产品试制。社会福利企业留存的纯利润,主要用于本企业技术改造、扩大再生产、补充流动资金及职工集体福利和奖励,其比例由各地自定。② 税收减免金由企业单独列账、专项管理,由民政、税务、财政部门共同监督。税收优惠不参加分成,作为企业的发展基金。在满足企业发展和福利支出后的剩余利润应上缴国家。

福利企业的利润分配体现了有限利润分配原则,从营利的分配模式上来说,也显示了现代社会企业发展的基本模式,这一点上和现代社会

---

① 参见民政部《福利企业资格认定办法》第四条。
② 参见《社会福利企业管理暂行办法》第三十八条。

企业的基本特征是相同的。但根本区别在于福利企业的剩余利润上缴国家，而现代社会企业由于社会主体性特征，剩余利润主要用于组织自身的扩大化运营。

（4）社会福利企业的就业导向性

社会福利企业是我国安置有劳动能力的残疾人，帮助他们走向自立自强的具有社会福利性的企业。社会福利企业的双重属性和它在国家民政工作以及社会保障工作的地位，决定了福利企业的基本任务，首先是要坚持社会福利性，积极安置有一定劳动能力的残疾人就业，维护残疾人的合法权益，提升残疾人的生活水平和社会地位；同时要不断提高盈利水平，注重经济效益，维持企业的自我发展。

福利企业的经济效益和社会效益是相辅相成的。经济效益是福利企业生存和发展的条件，社会效益是由福利企业的社会使命和目标决定的，是其存在的意义所在。

党的十一届三中全会以来，党和国家制定了一系列保护扶持社会福利生产发展的方针和政策，推动了我国社会福利企业的新发展。但是，社会福利企业存在许多先天不足，因其一般是自力更生、因陋就简发展起来的，设备陈旧，技术落后，人才和资金短缺，福利企业管理干部队伍的素质与当时的商品经济市场竞争的形势还不相适应，福利企业的管理干部大多没有经过系统化的专业培训，不能适应激烈的市场竞争。福利企业的发展在日益激烈的市场经济大潮中愈加困难。经济体制的转型和政治体制改革，要求政府要转变职能，放手企业的发展，而企业从本质属性上来说，是市场主体的，因此，社会福利企业也必然面临着经济转型下的改革。

第四节 社会治理与现代社会企业的发展

这里称谓的"现代社会企业"，主要指的是在社会转型的大背景下，在社会管理体制改革和创新治理的背景下，涌现出来的新生社会组织。之所以称为"现代社会企业"，是区别于之前社会福利企业历史演进过程中的社会企业萌芽或准社会企业而言的。首先,它们生长的社会制度环境和空间不同;其次,它们的组织主体性有明显区别,表现出来的组织形态也有很大不同。现代意义上的社会企业,更接近于欧美国家社会企业的组织特征,也是本书着重研究的社会企业类型。

一 社会转型与利益分化下的组织多元化发展

改革开放40年来,我国经济得到了长足的发展,经历了从计划经济体制到市场经济体制的改革,政治体制也经历了一个改革和调整的过程,政府职能转变,政企分离,培育了一个初步与国际接轨的市场经济体系。传统的、单一的行政化管理和单位化管理已经无法应对社会发育的需求和对社会服务、社会建设的要求。

社会治理是以各行为主体间的多元合作和主体参与为治理基础的,政府与社会在社会治理中合作共治、平等发展。[1] 社会治理要求政府、社会和市场在协作的基础上共同行动。体制的改革创新,要求政府转变角色,把自己管不好、管不了的事务放手让社会去做,政府可作为第三方购买服务,协调和监督社会组织的发展。社会需求的多样化,要求公共服务的均等化和多元化,社会组织类型出现多样化,社会企业的出现回应了社会诉求,可以在社会治理中发挥重要功能。

社会实践领域的积极探索、学界的研究及国际交流,都促进了社会企业的进一步突破和发展。2011年6月,《中共北京市委关于加强和创新社会管理全面推进社会建设的意见》中提出:"积极扶持社会企业发展,大力发展社会服务业。""社会企业"作为一个专有名词首次在直辖市委文件中出现。社会企业实践也出现多领域发展的广泛性,主要包括教育文化、扶贫开发、环境保护、社区与流动人口、弱势社区等。这些社会企业的共同特征就是民间性、社会性、自主性,主要是民间力量的自主发起,遵循市场规则、自我运营、自负盈亏。

---

[1] 向德平、苏海:《"社会治理"的理论内涵和实践路径》,《新疆师范大学学报》(哲学社会科学版)2014年第6期。

二 现代社会企业的角色特征

从以上的历史回顾可以看出,社会企业并非一种新的经济形式,自1949年以来,我国就存在着具有社会企业性质的组织,而社会福利企业则是典型代表。现代社会企业的发展呈现出不同于传统福利企业和具有社会企业性质类的社会企业的特征,因此,本书把其称为现代社会企业以示区别,这类社会企业也呈现出新的元素特征。

现代社会企业的社会主体性。社会组织的多样性表明了社会的发育程度。社会企业是社会创新的一种重要组织形式。社会企业一定是以社会为主体,它的发展体现了社会主体性。社会福利企业虽然也强调企业性和经济属性,但传统的社会福利企业是在国家行政部门的推动下发展起来的,体现了国家主体性和行政力量的主导性参与。

现代社会企业组织属性的双重性。社会企业具有经济属性和社会属性。德福尼[①]认为,从经济特性来看,社会企业具有可持续性的生产商品和销售服务、高度自治、经济风险显著、带薪雇员数量尽可能少等特征;从社会特性看,社会企业具有一个让共同体受益的明确目的;它由一群公民发起行动;拥有的决策权不是基于资本所有权;其有参与性,受项目影响的所有人都能参与活动;只进行有限的利润分配,或者说资产锁定。

现代社会企业的企业主体性。现代社会企业的发展是随着市场冲击,在市场经济条件下产生的。社会企业从根本性上来说,首先体现了企业主体性。企业主体性保证了经济目标的实现,但区别于一般商业企业的根本性在于社会企业的社会属性,这也是保证社会企业组织方向的根本。社会企业的企业主体性是保证其社会目标持续性的重要基础。

现代社会企业的有限利润分配原则。德福尼指出,社会企业受有限

---

① Jacques Defourny, "Introduction: From Third Sector to Social Enterprise", in Carol Borzaga & Jacques Defourny (eds.), *The Emergence of Social Enterprise*, London & New York: Routledge, 2001, pp. 1–28.

利润分配的限制，其仅在有限程度上分配利润，避免利润行为的最大化。① 这是社会企业和商业企业的区别之一。营利是社会企业作为组织本身的要求，可以维持组织本身的可持续发展，但组织本身的主要目标是社会目的和价值，而非追求利润。从这一点上来说，和我们早期社会福利企业的发展是一致的。

本章小结

从1949年以来我国社会企业的历史沿革中可以发现，社会企业这一组织形式是历史存在的，尽管它们类型各异，形式灵活，但已显示了社会企业的基本属性和特征，在不同时期承担了重要的社会功能和角色，可以称之为"类社会企业"。不可否认的是，不同历史时期的类社会企业发展，带着明显的历史烙印和时代特征，由于传统的政治经济体制影响，早期的类社会企业，例如社会福利企业和合作社表现出来浓厚的行政色彩，国家在其发展过程中起了重要的推动作用，它们只是一种国家主导安排就业的手段，而非真正社会力量的发育和创新，因此，无法从根本上承担社会建设和社会治理参与的责任，也无法充分发挥解决社会问题，参与市场活动和竞争的社会功能。在从社会管理到社会治理的发展历程中，涌现出来的现代社会企业，能积极地自我发展，面对社会问题，承担社会功能，能以企业主体运作的模式，完全参与市场竞争，积极回应社会问题和需求，值得我们关注。

---

① Jacques Defourny, "Introduction: From Third Sector to Social Enterprise", in Carol Borzaga & Jacques Defourny (eds.), *The Emergence of Social Enterprise*, London & New York: Routledge, 2001, pp. 1 - 28.

第三章

社会企业的身份识别与合法性危机

社会企业一词最早是由经济合作与发展组织（OECD，Organization for Economic Co‑operation and Development）在 1994 年的一份报告中提出的，其认为社会企业是指既利用市场资源又利用非市场资源以使低技术工人重返工作岗位的组织。① 而后学者们针对社会企业展开了一系列研究，国内这方面的研究尚不成熟。从学科上看，各学科之间的借鉴和融合也渐成趋势。为了更全面地了解社会企业的核心要义，本章将围绕社会企业的基本要素，从社会企业的角色定位、组织属性澄清、基本类型、目标选择和法律机制等方面进行梳理，探讨社会企业角色建构实践下的合法性危机。

第一节 社会企业的角色定位与身份识别

社会企业的角色由处于不同地位和期望的社会网络构成，社会企业的角色定位，是社会企业的组织功能及与其他相关的社会行为主体关系的确立过程，具有动态性。因此，社会企业的角色确认既与组织属性相关，又与其在社会关系网络中展现的组织功能相关。

---

① 王名、朱晓红：《社会企业论纲》，《中国非营利评论》，社会科学文献出版社 2010 年版，第 1—31 页。

一 社会企业的三元属性及角色定位

社会企业就内在属性而言，兼具了非营利组织公益性和商业企业营利性的双重属性，具体表现为社会企业的社会属性、经济属性及可持续性。社会使命和价值追求是社会企业的根本价值目标，商业行为和商业运行是实现社会企业目标的手段和方式。

社会企业的社会属性主要体现为：（1）社会企业由一群具有社会企业家精神的公民发起并推动；（2）社会企业成立的首要目标是解决特定的社会问题或回应特殊的社会需求，体现了让共同体受益的明确目标；（3）共同体成员直接参与社会企业行动并影响社会企业目标的实现；（4）社会企业产权的公益性；（5）进行有限的利润分配，社会企业是"使命驱动型"，而非"利润驱动型"，利润并非社会企业追求的首要目标，社会企业产生的利润可以允许部分分红，但剩余部分要投入社会企业的再发展中去。社会企业的经济属性主要表现为：（1）社会企业具有可持续性的商品生产和销售服务；（2）社会企业独立运作、高度自治、自负盈亏，参与市场竞争并自行承担风险等。

社会企业的可持续性主要体现为：（1）社会企业不是短期的慈善行为，社会企业的生产和发展不依赖外界的资助和支持，而是依靠自身实力的自主性发展，这样才能保持社会企业发展的可持续性和稳定性；（2）社会企业的可持续性体现为产品或共同体成员自身，激发和保持共同体成员的可持续性发展能力，获得持久的核心竞争力；（3）社会企业运作过程中积累的社会企业运营模式和治理经验，体现出的民主参与赋权的治理结构和所有权结构，为社会企业的可持续性运行提供了基础架构和治理经验；（4）以社会发展或环境的可持续性为目标的发展导向；（5）最后，社会企业的可持续性还体现为创新性。社会企业在兼具社会使命和目标的同时参与完全的市场竞争，要面临更大的考验和组织发展压力，其要持续性地生存和发展，必须要有可持续性创新的能力才能够经营下去，才能够靠提高产品和服务的竞争力而获得长久发展。

经济属性、社会属性以及可持续性共同构成了社会企业的基本组织属性。从根本上讲，社会使命和价值是社会企业的组织根本属性，因此，社会使命和社会价值也体现为社会企业的根本目标。本书案例中，该社会企业的发展，从经济属性来看，完全按照商业企业的标准要求企业的标准化流程和管理，参与市场竞争，高度自治、独立运作、自负盈亏，遵守市场准则和商业规则，就此而言，其完全体现了社会企业的经济属性，经济发展保证了社会企业发展的可持续性。

从该社会企业的社会属性体现来看，Y集团由一个残疾人团队发起，他们具有强烈的共同体特征和组织使命感，这种高度使命感的驱动使其在发展的过程中始终保持积极的创新性和社会使命感，一切从残疾人的需求出发并致力于残疾人的发展；（1）是发展体现了让残疾人共同受益的社会目标：为促进残障人士的社会参与及创造社会价值而不懈努力，推动残障人士在新知识经济时代的社会进程中成为卓越的发展力量，致力于社会民生与高新产业互助发展的"和谐科技"事业；（2）是所有员工共同参与到事业的发展中来，实现了企业文化和个人价值观的高度契合和统一，个人目标和社会企业使命达到了高度统一，有力的保持了社会企业使命和价值的实现；（3）是社会企业产权的公益性。基金会控股社会企业，社会企业不再为某个个体所有，而是全员持股；（4）是利润分配体现了有限利润分配的原则，这从它的利润分配模式中可以清晰看出。

从社会企业发展的可持续属性来看，第一，该社会企业的存在本身就是一个社会创新，其创新地开拓了残疾人依托高科技实现的强势就业，最大程度上发挥了残疾人人力资源的优势和核心竞争力，使得残疾人可以和健全人一样参与公平竞争改变自身命运，实现人生价值，而不是依靠传统的救济或毫无尊严和意义地活着。这种企业发展模式既是一种历史性的创新，也赋予了社会企业发展最大程度上的可持续性。第二，其在市场上完全按照商业企业的模式进行运作，独立经营，自负盈亏。从企业的资金流向和营收情况来看，社会企业的发展不依赖外界的资助和支持，而是依靠自身实力的发展，避免了非营利组织过于依赖外部捐赠而造成的不稳定性和非持续性。第三，该社会企业致力于发展以残障人士为主体的社会弱势群体服务，其创新地开拓了依靠电脑网络实现残疾人依托高科技强势就业的路径，注重企业公民的培养。这从根本上保证了社会企业发展的永久可持续性,也体现了其社会使命和价值目标。第四,其"三位一体"的组织治理结构不仅提供了良好的运行模式和运作框架,也为解决社会企业产权的公益属性提供了借鉴经验,这种在运作过程中体现出来的企业员工全体参与、自主运作、三权分立、民主赋权的治理结构和所有权结构不仅产生了巨大的社会效益,也从根本上保障了社会企业发展的可持续性问题。第五,该社会企业的发展关注外部环境特别是社会环境的建构,注重与社区居民的互动和沟通,并以强烈的社会责任感和使命感回馈社会,开展了一系列针对残障人士及弱势群体的社会服务项目和活动,体现了社会企业的社会使命和与社会环境发展的积极良性互动。

因此,社会企业的组织属性集中体现为经济属性、社会属性及可持续性。创新性则是社会企业生存和发展的基石。社会使命和社会效益是社会企业的组织目标,既体现在社会企业运行模式和实践发展中,也体现在社会企业的组织结构和策略运行中。

二 社会企业的功能范畴与身份识别

社会企业的贡献通常被概括为五个方面:促进福利系统的转换(transformation of the welfare systems)、创造就业机会(employment creation)及地区发展(local development)、社会凝聚力与创造社会资本(social cohesion and creation of social capital)和第三部门的动态性(dynamics of the third sector)。[①] 我国学者在对社会企业的研究中也发现,社会企业在促进社会就业、社区和谐、减少贫困、改善社会公平和社会包容中,提供了切实有效的公共服务方面并发挥着积极作用。[②] 因此,

---

① Borzaga, Carol & Alceste Santuar, "New Trends in the Non-profit in Europe: The Emergence of Social Entrepreneurship", in OECD (ed.), *The Non-profit Sector in a Changing Economy*, OECD, 2003, pp. 31-59; Borzaga, Carol & Jacques Defourny, *The Emergence of Social Enterprise*, London & New York: Routledge, 2001.

② 时立荣:《从非正规就业组织到社会企业》,《理论学刊》2005 年第 9 期;俞可平:《序言:发展社会企业,推进社会建设》,载《透视社会企业:中国与英国的经验》,www.britishcouncil.org.cn;康健:《发展社会企业,改善社区服刑人员就业状况》,《法制与社会》2008 年第 1 期。

社会企业的角色定位和身份识别，就一般意义而言，从功能上来讲，大体可以从以下两个方面来理解：

第一，社会企业的显著社会性特征和身份标识。社会价值是社会企业的根本目标和使命驱动，市场经济条件下的社会企业，把市场竞争规则引入社会福利领域，推动了社会福利模式的创新和社会福利新的增长点，这是社会企业在社会组织范畴内一个显著特征，也成为社会企业身份识别和角色确认的重要标志。从组织发展的功能范畴角色，突破了传统非营利组织的可持续性发展困境和商业企业的"利益最大化"魔咒，且充满活力和竞争性。

第二，社会企业的相对独立性和整合型角色呈现。在中国特定的历史发展形态下，社会企业的嬗变轨迹和逻辑理路也有着明显的时代色彩。计划经济体制下早期的社会企业发展，是国家主导性的，承担了政府转移出来的部分职能，成为国家经济计划的补充和政府安排就业的手段之一，促进政府、市场和社会的分化功能。市场经济体制的建立和发展，激发了市场因素和社会领域的变革，政府职能的转移和政府转型，政府放权和民间力量发育，使得社会企业成为一种独立的经济力量活跃在社会领域内，并因为混合型的组织属性整合了市场和社会要素，进一步促进了组织自身的可持续性发展。社会企业从早期的对政府的依附到市场经济体制下的独立转变，不仅促进社会企业自身角色定位和身份识别，也促进政府职能的进一步转移和社会空间的让渡，激发社会活力，这个过程体现了社会企业的分化和整合功能。

第二节 社会企业的类型特征及目标选择

一 社会企业的基本类型特征

伴随着西方福利国家危机产生的社会企业，具备了经济目标和社会目标的双重底线，或兼具维护环境的可持续性和文化完整性的三重底线，在实践发展中日益体现出非营利组织和商业企业相互渗透的组织态势，显示出介于传统非营利组织和商业组织之间的连续体特征。对此，金·阿特洛（Kim Alter）的社会企业可持续性发展光谱更为清晰和具体地呈现了社会企业的混合体特征。该可持续性发展光谱依据组织目标，清晰地区分了社会企业和企业社会责任。社会企业有别于企业社会责任，在兼具经济和社会目标的同时，其体现了可持续性。

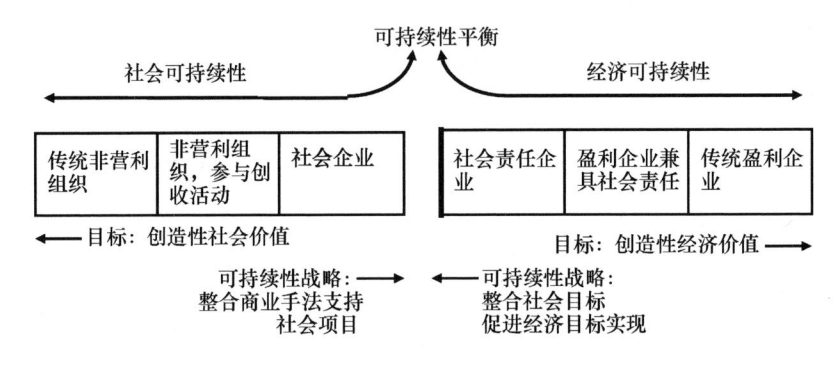

```
                          可持续性平衡
        社会可持续性        ↗   ↖        经济可持续性
  ←─────────────────────           ─────────────────────→
  ┌──────┬──────┬──────┐           ┌──────┬──────┬──────┐
  │ 传统 │非营利│      │           │ 社会 │盈利企│ 传统 │
  │非营利│组织，│社会企│           │责任企│业兼具│盈利企│
  │ 组织 │参与创│  业  │           │  业  │社会责│  业  │
  │      │收活动│      │           │      │  任  │      │
  └──────┴──────┴──────┘           └──────┴──────┴──────┘
  ←── 目标：创造性社会价值            目标：创造性经济价值 ──→
            可持续性战略：       可持续性战略：
            整合商业手法支持     整合社会目标
                社会项目         促进经济目标实现
```

图 2-1 社会企业可持续性发展光谱

资料来源：Kim Alter, *Social Enterprise Typology*, http://www.virtueventures.com/typology, 2007.

金·阿特洛（Kim Alte）的可持续性发展光谱与迪斯（Dees）的社会企业光谱分类维度不同。迪斯从动机、方法、目标及利益相关者的角度，区分了传统的非营利组织、社会企业和营利性企业。金·阿特洛则根据组织目标的不同将其划分为两种类型。营利是社会责任企业和兼具社会责任的营利企业的基本目标，而社会价值则是社会企业和参与创收的非营利组织的基本目标，这是区分组织价值和活动的核心。

金·阿特洛[①]依据社会企业经济和社会价值的双重目标，认为其混合体特征主要表现为以下九个方面：（1）运用商业手段达到社会目标；（2）融合社会和商业的资本及管理方法；（3）创造社会和经济价值；（4）从商业活动中获得收益来支持社会项目；（5）市场驱动，使命引导；（6）同时关注财务绩效和社会影响；（7）在提供公共产品的过程中满足经济目标；（8）从无约束的收入中享受财务自由；（9）在达致使命的过程中融入商业战略。

---

① Kim Alter, *Social Enterprise Typology*, http://www.virtueventures.com/typology, 2007.

金·阿特洛指出，社会企业运用企业家精神、创新和市场策略创造了经济和社会价值，体现了以下三个基本特征：社会目标（Social Purpose）、商业手段（Enterprise Approach）及社会所有者（Social Ownership）。① 依据组织使命导向，可将社会企业分为使命中心型（Mission Centric）、使命相关型（Mission Related）和使命无关型（Unrelated to Mission）。如图 2-2 所示。

图 2-2 社会企业分类

社会企业也可以依据社会项目和商业活动之间的一体化程度，分为以下三种类型：嵌入型社会企业（Embedded Social Enterprises）、整合型社会企业（Integrated Social Enterprises）及外部型社会企业（External Social Enterprises）。② 如图 2-3 所示。

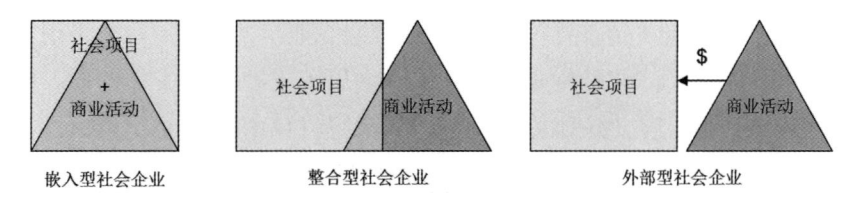

图 2-3 社会企业分类

金·阿特洛依据不同视角对社会企业的分类实际上是一致的。在嵌入型社会企业中，社会项目和商业活动是一致的，社会项目通过商业活动，实现自负盈亏及可持续发展。商业活动和社会项目之间的关系是综合的，同时获得经济和社会利益。因此，嵌入型社会企业通常是使命中心型的；在整合型社会企业中，社会项目和商业活动是重叠的，通常共享成本和资本。组织创办整合型社会企业是作为一种筹资机制以支持非

---

① Kim Alter, *Social Enterprise Typology*, http://www.virtueventures.com/typology, 2007.
② Kim Alter, *Social Enterprise Typology*, http://www.virtueventures.com/typology, 2007.

营利性的项目运作和使命达成。商业活动和社会项目之间的关系是协同性的，相互达致经济收益和社会影响。因此，整合型社会企业通常是使命相关型的；在外部型社会企业中，社会项目明显区别于商业活动，非营利组织建立外部型社会企业以支持其社会服务成本或运营成本。社会企业的商业活动和社会项目之间的关系是支持性的，为非营利组织提供了不受约束的资金支持。外部型社会企业通常是使命无关型的，商业活动和组织使命无关，经济活动产生的收入作为社会项目的资金机制。金·阿特洛的社会企业分类为我们分析社会企业实践中的不同类型提供了思路，有助于更清晰理解社会企业运作的本质。

英国贸易与工业部（Department of Trade and Industry, UK）推荐了社会企业的三个检验标准：（1）是否以企业为导向；（2）是否以社会为目标；（3）是否为社会所有制。[①] 此也正体现了英国社会企业的要义：商业手段，社会目标。美国社会企业联盟提出了社会企业区别于商业企业、非营利组织和政府组织的三个明显特征：（1）直接对难以解决的社会需求做出回应，服务社会公益；（2）商业活动是主要收入来源；（3）社会公益是首要目标。[②] 美国社会企业早期的发展主要采用非营利组织的形式，采用商业手段赚取利润以追求社会使命和价值。而今，社会企业的组织类型也包含社会目标的营利型组织。组织使命是首要的和根本的，采用何种组织形式则被视为战略问题，取决于是否能最大程度上推进社会使命。

OECD也概括了社会企业的主要特征：（1）采用不同的合法组织形式；（2）富有企业精神活动的组织；（3）不得进行利益分配，但可以进行再投资以实践企业的社会目标；（4）强调利益相关者而非股东，重视民主参与及企业化组织；（5）坚持经济及社会目标；（6）主张经济及社会创新；（7）体察市场法则；（8）经济发展的可持续性；（9）高度自主的资金来源；（10）对未被满足的社会需求的回应；

[①] DTI, *Guidance for Mapping Social Enterprise*, London: Department for Trade and Industry, 2003.

[②] *Social Enterprise Alliance*, https://www.se-alliance.org/why.

(11) 劳动力密集的活动。①

欧美各国因为社会经济结构、政治环境和文化背景的差异，社会企业形式各异，呈现出差异性特征。社会企业组织形式的动态连续性和表现出来的混合体特征，总体体现了社会企业的类型特征。

二 我国社会企业的类型划分

社会企业的目标选择基于一定的组织形态，而组织形态则透射出相应的组织特征。由于中国社会企业发展的复杂性及形态的多样化，我国学者对社会企业的类型划分大致基于发展历程、社会使命、组织形态、运作模式、法律地位、社会创新这几个维度展开。

其一，从社会企业发展历程的历史角度看，有学者②认为自 1949 年以来，我国就产生并存在着较为丰富的社会企业组织形式，具体可归纳为计划经济时期的社会保障性生产企业、社会事业服务性生产企业、生产自救性企业、社会改造性生产企业四种模式和市场经济时期的创业型社会企业和企业投资型社会企业模式。金锦萍③认为社会企业本身就融合着经济利益和社会公益双重目标，这并不是一种新型的企业组织形式，而是在现存各种组织形式（无论是营利还是非营利）的基础上，对于致力于解决社会问题的、进行经营活动并获得收益的组织进行的一种识别；福利企业和民办非企业单位都可以被界定为社会企业的范畴，但是由于各自的组织属性的迥异，规制规则也应该有所不同。

其二，基于社会企业社会使命的维度，余晓敏④等人把社会企业区分为五类，即促进就业类、提供社会照料服务类、扶贫类、提供医疗服务类和教育发展类社会企业。

其三，基于社会企业组织形态的维度。从社会企业组织形态的角

---

① OECD, *Social Enterprises*, 1999.
② 时立荣、徐美美、贾效伟：《建国以来我国社会企业的产生和发展模式》，《东岳论丛》2011 年第 9 期。
③ 金锦萍：《社会企业的兴起及其法律规制》，《经济社会体制比较》2009 年第 4 期。
④ 余晓敏、张强、赖佐夫：《国际比较视野下的中国社会企业》，《经济社会体制比较》2011 年第 1 期。

度，李衍儒、江明修①指出社会企业有非营利组织效法企业和企业效法非营利组织的两种发展趋势，但社会企业的组织类型与法律地位差异性甚大，内涵仍相当模糊，缺乏一致性概念。而英国和中国香港社会企业的非营利成分较少，比较偏重社会经济功能的达成，美国及中国台湾则偏向非营利组织之本质，强调社会企业家精神。

部分学者在进行非营利组织和社会企业关系研究时指出，社会企业是非营利组织发展的新形式，为非营利组织的可持续发展提供了转型思路，②并指出了非营利组织向社会企业转型的风险规避。③ 邓国胜④从社会企业的可持续性角度，认为社会企业实现可持续发展的方式并非仅限于提供产品和服务的利润。如果组织可以采用商业模式和创新的资金筹集方法，并善于探索，整合一切可用的资源——无论是政府的资助，捐赠或自己的商业运作，它就可以被视为社会企业。时立荣⑤指出，社会企业是公共经济型组织的统称，在经济社会转型的各个阶段社会企业都有其存在的不同组织形式，只要同时具备经营性和公益性的特征，发挥经济社会双重功能，就都是社会企业。具体来讲，不仅包括扶助弱势群体发展的公益性社会服务组织，如残疾人福利企业，也包括提供公益性人本服务的社会服务组织，如民办非企业和事业单位；社会企业是单位社会中的社会联结机制——"双重性跨功能组织"。而社会企业位于企业和纯公益组织之间的同时，也指出了社会企业的开放性，具有可在各种组织形式之间转换的灵活性。

---

① 李衍儒、江明修：《社会企业之发展经验与政策建议：以美国、英国、中国香港与中国台湾为例》，《中国非营利评论》2011 年第 1 期。
② 杨凤禄、孙钦钦：《非营利组织的商业化探讨》，《山东大学学报》（哲学社会科学版）2007 年第 5 期；刘振国：《非营利组织的新形式——社会企业》，《社团管理研究》2008 年第 2 期；林海、彭劲松、严中华：《从 NPO 到社会企业——非营利组织转型策略研究》，《科技管理研究》2010 年第 18 期；刘秀明、赵晶：《社会企业和非营利性组织之可持续发展》，《中国医院》2009 年第 8 期；黄剑宇：《社会企业：非营利组织发展的新方向》，《湖南工程学院学报》（社会科学版）2010 年第 2 期。
③ 林海、彭劲松、严中华：《非营利组织向社会企业转型动因及风险规避研究》，《中国城市经济》2010 年第 9 期。
④ 转引自《中国社会企业调查报告》，NPI 组织发展中心，2008 年。
⑤ 时立荣：《转型与整合：社会企业的性质、构成与发展》，《人文杂志》2007 年第 4 期。

第三章　社会企业的身份识别与合法性危机

其四，基于社会企业运作模式的维度，陈锦棠①根据运作模式把香港的社会企业分为五大类型：（1）公司、中小企业模式。主要指非政府机构根据公司条例，将辖下的社会企业注册为独立公司，拥有独立董事会和财务；（2）附属单位模式。社会企业依附本来的机构，以非政府经常性津助服务的形式运作，法律及责任由机构承担；（3）社会合作社模式。社会企业由合作社成员共同拥有，所有成员对单位的运作和发展拥有同等的决策权；（4）跳蚤模式。单位主要扮演统筹角色，向有需要人士提供场地，让他们售卖产品和服务，参与人士既是生产者，也是销售者；（5）合资模式。非政府机构与商业机构合作，营运社会企业，双方以合作伙伴的方法，在基金、人力、经验上做出交流和共享。官有垣②把中国台湾社会企业大致分为五种类型：（1）积极性就业促进型；（2）地方小区发展型；（3）服务提供与产品销售型；（4）公益创投的独立企业型；（5）社会合作社。林怡君③依据社会企业的设立目的，将中国台湾社会企业分为四类：（1）工作整合型；（2）地方社区发展型；（3）贩卖服务或产品型；（4）社员协力合作型。郑胜分④从环境、结构和功能三个面向分析了欧美社会企业兴起的背景、发展现状、组织特征，在实证研究的基础上，将中国台湾的社会企业分为责任中心型、许可协议型、就业中心型及政策倡议型四类，此种分类具有明显的实证取向。郑胜分、王致雅在其研究中指出，对于社会企业的混合组织形态，要缓和商业机制与公益使命之间的冲突，达成财政平衡。⑤

其五，基于社会企业法律地位的维度，金锦萍⑥认为，尽管我国法律体系的框架内并没有"社会企业"这一术语，但是并不意味着不存在类似组织。如果从其的内涵分析，我国社会企业由来已久，最为典型的就是社会福利企业和民办非企业单位。如果说社会福利

---

① http：//www.hkcss.org.hk/cm/cc/scenario/download/18_focus.pdf.
② 官有垣：《社会企业组织在台湾地区的发展》，《中国非营利评论》2007年第1期。
③ http：//www.tri.org.tw/research/impdf/822.pdf.
④ nccur.lib.nccu.edu.tw/bitstream/140.119/.../56505109.pdf.2004.
⑤ 郑胜分、王致雅：《台湾社会企业的发展经验》，《中国非营利评论》2010年第2期。
⑥ 金锦萍：《社会企业的兴起及其法律规制》，《经济社会体制比较》2009年第4期。

企业是具有社会目标的营利组织，那么民办非企业单位则是从事经营活动的非营利组织。社会企业在中国可以采取营利或者非营利两种模式，社会企业也不会改变这一企业本来的营利或者非营利的所有权结构选择。金锦萍认为，社会企业的设立并不是一种新的组织，而是可以被看作是"在现存各种组织形式（无论是营利还是非营利）的基础上，致力于解决社会问题、进行经营活动并获得收益的一种组织形态"。"社会企业的出现并没有冲击原先的组织分类，也没有混淆三个部门之间的界限"。

其六，还有学者[①]从社会创新的角度将社会企业分为就业型社会企业与创业型社会企业。二者的区别体现在以下几个方面：

表 2-1　　　　　　就业型社会企业与创业型社会企业比较

	就业型社会企业	创业型社会企业
定义	社会 + 经济	社会 + 经济 + 创新
商业模式	可能是传统商业	新商业模式
市场	维持原状	开拓新市场
社会环境	多种社会保障较薄弱的环境	社会保障相对较强
特征	通过雇用对边缘人群授权	社会创新

欧美社会企业的三重底线同时展示了社会企业目标选择，勾勒出社会企业发展的基本框架。近年来随着社会企业实践的不断丰富和扩展，学者们对社会企业的类型划分和讨论，从所有权、商业模式及利益相关者视角的讨论对社会企业类型进行了更加明晰的讨论和划分。分类的多样性形态也正说明了社会企业形态的复杂性。简要地讲，社会企业的共同特征主要体现在：社会目标的宗旨、非营利性或商业运作的方法和解决社会问题的终极目标。社会企业的发展在此框架下呈现了不同的组织形态。对于社会企业类型及目标选择的讨论方面，一个不能忽视的核心问题还在于，依据社会企业组织形态引发的相应利润分配问题，其直接

---

① 赵莉、严中华：《国外社会企业理论研究综述》，《理论月刊》2009 年第 6 期。

指涉社会企业的组织属性和目标选择。社会企业是"无亏损、无分红企业",[①] 还是实行"有限的利润分配"[②]?这需要我们更多的关注。

社会企业在实践发展中呈现出混合体特征,成为介于非营利组织和商业组织之间的连续体,二者的交叉也在相应的实践中呈现出动态性演变,这一演变的趋势可以解释各国社会企业的类型特征及目标选择,也可以作为分析各国社会企业的基本坐标。我国社会企业的类型特征,学者们也在连续体的框架下,把其具体化为现存形态。大致来看,比如现有的社会福利企业、民办非企业单位、合作社都被归为社会企业的范畴,而分类的依据亦在欧美社会企业的分类标准框架内。

第三节 责任边界与社会企业的行动框架

一 社会企业的责任边界

现代社会企业是社会主体性组织,具有明显的企业特征,但又与商业企业有根本意义上的区别。社会企业的社会使命和价值目标是社会目的性,是"目标驱动型"组织单元。在国家与社会的分析框架下,通过对社会企业生长的基础环境及主要关系网络分析,可以明晰出社会企业的责任边界。

转型期下政治体制改革的一个重要内容就是政府变革,涉及政府职责与责任边界的界定问题。政府职能转变的讨论实际上就是政府与社会责任边界的重新界定,二者在公共服务提供方面具有一致性。政府公共服务供给是市场经济条件下弥补市场失灵、履行政府职能的行为,政府在公共服务提供方面具有基本的责任。由于难以解决公共服务需求偏好的显示问题,政府并不能真正确定社会需要什么样的公共服务以及需求

---

① [孟]尤努斯:《新的企业模式——创造没有贫困的世界》,鲍小佳译,中信出版社2008年版。
② Jacques Defourny, "Introduction: From Third Sector to Social Enterprise", in Carol Borzaga & Jacques Defourny (eds.), *The Emergence of Social Enterprise*, London & New York: Routledge, 2001, pp. 1 – 28.

的水平，其在公共服务供给领域政府同样存在失灵。① 在市场失灵、政府失灵的情况下，社会企业因为社会使命的价值目标，以及自身的组织优势参与到社会福利供给中来，并成为社会福利服务的一个来源。因此，依据政府、市场和社会的各自优势及不同特点，建立整合型的社会福利服务供给网络和机制，将促进公共服务的质量、社会公正性和可获得性。

在这种整合型的服务模式下，政府在公共服务供给方面主要提供政策支持、引导和监管，社会组织可提供更具专业化和效率的社会服务。社会企业作为兼具商业企业的营利性模式和非营利组织的社会目标的整合型组织模式，在组织使命履行中，要在保持社会价值的前提下，增强自身的市场竞争力，必将会在社会福利服务供给、社会资本整合等方面发挥重要作用和影响。

二 社会企业的行动纲领

现代社会需求的多元化使得公共服务的供给呈现多元化，与以往政府的单一主体模式不同，政府、非营利组织和营利组织等各社会权利主体共同参与。其中，政府是公共服务提供的主体，具有主体性责任。政府可以通过社会化的手段，整合社会资源，吸纳更多的优质社会组织参与公共服务的提供，也可以通过市场化的模式，运用政府购买服务的方式招投标，引入更多的服务供给模式，提升服务供给质量和效率。政府在公共服务中的制度安排给社会组织提供了机遇和发展的可能。

社会企业的三元属性，使得自身具有克服市场失灵、志愿失灵的组织优势，又有充分的组织活力参与市场竞争和服务提供，避免了传统社会福利供给过度依赖慈善和外部的弊端，激发了福利服务供给的活力，成为一股重要的社会力量。社会企业的社会责任是组织发展的根本目标，主要体现在福利服务供给、社会资本整合、创造就业机会等方面。经济性是保障社会企业自主运行和可持续性发展的基本前提，也是社会责任得以履行的重要保障；社会企业的社会责任目标要求其不能像商业企业一样把追逐利润最大化作为组织的存续动因，而是要关注和回应社

---

① 张菀洺：《政府公共服务供给的责任边界与制度安排》，《学术研究》2008年第5期。

会需求和社会问题；道德责任要求社会企业行动的道德性和可持续性，发展不能以破坏环境为代价，严守道德底线，社会企业在组织运行情景中逐渐明晰责任边界和组织职责，构建行动框架。

第四节 社会企业的权利缺失与合法性危机

一 管理主体错位

政府在中国社会经济生活中发挥着巨大作用，政府是市场秩序的确立者和维护者，调控宏观经济的运行，同时也是社会保障、社会政策和制度的推行者和最终担保者。传统体制下的政府，占据和包揽了一切社会事务，并从政治上和管理上统治着社会事务。传统管理体制下的社会一切事务均由政府生产和提供，政府权力高度集中，社会空间几乎完全缺失。在此状态下，许多本来应该由市场和社会承担的社会事务和社会服务却由政府部门依靠行政权力和管理和提供。政府职能不清、定位模糊使得其在面临"管不了，也管不好"的社会事务时，导致政府负担沉重，社会管理效率低下，社会服务成本高，政府管理的"越位"使得国家面对新的社会变革困难重重。此外，随着社会转型的加速，新的社会问题和社会矛盾不断涌现，传统的大包大揽的全能政府已无法应对社会的多元化需求，一些本应由政府着力管理的领域却因为政策缺失或执行不力而问题重重，造成了政府职能"缺位"。体制困境下政府管理的"越位"与政府职能的"缺位"造成了社会管理主体的"错位"发展，管理主体的错位，会导致社会企业发展的权利缺失和身份危机。

中国社会企业的发展路径受到来自政府、公民社会、市场、国际机构等多重驱动力量的影响。同时，不同影响主体的作用方式一方面存在显著差异，另一方面在跨部门合作、社会投资、支持服务体系等因素上又存在不同程度的交叉。[①] 沙勇[②]指出，中国社会企业发展缓慢，存在

---

① 余晓敏、丁开杰：《社会企业发展路径：国际比较与中国经验》，《中国行政管理》2011年第8期。

② 沙勇：《社会企业发展演化及中国的策略选择》，《南京社会科学》2011年第7期。

着观念、法律、实践及人才困境，社会企业作为社会创新领域的最新动态，既要制定推动社会企业发展的法律及政策措施，又要营造发展社会企业的文化氛围，建立规范引导社会企业发展的法律体系，建设相应的行政管理体制，培养符合中国国情的社会企业家队伍。

二　权利缺失

中国社会企业发展并无完善的立法规制，[①] 现代社会企业发展的多样性和新组织元素的出现，使得社会企业面临法律制度滞后于实践发展的困境。相关立法的缺失，导致社会企业发展的自主性和主体性无法得到充分发挥和体现，引致社会企业发展的权利缺失。

欧美国家社会企业的发展，在立法方面，规定了社会企业成立应当满足的法律条件及相应的法律规制。比如英国政府为促进社会企业发展制定了相应的法律制度，通过了《社区利益法案》，确立了社会企业的具体法律形式，推行社会企业发展战略。芬兰的《社会企业法》（2003）则规定了社会企业的设立条件。意大利也于2006年通过了社会企业的相关法律。韩国也于2007年制定了社会企业育成法，规定社会企业必须符合相关要求并从劳动部获得认证，并设立了具体的认证标准。[②]

英国政府为了促进社会企业的发展，通过法律明确社会企业的法律地位，成立社会企业工作小组，推行社会企业战略，实施社会企业行动计划以及制定积极优惠的税收框架等措施，帮助社会企业获得更多的投资，以此推动社会企业的发展。英国于2004年确立了社会企业的具体法律形式。社区利益企业属营利性组织，收益分配形式和有限责任公司相同。它不享受非营利机构的税收待遇，但必须以服务于法律规定的公共利益范畴为组织目标。非营利组织经过慈善委员会的批准可以转型成为或者入股社区利益企业。社会企业工作小组，确立了三项战略目标：

[①] 也有学者认为中国目前的民政部《福利企业资格认定办法》以及《民办非企业单位登记管理暂行条例》对福利企业和民办非企业的设立都有明确的规定，可对应于社会企业的相应法规分析。比如学者金锦萍的相关论述，具体详见金锦萍《社会企业的兴起及其法律规制》，《经济社会体制比较》2009年第4期。

[②] 童赟：《韩国社会企业的现状和培养体系》，《商品与质量理论研究》2012年第1期。

(1) 为社会企业发展营造支持性环境；(2) 使社会企业发展成为运转良好的事业；(3) 建立社会企业的知识和价值体系。①

芬兰的《社会企业法》设置了社会企业的设立条件。要求社会企业除必须向劳动部登记注册之外，还需符合下列条件：第一，须是为残疾人或者长期失业者的就业而成立的企业；第二，须以市场为导向，并且向市场提供自己的产品和服务。第三，其职员中的30%必须是残疾人或者是长期失业者；第四，根据集体劳动合同的约定，须向所有雇员发放报酬，无论其是否是残疾人。② 意大利也于2006年通过关于社会企业的法律。

西班牙政府则通过消除设立社会企业的行政和法律障碍，拓宽社会企业的融资渠道，加大对社会企业的财政支援，加深公众对社会企业的认识，推动社会企业责任等措施，促进了社会企业的发展。比如为了放宽法律限制，西班牙政府制定了《合作社法令》（Cooperatives Act, 1999年），让失业人士可凭借"一次性付款"计划（"One-off Payment" scheme），较容易地成立社会企业。并推动创立"社会自发合作社"（social initiative cooperatives），鼓励聘请失业人员照顾老人、儿童，以及推动创立"社会共融企业"（social integration enterprises），协助被社会孤立的人士融入劳动力市场。③ 具体比较见下表：

表2-2　　　各国立法对于社会企业设立条件的比较

国别类型 \ 项目	社会目标	向市场提供产品和服务	持续性的产品和服务	利润分配禁止	组织属性
美国	是	是	是	是	非营利组织
英国社会公益公司	是	是	是	否/但有限制	难以确定
芬兰社会企业	是	是	是	是	营利组织
意大利社会企业	是	是	是	是	非营利组织

---

① 赵萌：《社会企业战略：英国政府经验及其对中国的启示》，《经济社会体制比较》2009年第4期。
② 转引自金锦萍《社会企业的兴起及其法律规制》，《经济社会体制比较》2009年第4期。
③ 赵莉、严中华：《西班牙社会企业发展的策略研究及启示》，《管理现代化》2011年第4期。

续表

国别类型＼项目	社会目标	向市场提供产品和服务	持续性的产品和服务	利润分配禁止	组织属性
韩国社会企业	是	是	是	是	非营利组织
中国的福利企业	是	是	是	是	营利组织
中国的民办非企业单位	是	是	是	是	非营利组织

资料来源：本表格参考并修正自金锦萍《社会企业的兴起及其法律规制》，《经济社会体制比较》2009年第4期；李衍儒、江明修：《社会企业之发展经验与政策建议：以美国、英国、中国香港与中国台湾为例》，《中国非营利评论》2011年第1期。

韩国为了规范和保障社会企业的发展，采取了社会企业认证制度。《社会企业育成法》规定了社会企业的认证标准和资格，建立了社会企业的基本制度框架。"社会企业"作为专属名词禁止非认证社会企业使用。认证社会企业应满足的基础条件：（1）具备组织形态；（2）雇用劳动者并进行经营活动；（3）以实现社会目标为宗旨；（4）利益相关者参与企业管理；（5）经营所得收入（在申请认证日所在月份的前6个月的总收入应该是该组织在此期间总劳务支出的30%以上）；（6）具备社会企业章程；（7）以服务社会为经营目标，进行再投资（组织形态属于公司形式时应将可分配利润的2/3以上进行再投资）等。而经过"社会企业促进委员会"审议获得认证的社会企业将获得：（1）经营管理咨询；（2）公共机构的优先购买；（3）设施费等补助；（4）税收补助；（5）社会保险费补助；（6）专业岗位补助；（7）人工费用补助；（8）事业开发费补助；（9）种子基金等支持。若未完全满足法律认证要件，可转为准社会企业，可获得实施费、社会保险、专业岗位补助等有限支持。①

相比而言，日本尚没有专门针对社会企业的法律。有研究②指出，

---

① 金仁仙：《韩国社会企业发展现状、评价及其经验借鉴》，《北京社会科学》2015年第5期。
② 俞祖成：《日本社会企业：起源动因、内涵嬗变与行动框架》，《中国行政管理》2017年第5期。

日本社会企业的发展得益于市民社会、政府部门及市场部门的三重驱动。日本特有的法人制度，赋予了日本社会企业特有而高效的行动框架，使得包括中小企业、特定非营利活动法人、一般社团、公益社团在内的不同组织形态都能找到相应的法人制度，保障了日本社会企业的发展。

各国立法对社会企业的设立条件和权利义务都做了明确规定，这不仅有利于社会企业的规范化运作，也保证了社会企业能充分发挥社会功能、发挥相应的角色权责和义务。而我国社会企业的发展还未有明确的法律规定。对此，学者金锦萍①认为我国社会企业的设立并没有创设出一类独立于营利组织或者非营利组织之外的其他组织。组织本身所具有的法律地位不会因此受到影响，只是会因为这样的一个识别性符号而获得额外的包括税收利益在内的支持性政策。如果依照金锦萍对于我国社会企业的分类，那么现有的民政部的《福利企业资格认定办法》以及《民办非企业单位登记管理暂行条例》对于福利企业和民办非企业的设立都有明确的规定。中国社会企业的设立程序因其所要采取的组织形式的不同而有所差异，不同形式的社会企业则受相应规章制度的约束。对此，余晓敏等学者②也认为，中国尚未颁布有关社会企业的专项法律，目前社会企业所采取的法律形式差别迥异，各类社会企业在所有权、税收减免、利润分配、治理模式等方面具有不同的特征。

三 合法性③危机④

1. 合法性

合法性概念是 20 世纪社会学和政治学的一个核心概念。马克斯·

---

① 金锦萍：《社会企业的兴起及其法律规制》，《经济社会体制比较》2009 年第 4 期。
② 余晓敏、张强、赖佐夫：《国际比较视野下的中国社会企业》，《经济社会体制比较》2011 年第 1 期。
③ "合法性"（legitimacy）有广义和狭义之分。合法性（legitimacy）包含但不限于 Legality（与法律的一致性），合法性是指符合某些规则而获得生存和发展，广义合法性的范畴包含法律、政治、社会认知等在内更广泛的社会领域，社会企业的合法性建构指的是社会企业符合所在制度环境的要求和规则而获得适应性发展的过程。
④ 本部分论述主要来源于作者已有的研究成果，具体参见刘小霞《社会企业：合法性及困境》，《学习与实践》2012 年第 10 期。

韦伯是最早强调合法性重要性的社会理论家之一。韦伯在讨论权威问题时引入了合法性讨论，第一次对合法性问题做了系统的论述。

韦伯认为，合法性就是人们对享有权威的人地位的承认和对其命令的服从。① 韦伯把社会秩序的合法性基础划分为：(1) 传统；(2) 感情的忠诚；(3) 对绝对价值的信念（对价值理性的信仰）；或者 (4) 对秩序符合法律的性质的承认。② 他提出了三种合法性机制：第一种是个人或领袖的魅力，即人们因为领袖的个人魅力而追随其后。第二种是传统，即人们接受领袖的权威是因为传统使然。第三种是建立在法律理性至上的，是对理性制度（例如政治制度、法律制度）至上的权威的认同和承认。③ 韦伯提出了三种合法统治的类型：第一种是合法型的统治，是建立在相信统治者的章程所规定的制度和指令权利的合法性基础上的。第二种是传统型的统治，是建立在传统基础上，由传统授命实施权威的统治者的合法性基础上。第三种是魅力型统治，是建立在领袖的个人魅力基础上的。④ 韦伯所理解的合法性是一种工具的、形式的合法性，在谋求合法性的问题上，他更多关注的是通过什么样的科学化、技术化手段去获得。韦伯指出合法性对于统治的意义，在对社会行动类型进行界定时，特别关注那些在合法秩序中受信念引导的行动，并借此来强调社团权力结构和政府权力结构的合法性。但韦伯并没有进一步阐释合法性的来源。

帕森斯⑤在韦伯的基础上提出了文化制度的视角，拓宽了合法性的范畴，试图阐述合法性的来源问题。帕森斯认为合法性来自社会的价值规范体系，强调组织目标与社会功能的一致性。一个组织的价值体系必须依据其为上级系统的目标达成所能贡献的功能重要性而获得合法性。为了能够合法地获得稀缺资源，组织所追求的目标就应该与更大的社会

---

① [德] 马克斯·韦伯：《经济与社会》，商务印书馆1997年版，第241页。
② Weber, Max, *Economy and Society*, Volume 1, edited by Guenther Roth and Claus Wittich, New York: Bedminster Press Incorporated, 1968, p. 36.
③ 周雪光：《组织社会学十讲》，社会科学文献出版社2003年版，第130—134页。
④ [德] 马克斯·韦伯：《经济与社会》，商务印书馆1997年版，第241页。
⑤ [美] T. 帕森斯：《现代社会的结构与过程》，光明日报出版社1988年版，第21页。

价值保持一致。哈贝马斯①强调合法性与政治制度的关系，认为合法性意味着某种政治秩序被认可的价值以及事实上的被承认。他认为，一种政治本身是否包含被认可的价值，才是有无合法性的最好证明。在哈贝马斯看来，合法性不能被单纯地理解为大众对国家权力的忠诚和信仰，而应该重视政治合法性赖以存在的价值基础。

从韦伯、帕森斯到哈贝马斯，他们对合法性进行了具体的陈述，这些观点成为当今合法性论证的起点。他们把合法性与权威、价值系统相联系来论证合法性得以存在的依据，但研究范畴主要集中于政治领域内国家统治的合法性问题上，主要关注政治组织而较少涉及其他组织形态。组织社会学的新制度主义学派拓展了组织研究的范畴和领域，从组织与环境的关系入手，探讨制度环境下的组织行为，阐释了合法化机制对组织影响的不同层面、组织之间产生趋同现象的原因和组织应对环境要求而采用的组织策略。新制度主义学派的解释范围和应用领域不断扩大，实证研究也进一步丰富了新制度主义的解释力，有助于我们更清晰地理解制度环境下的组织现象以及组织合法性问题。

在新制度主义的出现和影响下，迈耶等②开始关注组织如何通过采纳体现共同信念和知识体系、与被广泛接受的文化模型相一致的结构和程序，来获得合法性和支持。迈耶提出，我们必须要从组织和环境的关系上去认识组织现象。组织的制度环境对组织提出服从合法性（legitimacy）机制的要求。

萨奇曼认为："合法性是一个一般性假设，即一个实体的行动在特定社会结构的标准体系、价值体系、信仰体系及定义体系内是社会所需要的、正当的或恰当的。"③ Howard E. 把新生组织的合法性分为两种形式：认知性的合法性（cognitive legitimacy）和社会政治性的合法性（so-

---

① ［德］哈贝马斯：《交往与社会进化》，重庆出版社1989年版，第184页。
② Meyer, John W. & Brian Rowan, Institutionalized Organizations: Formal Structure as Myth and Ceremony, *American Journal of Sociology*, 1977, Vol. 83, No. 2, pp. 340 – 363.
③ Suchman, Mark, "Managing Legitimacy: Strategic and Institutional Approaches", *Academy of Management Review*, 1995, p. 574.

cio – political legitimacy)。① 前者是指新生组织被当作环境中的正常产物而被接受,后者是指新生组织的正当性被重要的投资者、社会公众、重要的意见领袖和政府所认可。Singh 等人将合法性来源分为内部合法性和外部合法性。② Scott 将其划分为规制合法性(Regulative Legitimacy)、规范合法性(Normative Legitimacy)和认知合法性(Cognitive Legitimacy)。③

2. 组织合法性

合法性视角下中国社会组织的研究,首先涉及合法性基本含义的解读。④ 就合法性的具体指向和内涵,学者们从不同的学科角度进行了解读。谢海定⑤指出,中文"合法性"一词可以分解为两种含义:第一种是"合法律性",意指一个行为或者一个事物的存在符合法律的规定,接近英文词 legality;第二种是"正当性""合理性",表征一个行为或者一个事物符合人们某种实体或程序的价值准则,以及基于其他非强制的原因,而被人们所认可或赞同,进而接受或服从,接近英文词 legitimacy。他认为,衡量一个行为或事物是否具有"合法律性"的标准,从实在法的角度,根据实在法规则的具体内容,做出判断相当容易。而判断一个行为或事物是否具有"正当性"的标准,主要依据的是人们心中的价值准则,而由于价值准则的主观性、多元性和高度抽象性,对"正当性"的评估显得相对复杂。所以,由于判断和衡量"合法律性"

---

① Howard Aldrich, Martin Ruef, *Organizations Evolving*, London: SAGE Publications, 1999, p. 230.

② J. V. Singh, D. J. Tucker and R. J. House, Organizational Legitimacy and the Liability of Newness, *Administrative Science Quarterly*, 1986 (31).

③ W. R. Scott, *Institutions and Organizations*, Thousand Oaks, CA: Sage, 1995.

④ 中国语境下的合法性,对应的英文有 legality 和 legitimacy 两个相近词汇,争议主要集中于这两个词汇的中文翻译上。林毓生先生曾提议把 legality 译作合法性,把 legitimacy 译作正当性。但高丙中认为,汉语的正当比较接近 just, justness, justification, 并且不能表达 legitimacy 在词根上与法的联系。Legality(与法律的一致性)只是 legitimacy(合法性)的多种意思之一,legitimacy 不限于 legality。合法性(legitimacy)的"法"是法度、规范,可以包括法律而不限于法律。谢海定也指出,由于许多学者把 legitimacy 也译为"合法性",这样就使得中文原有的"合法(性)"语词兼具司法实证主义的"合法律性"和政治哲学的"正当性"两种含义。

⑤ 谢海定:《中国民间组织的合法性困境》,《社会科学文摘》2004 年第 7 期。

与"正当性"的标准不同,对一个行为或事物的"合法性"评估在逻辑上可能出现四种情况:既具有合法律性又具有正当性;有合法律性但缺乏正当性;有正当性但不具有合法律性;既没有合法律性也缺乏正当性。第一种情况属于合法性的圆满状态,第二、三种情况表现出合法性不足,最后一种情况则是缺乏严重的合法性。

林莉红[①]认为,在法律语境下使用"合法性"这一概念,应当是指"合法律性",在成文法国家,"合法律性"主要就是合乎法律的规定性。而社会学者在表述民间组织合法性时,可以使用"正当性"这一概念表达更为贴切。高丙中[②]从社会学的角度指出,合法性(legitimacy)概念在社会科学(社会学、政治学等)中的使用有广义和狭义之分。广义的合法性概念有着广泛的社会适应性,涉及比法律、政治更广泛的社会领域。合法性是指符合某些规则,而法律只是其中一种比较特殊的规则。所以,高丙中认为,合法性的基础可以是法律程序,也可以是一定的社会价值或共同体所沿袭的各种先例。一个组织是否具有合法性,那就取决于它能否经受某种合法秩序所包含的有效规则的检验。而韦伯和哈贝马斯对国家统治类型和政治秩序的划分依据的是狭义的合法性概念。

组织合法性是把对合法性的讨论拓展到社会组织领域,研究对象主要是社会组织范畴。段华洽等[③]认为,对于中国非政府组织的合法性问题,如果仅仅从法律标准讨论非政府组织的合法性问题,对问题的本源和实质的分析是不够深入和全面的。应当从实质合法与形式合法的基本关系入手,从社会、政治、行政和法律的不同层面考察中国非政府组织的合法性问题,才能有效解决中国非政府组织合法性的现实问题。据此,从现实的层面,把非政府组织的合法性分为社会合法性、政治合法性、行政合法性和法律合法性。

---

① 林莉红:《民间组织合法性问题的法律学解释——以民间法律援助组织为视角》,《中国法学》2006年第1期。
② 高丙中:《社会团体的合法性问题》,《中国社会科学》2000年第2期。
③ 段华洽、王荣科:《中国非政府组织的合法性问题》,《合肥工业大学学报》(社会科学版)2006年第3期。

高丙中[①]从韦伯和哈贝马斯等人关于合法性的理论引申出一组分析社团兴起和运作的操作概念，把合法性分为社会合法性、行政合法性、政治合法性以及作为整合核心的法律合法性，并据此解释了社团何以能够在与法律不一致的情况下"正常"地存在并开展活动等问题。一个组织是否具有合法性，取决于它能否经受某种合法秩序所包含的有效规则的检验。赵孟营[②]认为，组织合法性的讨论应继承韦伯和哈贝马斯对合法性的理解。他认为组织合法性就是组织内的权威结构的尊严性的确立。当社会组织内的权威结构获得承认、支持和服从时，社会组织就具有了组织合法性。反之则不具备合法性。在此基础上，把组织合法性分为组织的内部合法性和组织的外部合法性。前者是指组织内的组织成员对组织权威结构的承认、支持和服从，后者则指组织外的社会成员对组织权威结构的承认、支持和服从。组织理性与个人理性的一致性是组织内部合法性的源头，也是组织外部合法性的源头。赵孟营关于组织合法性的讨论是在组织理性基础上对社会组织层面的分析，没有充分论证制度因素的影响。林莉红[③]从法律的角度指出，如果把民间组织的合法性问题作为一个法律问题提出，其合法性含义则非常明确，即指"合法律性"，主要就是合乎法律的规定性。并认为民间组织的合法性问题可以从宗旨合法性、活动合法性和组织合法性三个角度加以分析。田勇军[④]则认为把民间组织合法性的三项标准置换为宗旨不违法性、活动不违法性和组织合法性更为合理。

与合法性相关的一个概念是合法化（legitimation）。对于合法性与合法化的区别，学者们[⑤]也有相关论述。讨论指出，合法化就是为政治权威提供合法性。合法性所表示的是与特定规范一致的属性，类似客观

[①] 高丙中：《社会团体的合法性问题》，《中国社会科学》2000年第2期。
[②] 赵孟营：《组织合法性：在组织理性与事实的社会组织之间》，《北京师范大学学报》（社会科学版）2005年第2期。
[③] 林莉红：《民间组织合法性问题的法律学解释——以民间法律援助组织为视角》，《中国法学》2006年第1期。
[④] 田勇军：《民间组织合法性问题及合法性标准之意义》，《中国法学会行政法学研究会论文集》，2010年。
[⑤] 张康之：《合法性的思维历程：从韦伯到哈贝马斯》，《教学与研究》2002年第3期；高丙中：《社会团体的合法性问题》，《中国社会科学》2000年第2期。

性表达。合法化是表示主动建立与特定规范的联系的过程,强调了主观性。合法化可以理解为在合法性可能被否定的情况下对合法性的维护,也就是在合法性的客观基础受到怀疑的时候为达成关于合法性的某种共识而做出努力的过程。① 合法化是一个引申秩序、重构秩序的过程。②

对于合法性概念的辨析,可以帮助我们更加清晰地理解合法性概念本身的内涵和意义。中国目前社会企业的运作和发展,"合法性"概念的引入和讨论,本身已超越法律概念的范畴。在本书中,我们要讨论的是,社会企业的实际运作状况与社会制度和秩序的关系,所以,legitimacy(合法性)更适合本书的主题,包括的范畴也比 legality(合法律性)更广一些。当然,它本身已包含相关法律的内容和意义。在本书中,对社会企业合法性的研究,是通过探讨社会企业和社会行动来体现社会共同的规则和信念,以及与被社会广泛接受的社会规则相一致的结构和程序,来获得合法性。因此,本书的社会企业合法性分析是在新制度主义的分析框架下,考察社会企业与制度环境的互动,互动过程中的社会行动,以及为了应对合法性要求而产生的组织形态和运作机制。

3. 社会企业的合法性及困境

社会企业的合法性是一个系统性概念,内外部合法性相互作用和影响。欧美国家社会企业的发展在双重底线的指引下,仍难以突破结构性的弱势困境,为了突破双重底线的发展可能,其逐渐朝向三重底线发展。美国为解决社会企业合法化危机,在商业化基础下,加入环境指标,主张以生态企业精神(ecopreneurship)取代社会企业家精神(social entrepreneurship),为社会企业发展取得更多正当性。③

在社会企业的行动框架内,从重塑国家与社会权力的关系的角度来讲,社会组织有助于形成"小政府、大社会"的社会管理体制新格局,

---

① [德]哈贝马斯:《现代国家中的合法化问题》,《交往与社会进化》,重庆出版社1989年版,第183—213页。
② 高丙中:《社会团体的兴起及其合法性问题(论文节选)》,《中国青年科技》1999年第3期。
③ Dixon, Sarah E. A. & Cilffrs A. P., "Ecopreneurship: A New Approach to Managing the Triple Bottom Line", *Journal of Organizational Change Management*, 20 (2): 2007, pp. 326 – 345.

从而实现"善治"。① 社会组织作为政府职能转移的主要承接者,社会组织提供公共服务的过程,是促进政府管理职能转变,推进政府管理体制与运行机制创新,推动政府逐渐放权于社会、强化社会权力与自治权力的过程。② 此外,社会组织成为连接政府和社会的中介组织,因此,政府对社会组织一方面无法割舍,另一方面又心存戒备,就社会企业而言,也因为行政合法性不够而存在信任困境。就市场层面而言,社会企业遵循市场规则,和商业企业同等参与市场竞争。社会企业和商业企业因为根本目标的不同,社会企业更偏向于能带来就业机会或带动民生的市场领域,而不是利润最大化取向,组织实践中存在使命漂移的可能或倾向。社会层面而言,社会领域对社会企业的角色期待以及由此引发的公众信任危机是一个重要议题。当代中国社会企业的发展还不为大众所广泛认知,社会认知合法性不足,面临着信任危机和认知合法性困境。

因此,在现有的法律框架内,什么类型的组织或企业可归为社会企业,社会企业可以享受什么样的政策优惠等都没有明确规定,是应该工商注册还是民办非企业注册,既有的法律框架是否适用于现代社会企业,都还不甚清晰并存在争议。法律规制的不明确和社会政策缺失不利于社会企业的稳定发展,不利于建立社会企业的社会品牌效应,社会识别度低,难以获得社会认知合法性,"身份"问题成为困扰社会企业发展的关键问题。

本章小结

国内外学术界对于社会企业的研究取得了一批有价值的成果,相对成熟的社会企业研究理论和丰富实践给中国社会企业研究提供了值得借鉴的宝贵财富,但也应该注意的是,不同经济社会体制下的研究具有自

---

① 汪志强:《我国非政府组织:检视、批评与超越》,《武汉大学学报》(哲学社会科学版)2006年第2期。

② 文军:《中国社会组织发展的角色困境及其出路》,《江苏行政学院学报》2012年第1期。

身的局限性。中国社会企业的发展，在社会治理创新的大背景下，如何在混合价值属性的组织形态下，在多元化的生态系统及利益相关者关系互动中，履行社会企业的社会使命，建构社会企业发展必需的合法性机制，值得关注。

中国社会企业现阶段的发展，面临着为稳固组织地位和实践社会功能而推进的角色建构过程，面临着制度困境中的角色冲突和合法性建构，社会企业的身份识别和合法性机制确立同时进行、共生演变。本书在梳理社会企业基本要素的基础上，着力探讨社会企业如何在与制度环境的互动中进行自主性角色建构，获得组织适应性发展的合法性建构过程，从而为中国社会企业建设发展提供样本，为社会企业的本土化研究提供范式借鉴。

第四章

社会企业合法性建构的制度环境

组织是制度化的组织,不能脱离所处的环境生存。柏森斯(Parsons)[①]和乌迪(Udy)[②]认为,组织是以其一般制度环境为条件的,而且组织本身在某种程度上也是制度环境的一部分。金刚砂(Emery)等[③]人也把组织看成是对环境结构直接反应的一种结果。在现代社会环境下,开放系统的组织受制度环境影响,被环境建构,同时也在某种程度上建构着制度环境,这是一个双向互动的过程。所以,要把组织放在更广的经济、政治和社会体制中来考察,并关注组织管理者的行为,这样才能更加客观立体地去分析社会企业的生长环境。

第一节 国家规制与社会企业行动之间的张力

转型期的社会建设和社会治理中,社会服务组织作为主体之一承担着重要职能。社会组织所处的社会情境影响了社会服务的生存和发展。治理情景决定了地方政府的行为以及其他社会主体的回应,对于社会服务的解释需置于治理情境之中间来分析,而社会情境所受所处的政治环

---

① Parsons, Suggestions for a Sociological Approach to the Theory of Organizations, Parts one and two, *Administrative Science Quarterly*, 1956.

② Udy, Stanley, *Work in Traditional and Modern Society*, Englewood Cliffs N. J. : Prentice - Hall, 1970.

③ Emery, Fred L. & Eric L. Hrist, The Causal Texture of Organizational Environments, *Human Relations*, 1965.

第四章　社会企业合法性建构的制度环境

境的影响，不同层级、不同属性的政策执行者对社会服务组织所提供的服务产生不同程度的影响。①

一　社会企业生存的制度逻辑与空间背景

1. 国家治理模式转变与社会治理效能

随着经济的发展，传统的行政性强权制的国家治理模式在当前社会体制下，愈见其弊端和不足，政府角色从"独裁者"向"仲裁者"的转变，是市场转型的必然要求，而国家和社会之间的紧张和博弈也随之展开。对此，李普曼曾指出：在一个自由的社会，国家并不通过行政的手段管理人们的事务，而只是通过法律调整人们的私人活动。② 在社会开始有自主意识发展的进程中，社会治理必须要坚持的是法治而非法制，国家对于社会领域内社会组织的发展与自组织活动，要立法保护而非高压式管理，要实现的是一种国家、市场、公民社会在法治范围内有序互动、协调和合作的模式。因为一般而言，大多缺乏自发性和自组织性合理存在和成长的社会，其社会活力和创造性也较低。发明创造不是权力机构人为设计和安排的结果，而首先是一种自发和自组织的过程，然后才是自觉选择和有系统有理论的提升过程。③

市场转型下，社会秩序和社会结构发生变化，如何实现现代社会状态下社会秩序的良性发展，这是现代社会治理中必须思考的一个问题。如何解决和制衡多元社会中的利益冲突，如何看待传统政府的政治统治与行政干预和现代法治的成长，如何对待社会发育中的自发性和自组织活动，建立良性运行的社会秩序，这实际上是现代社会发育状态下对国家和社会关系的重新审视。从社会管理到社会治理的发展和创新，首先必须要面临的问题就是国家和社会角色的平衡和关系协调问题。构建科学合理有效的社会治理结构，是推进国家治理体系和治理能力现代化的

---

① 黄晓星、熊慧玲：《过渡治理情境下的中国社会服务困境 基于Z市社会工作服务的研究》，《社会》2018年第4期。
② Lippmann, Walter, *An Inquiry into the Principles of a Good Society*, Boston: Little, Broen and Company, 1937.
③ 张旅平、赵立玮：《自由与秩序：西方社会管理思想的演进》，《社会学研究》2012年第3期。

重要方面和必然要求，是一个开启现代化新征程的国家必须认真思考的现实问题。随着改革发展的不断推进，打造共建共治共享社会治理格局成为新时代摆在我们面前的一个重大课题，合作性和公共性共同构成了共建共治共享社会治理格局深厚的理论基础。①

现代西方公民社会起源于中世纪盛期的城市公社或市镇自治体（commune）。公民社会（civil society）这一概念表明它们是城市"文明的结果"，而非自然产物。宪法国家（民主政治）、市场经济和公民社会是西方的自由（人权或者公民权利）得以实现的"三大支柱"。② 西方国家社会管理越来越不再是国家（居高临下地）在"形塑"意义上管理社会的问题，而是市场、国家与社会，通过法治进行有序互动的问题。其中，公民社会和市场经济是基础，法治国家则是其"保护神"。在张旅平等人看来，广义的社会管理实际上涉及公民社会、市场经济和国家（政府）治理三个方面，而如何使国家向善和保持正义及理性，则始终是社会关注的焦点。洛克等人认为，社会与国家分属不同的领域，社会由于是"形成的"，因而是丰富多彩和充满生机的，而国家因为是建构的，所以死气沉沉、单调乏味。社会是自由和创造之所在，国家是限制和卫护之所在。国家与社会分离是人们自由和保持创造力的基本保证。公民社会需要国家的保护、提供秩序和服务，同时公民社会的自主活动领域要受到充分尊重，公民社会有合法的自治性、独立性和自主性。国家与公民社会是在相互制约和互动中发展的。③ 托克维尔④在论及美国的民主时也提到了公民社团对国家和社会发展的意义，他指出，如果一个民主国家的政府到处都替代社团，你们这个国家在道德和知识方面出现的危险将不会低于它在工商业方面发生的危险。

---

① 夏锦文：《共建共治共享的社会治理格局：理论构建与实践探索》，《江苏社会科学》2018年第3期。

② ［英］达仁道夫：《现代社会冲突》，林荣远译，中国社会科学出版社2000年版，第36页。

③ 张旅平、赵立玮：《自由与秩序：西方社会管理思想的演进》，《社会学研究》2012年第3期。

④ ［法］托克维尔：《论美国的民主》（下卷），董国良译，商务印书馆1988年版，第638页。

基于国家、市场和社会三者关系下的社会治理格局，从西方的发展经验来看，国家和社会要在遵守法制的前提下分离。"国家与公民社会尽可能地采取协商、合作的方式互动，也就是法治下的文明互动。"要明确政府职能转变的具体内容，"必须把政府的政治统治（实施法律和抵御外敌）的职能与服务性职能明确区分开来"，随着社会复杂性的增加，政府也会增加活动范围，而"政府活动范围的增大主要在于服务职能而非统治职能。政府的服务性职能是一种合作、协商和与市场相联系的职能，而非高压强制职能"。① 因此，政府治理方式的转变中要特别明确政府职能转变的界限，建立政社分工合作的平台和机制。多元主体支持和配合下的合作机制，可消除或极大程度上避免各自自身的有限性带来的治理失效，提升社会治理效能，在合作中实现治理目标。

2. 市场转型诉求和社会空间的出现

我国经过40年的改革，经济飞速发展，发端于经济增长的现代化过程同时也是社会变迁的高速发展时期，经济政治体制改革在纵深推进中，促使了社会结构和社会治理格局的改革。面对各种旧有的和新生的社会矛盾和社会问题，如何科学、高效地处理和化解各种社会矛盾，实现和维护良性的社会稳定，创造经济与社会的协调发展格局，当是一个国家在治理中必须面临的重大课题。社会自组织的出现成为一种重要的社会秩序表现，社会企业的新发展因为优于非营利组织，成为一种创新性的组织形式而引起关注。另外，社会结构的变化，也促使政府职能的进一步分化和转变，传统行政管理体制下对整个社会事务全面管理、大包大揽的"全职政府"，随着经济体制改革的深入，市场支配作用日益增强，国家控制资源的能力逐步下降，促使政府转变职能，进行改革。

在社会转型的现代化背景下，无论从西方的发展还是中国的实践看来，国家、市场和社会关系的协调和平衡都是我们应该关注和考虑的议题。中国政治体制改革使得国家和政府职能必须适应市场体制的转变，必须由传统的行政式强制型管理向民主化管理转变，政府必须在市场经

---

① 张旅平、赵立玮：《自由与秩序：西方社会管理思想的演进》，《社会学研究》2012年第3期。

济的发展中重新定位,正确处理政府角色和市场的关系。要确认国家法治前提下的管理职能,允许社会实现合法的自我管理和社会创新。

蔡禾指出,当今社会矛盾的凸显和日益激烈确实与普遍存在的"个体化诉求"和利益博弈理论不对称相关,与利益诉求的转型和群体博弈制度的缺失相关。社会管理不是要追求无矛盾、无差别的社会,而是要在不同利益群体之间建立一个有序的关系。社会管理创新需要搭建与社会主义市场经济相符的利益博弈平台,探索利益诉求的群体表达机制或组织代表机制,搭建能积累以网络、信任和规则为要素的社会资本平台,这需要培育和发展社会的自组织能力。社会自组织能力是社会发育程度的标志之一。在市场经济体制下,只有当人们通过各种组织形式来追求和维护自己的利益,并实现自我约束和管理的时候,国家和个人之间的"中国地带"才能形成,政府才能真正回归到法律的执行者、秩序的维护者角色。① 国家、市场和社会的分工格局也只有在这样的状态才能真正形成,才能做到各司其职、协调发展。民间社会组织的生长作为现代化进程中的重要力量,构成国家、社会和市场共存局面下的不断博弈、相互制约和平衡式发展的重要力量。夏锦文指出,在强调共建共治共享时,首要任务是培育多元积极理性的参与主体,引导多元主体积极参与社会治理的过程。

当前我国社会治理模式转型在宏观制度结构和中观政策设计上有许多重大改革突破,但仍需重视实践中社会治理机制改革创新的瓶颈问题。要发挥多主体的治理效能,形成国家、社会与市场相互合作的治理网络。李友梅指出,社会管理的创新关键在于如何处理好纵向整合与横向协调机制之间的有效衔接,即以何种方式能够推动公众参与并形成有效的社会协商,在激发社会内在活力的同时强化纵向秩序的合法性,实现有效的社会整合。② 当前的社会治理模式转型是一个多线程改革的复合体,涉及政府运行机制优化过程,以及在开放、流动的社会形态下塑造中国特有的党委、政府、社会力量多元合作治理结构的历史进程。要

---

① 蔡禾:《从利益诉求的视角看社会管理创新》,《社会学研究》2012 年第 4 期。
② 李友梅:《中国社会管理新格局下遭遇的问题——一种基于中观机制分析的视角》,《学术月刊》2012 年第 7 期。

推动政府的职能转变,强调党建引领下的多元共治,推动社会组织融入现有的治理结构,注重社会组织作为社会治理主体的重要作用。①

社会组织在国家、市场和社会的体制演变逻辑和空间背景下,已成为现代社会发育的重要表征。社会空间的出现和社会共治的内在需求为社会组织的发育提供了重要情景。本书尝试超越已有研究侧重于宏观结构或概念阐释的现状,选取当代中国社会背景下典型社会企业个案,试图在经验研究的基础上发现社会创新的实践逻辑机理,透视社会自组织如何在国家与社会的关系空间下,获得自身生存和发展,并最终建构组织的合法性机制。

二 封闭性制度与社会企业的自然行动

传统国家治理模式下,政府是福利服务提供的单一来源,国家控制社会资源,统一安排就业。传统体制下的社会福利企业成为安排残疾人就业的主要方式,但远不能满足残疾人就业需求,也无法克服福利企业发展的弊端。

1. 残疾人就业的利益诉求与制度缺失

根据第二次全国残疾人抽样调查推算,截至 2006 年 4 月,我国残疾人总数约 8296 万,占全国总人口数的 6.34%。其中城镇残疾人口为 2071 万人,占 24.96%,农村残疾人口为 6225 万人,占 75.04%。综合考虑人口结构的变动、社会经济因素的影响,预计到 2035 年残疾人规模增长量将达到 230 万人左右,2050 年残疾人总量将达到 1.65 亿,人口残疾率将达到 11.31%。② 庞大规模的残疾人口将对我国社会保障体系形成严峻的挑战,残疾人就业也将面临更加严峻的选择,而就业是残疾人改善生活状况、进行社会融入和价值实现的重要途径。它意味着残疾人在经济生活、社会地位和精神世界的解放和独立。尽管国家已经出台了残疾人就业的相关法律法规,但残疾人就业在总量和质量方面还存在诸多问题。而促进和帮助有劳动能力的残疾人实现平等就业不仅是社

---

① 李友梅:《中国社会治理的新内涵与新作为》,《社会学研究》2017 年第 6 期。
② 第二次全国残疾人抽样调查办公室、北京大学人口研究所:《第二次全国残疾人抽样调查主要数据分析报告》,华夏出版社 2008 年版。

会文明进步的标志,同时也是实现残疾人人权保障、提升残疾人生存状况和社会参与的重要标志,对促进社会经济协调发展和良性运行具有极其重要的意义。但从我国目前残疾人的就业状况来看,还存在着诸多亟待解决的问题。

首先,残疾人就业总量不高,就业率低,就业结构单一。近年来,我国在安排残疾人就业方面做了很多努力,但总体看来,我国残疾人就业与总体就业水平差距较大,就业总量不高,就业比例较低。2010年度,劳动年龄段生活能够自理的城镇残疾人就业比例为仅为34%,农村为49.2%。从全国残疾人登记失业率来看,我国残疾人就业率仍处于比较低的水平。[1] 未就业者的残疾人生活来源仍以家庭供养为主,家庭负担沉重,残疾人的生活状况与社会平均水平相比仍存较大差距,这不仅影响残疾人的生活状况,也限制了残疾人的社会参与度。

残疾人就业率低,受教育程度是其中一个重要影响因素。根据第二次全国残疾人抽样调查表明,我国15岁以上残疾文盲人口有3591万人,文盲率为43.29%,具有大专文凭以上的残疾人为94万人,只占全部残疾人口的1.13%。截至2011年年底,全国有未入学适龄残疾少年儿童12.6万人。残疾人的教育没有受到重视,导致残疾人劳动力质量总体比较低,而职业技能培训不足也影响了残疾人就业。

其次,就业结构单一,就业面窄,就业服务体系不完善。根据全国第二次残疾人抽样调查表明,在我国8296万残疾人中已达到就业的只有2266万人,目前尚有858万人达到就业年龄、有劳动能力但尚未就业的残疾人。在业残疾人中农、林、牧、渔、水等第一产业占在业人口的56.19%,专业技术人员仅占5.47%。[2] 目前我国残疾人就业主要集中在第一和第二产业,而第三产业和技术性行业的就业总量不到三成,总体来看存在就业层次低,就业面狭窄、就业质量低等状况。

残疾人的工作大多集中于低层次的体力型劳动,就业环境相对较差,工作缺乏稳定性,工作满意度低,这也是造成残疾人就业率整体不

---

[1] 中国残疾人联合会网站:http://www.cdpf.org.cn.
[2] 第二次全国残疾人抽样调查办公室、北京大学人口研究所:《第二次全国残疾人抽样调查主要数据分析报告》,华夏出版社2008年版。

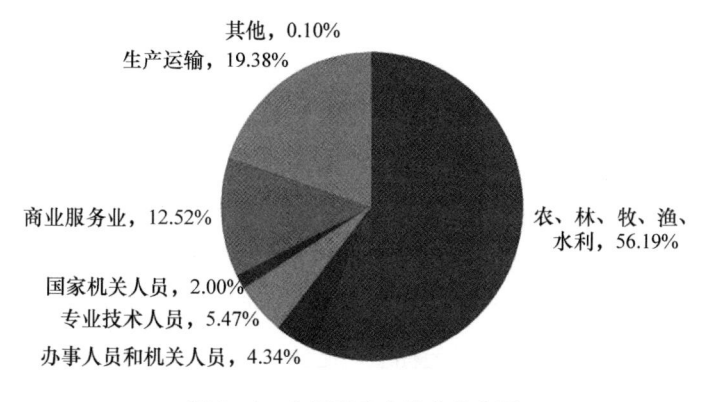

图中数据：
- 其他，0.10%
- 生产运输，19.38%
- 商业服务业，12.52%
- 国家机关人员，2.00%
- 专业技术人员，5.47%
- 办事人员和机关人员，4.34%
- 农、林、牧、渔、水利，56.19%

图 4-1　全国残疾人就业分布图

数据来源：中国残疾人联合会网站：http://www.cdpf.org.cn。

高的一个重要原因。残疾人就业保护政策不力，部分企业对残疾人存在偏见，工作很难得到认可，同时残疾人自身的适应能力较弱，企业雇用成本较高，很容易遭辞退。因此，针对残疾人就业存在问题的出路选择和探讨，需要我们从整体的视角，多面向地提供思路。

残疾人就业是残疾人最好最具持续性的社会保障。残疾人的就业保障主要指的是残疾人的就业政策和就业促进。对于残疾人就业不能笼统地采取一刀切的政策，要根据情况分类分级实施和促进，针对残疾人的特点提供就业援助，可针对不同情况，从残疾人就业保障金中给予社会保险补贴或岗位补贴。从2010年的中国残疾人状况监测来看，残疾人找工作的途径主要还是熟人介绍，占到61.7%，自主创业或灵活就业的只有16.9%。未工作的原因中单位原因占据第二位，达18.6%。

最后，社会保障体系不健全，社会融入困难，就业意愿低。残疾人是平等的权利主体，有权以行动者的身份参与社会发展。残疾不应当仅被看作个人的缺失，而是受社会发育、经济发展和环境等综合性因素的影响，残疾人问题是需要社会共同面临的问题，是不健全的社会政策造成了对残疾人的社会排斥和社会隔离。残疾人的发展和社会福利从根本上来讲要注重残疾人的社会融入和社区发展，残疾人的生存、发展状况实现程度及社区参与程度直接反映了残疾人社会保障体系建设水平。

残疾人的就业促进不力也是导致就业困境的一个重要原因。针对残疾人的文化水平参差不齐，就业技能总体低下，就业信心不足等特点，要以就业需求为出发点，开展针对残疾人的职业技能培训和自主创业培训。对吸纳残疾人就业各用人单位要给予政策上的优待或支持，扩大残疾人的就业面向和选择，鼓励用人单位增加残疾人的就业比例并给予补助。大体而言，我国残疾人就业主要有以下几种模式：集中就业、分散按比例就业和自主就业。集中就业主要是将残疾人安排在福利企业中就业，福利企业按照国家规定的标准按比例接纳一定数量的残疾人，并享受相应的税收优惠政策。福利企业是国家和集体为帮助残疾人就业而创办的生产经营单位，是具有社会保障性质的、具有中国特色的特殊企业，是国家主导性的企业单位。

福利企业在解决残疾人的就业方面曾起着不可忽视的作用，改革开放后福利企业在国家政策的扶持下得到了进一步的发展。然而，通过国家行政力量干预集中安置残疾人就业的福利企业模式在市场经济的冲击中遭受严峻考验和调整。但近年来，随着市场经济的进一步拓展和深化，福利企业因为效率不力、资金缺乏、产品落后、缺乏市场竞争意识及没有改革创新精神等因素导致市场竞争不强，而极度依赖国家行政力量支持的企业在市场经济中注定难以获得可持续性发展，难以在市场竞争中立足。因此，福利企业安排残疾人就业也逐渐流于形式，甚至出现"挂靠"等虚假就业现象，残疾人的就业质量难以保证，同时也影响了残疾人的社会回归。

分散按比例就业是各单位要按照国家的规定，按照一定比例安排残疾人就业，并为其选择适当的岗位。分散就业形式多样，有利于残疾人的社会融合，但由于体制不健全，监督不力等因素，分散就业大多流于形式。就业的残疾人也因为技能不足无法承担高技术含量的工作，或因为自身意识原因，不能主动融入组织中。另外一个不容忽视的重要原因就是有些单位无障碍措施的缺失或后期保障的缺位使得一些重度残疾人不能独立进入社会单位工作，丧失了更多的就业选择。

残疾人自主就业从事个体经营的就业形式灵活，但主要集中于一些传统的低技能项目，缺乏社会竞争力，稳定性差，社会风险较高，并不能从根本上解决残疾人就业问题，不能作为残疾人就业的根本出路选择。因此，残疾人自主就业也存在很大困难。

从目前残疾人的就业促进政策来看，残疾人就业领域狭窄，就业瓶颈明显，很难在市场中显示竞争力，也不利于促进残疾人就业层次的提升和自身能力的发挥。同时，残疾人劳动力速度增加过快，但社会福利企业能接纳残疾人的数量有限，导致大量剩余残疾劳动力出现。随着近年来残疾人受教育状况的提升，就业领域也应有所突破，需要从更广泛的社会领域内探索促进残疾人就业的新出路，从根本上改变残疾人低层次的就业状况。由此可见，我国残疾人就业依然存在就业率低、就业面窄，就业质量不高、就业保障不充分等问题。尽管随着教育体制改革，残疾劳动力质量有所提升，残疾大学的数量持续性增加。但事实情况是，很多残疾大学生在就业中遭受各种社会排斥，很多人毕业即失业。因此，推进残疾人就业促进和就业保障，是当前政府治理和社会管理中的一项重要任务。

一个好的福利模式所要解决的不仅仅是养老、医疗、失业、社会救助等事务性问题，它更着眼于基本的社会关系的平衡和社会基础的构建，这正是做好社会建设和社会管理的前提。创造适合国情的福利模式，是社会管理成功的基础所在。社会福利建设，是社会安定的基础，也是最有效的社会管理。① 因此，推进残疾人就业的社会保障措施或方式的改革，是一个国家社会保障制度发展的重要标志和象征，也是社会管理体制创新的重要体现。残疾人就业的利益诉求和制度缺失形成了一个尖锐而顽固的矛盾，这种生存困境使得本来生活在个人和社会断裂状态的残疾人个体一旦有机会和希望就会去努力和尝试。

2. 社会企业创立的内生需求和内驱力

1997 年，郑先生用母亲生前留下来给他看病保命的微薄积蓄，创建了 Y 集团，最终引发了一场残疾人生存方式的革命，开创了一条残疾人依靠高科技强势就业的新路径，成功铸就了"社会民生与高新产业互助发展的和谐科技事业"。

---

① 景天魁：《创新福利模式》，《优化社会管理》，《社会学研究》2012 年第 4 期。

(1) 为"保命"南下深圳

郑先生 1955 年出生在一个军人家庭,自幼患重症血友病,① 死神如影随形,一生仅靠输血维持生命,而后又被"重症糖尿病""重度高血压"等长期折磨。血友病患者随着心血管系统的衰老,身体状况就会越来越糟糕,输血的次数也越频繁。20 世纪 90 年代国内爆发的一场血源污染,让原本在老家安逸生活的他不得不考虑在中年以后移民深圳。"当时已经出现了集体卖血的村庄,很多血友病患者感染了艾滋,血友病每周都要输血,那你跑不掉的,是这么一个状态,它造成了我在中年以后移民深圳。"(YZ120829)定期输血治疗的郑先生必须找到一个有干净血源的地方。在 1998 年之前,深圳是全国唯一一个实行公民自愿无偿献血的城市,这意味着没有人卖血谋生,也没有艾滋病的风险。为了维持输血治疗,郑先生举家搬迁到了深圳,但却成为郑先生人生的一个转折点,也是他后来创办 Y 集团的缘由。

(2) "自杀"还是"活着":现代性社会状态下的个体挣扎

20 世纪 90 年代中后期的深圳,是一座充满自由和开放气息的新城市。这座城市给人们最大的冲击在于,人可以生活得如此独立,只要能赚钱养活自己,中国人复杂的社会关系网可以最大限度地简化,下了班各回各家,没人过问你的私生活。但这种独立状态对郑先生来说,是噩梦的开始。离开了以前熟悉的小环境,家人成了唯一依靠,郑先生才意识到,让他活下去的不仅仅是干净的血源。

> 母亲在的时候,我每天给母亲量血压、照顾她吃药,让我感觉很有价值感和存在感。1997 年 5 月我母亲去世,妻子要上班,孩子也有自己的事情。每次出门一看,所有的人全都在忙自己的事。我得了严重的抑郁症,一下子觉得生活没有价值了,觉得死就是一种解脱。被残疾人这种闲愁困苦的生活已经完全压垮了,我不能再

---

① 血友病是一种由于遗传缺乏凝血因子而引发的疾病,患者出血后无法自发停止,不能剧烈运动和碰撞,长期发病还会导致关节畸形和肌肉萎缩,大部分血友病患者都有不同程度的残疾。对于血友病,全球医疗界普遍采取替代疗法,也就是给患者不断输入凝血因子。但由于血友病的高度危险性,得了这种病的人,几乎没有人能活到 50 岁。

过下去了。(YZ120829)

郑先生在连续三次自杀被救后，抱头痛哭的家人跟他达成协议，只要他愿意活下去，随便干点什么都行。为了让自己从没有价值的自卑中找到活下去的勇气，他怀揣着母亲给他留下的30万元用来输血的救命钱，开始思考如何找寻未来的路。

三　开放性制度与社会企业的社会行动

经济体制改革中，社会经济结构的变化，使得社会个体从单位人转变为社会人，社会呈原子化、碎片化状态。对于分散利益个体的存在及个体诉求，市场如何回应，社会如何管理，这是我们必须思考的问题。

1. 当时唯一的梦："养活自己"

深圳是改革开放的前沿城市，市场经济发育充分，这座移民城市带给人的除了所有现代工业城市所特有的距离、冷漠、自利等"城市病"外，也因为自身移民城市的特点形成了独特的城市气质和文化。1990年6月，中国内地第一个义工团体——深圳市义工联合会在深圳市民政局注册成立，自愿为遇到困难的人提供帮助。深圳市义工联的热线把郑先生和义工联系到了一起，在义工的帮助下，郑先生带着一群残疾人，开始了艰难的创业。

20世纪90年代，郑先生因为炒股接触了电脑和互联网。在运用电脑的过程中，他意识到，在操作电脑时，残疾人跟健全人几乎没什么差别。因为操作电脑只需要动脑子和动手指，这是大部分残疾人都可以做到的，甚至更有优势，因为他们没有其他诱惑，心无旁骛，能坐得住，电脑屏幕可以屏蔽由于身体残疾行动障碍带来的不便，电脑和互联网让郑先生看到了一线希望，他渴望改变，希望能通过残疾人自己的努力，改变生存状态。但同时生活在商业意识浓厚的深圳的郑先生也深知，要想在残酷的市场竞争中生存，必须依靠商业，而不是慈善。人们可能会为残疾人做些无偿捐助，但不会因为某种商品是残疾人生产的就一定会去购买。残疾人开的公司，如果生产效率低下，最终也必将会被市场淘汰。那么，残疾人如何与健全人保持在市场中的平等竞争呢？"一定要做残疾人能跟正常人竞争的事，一定要做高附加值的事情"，成为郑先生想要做事的出发点。

郑先生招人只有两个条件：一是残疾，二是不要报酬，包吃包住。Y集团最初的创业团队包括郑先生在内只有5个人，其他的4个人中间只有2个人会用电脑。创业团队中的刘勇，小时候因为摔进地窖而致残，身高不到1.3米。来到Y集团之前他在深圳滨河社区的一间老年人活动中心里给打麻将的老年人端茶倒水，这家活动中心不付他工资，除了管饭，唯一的福利就是能使用角落里一台废弃的电脑。一听说可以做跟电脑有关的工作，当时只会打字的刘勇二话不说放下水壶就跟郑先生走了。当时5个残疾朋友在他家里，从一台电脑开始了创业的尝试，这是Y集团事业的起步阶段。1999年9月18日，团队开发的中华残疾人服务网上线了。中华残疾人服务网的成立是郑先生Y集团事业的第一步。网站的成立，展现了残疾人依靠高科技创业的可能，从更深层次的意义上来说，它向我们证明的是社会自组织在国家与个人的"中间地带"的形成。它不仅成为个人利益诉求的载体，也同时在社会发育和社会建设中承担着一定的社会功能。

2. "找个寄托"：社会企业生成的角色认同和利益的组织化表达

社会福利和保障制度具有促进社会公平、维护社会稳定的重要功能。1996年的美国推行了旨在削减社会福利水平，鼓励和支持人们努力脱离对社会福利的依赖，走向自食其力的社会福利制度改革，提出了增加工作的要求，克林顿政府把单纯救济和普遍福利改为工作福利制（workfare）和有限救助。按照索洛等的观点，当时福利问题的答案位于两大社会规范即自食其力和利他主义（altruism）的交叉点上。他提供的调查证据表明，个人的自我认同和自尊在相当程度上来自于其为家庭提供帮助的能力，福利接受者往往会对自己的处境深感羞愧，他们更愿意去工作而不是吃福利。[①] 通过工作得到自我认同和社会认可也是Y社会企业当初创业的重要内驱力。

[①] [美] 罗伯特·索洛等：《工作与福利》，中国社会科学出版社2010年版，第4页。

第四章 社会企业合法性建构的制度环境

随着市场经济的纵深推进和社会自由度的急剧增加，社会开始从传统的"共同体"向滕尼斯所说的个人主义的"社会"转变。[①] 与此同时，人也由共同体的人转变为"原子化"的"社会人"。市场经济的进一步发展，经济转型和社会转型带来的是社会的"失范"和失序。原来生活在传统熟人的社会里，在传统的共同体结构下，原有的亲情、秩序和规则受共同体规则的支撑变得简单。

（刚来）这几年深圳的生活压垮了我，是这样一个情况。为什么这么说呢，因为在深圳这种移民的生活，他是斩断了亲情网络的，每个人没有同学故旧，你来了都是一个陌生的城市，然后你的邻居你也不认识。那么残疾人到这儿来，他就会遇到非常大的问题，残疾人活动不方便，在老家左邻右舍可以串门儿可以聊天，你到这儿谁都不认识你，那你马上就陷入一个非常孤立的这样一个环境。他跟打工的人不一样，年轻的打工人来了以后，他通过工作认识新的人，建立自己新的圈子，残疾人不是这样的。我在老家的时候我没有这个压力啊，我在老家的时候我可以早晨起来出门儿一天都不回来，不回来吃饭的。为什么？到这个同学家啦，到处都有下岗的人，到处都有认识的人，不是大家都忙着在单位里，所以说，自己觉得，（那时）就过得很温馨。（YZ120829）

生活在现代性模式下的社会，只能靠抽象的规则形成秩序。事实上，在市场化秩序状态下，单位制的瓦解，政府在市场和社会的行政干预已很难触及每个个体的社会生活，这种状态下的社会秩序和社会稳定也很难再依赖于和传统社会秩序紧密相连的个人情感、邻里情感、乡党和朋友群体。因此，公民社会的发育，社会组织领域的涌动和社会创新，成为现代社会状态下公民个体的诉求和社会秩序发展的必然产物。笔者在访谈中，从郑先生的亲身体会印证了这一点：

[①] [德] 斐迪南·滕尼斯：《新时代的精神》，林荣远译，北京大学出版社 2006 年版，第39页。

到了深圳以后发现，社会冷漠，电梯里邻居不讲话，你也不认识邻居是谁。然后你出门想找个残疾人，满街看不到，因为残疾人上不了街，他那个时候有障碍，不方便。深圳走到哪都要钱。内地，你说有几个朋友在谁家聚一聚，随便做俩菜吃一吃也没有什么。在深圳，没有说到谁家去聚一聚的，到个餐厅，你随便坐在那吃最便宜的也得一两百。这问题就来了，残疾人完全被孤立起来。我是跟家人一起过来的，过来了太太上班打工，女儿去上学。这个是不是家庭根本没有意义，大家没有空。我女儿住校，我太太去打工，她40多岁跟我来，她打工到什么情况呢，每天晚上12点才能到家，因为你肯定要加班嘛，这是深圳嘛。所以说我就是孤零零一个人，就是这么个情况。所以这种状态下，我从1994、1995年到深圳，到了1997年自己就已经是严重的抑郁症，曾几度自杀。（YZ120829）

Y社会企业的出现并非只是几个残疾人"想要做点事情"的产物，从个体的角度而言，它的出现是在市场化、碎片化社会状态下，社会化的必然产物，是个体诉求无法在既有的社会结构下得到回应而应运而生的必然结果。

现代性社会状态下的个体无力感使得残疾人弱势群体在市场经济下不仅缺乏竞争力，而且生存状况堪忧。传统残疾人就业促进政策的不力，使得就业对于残疾人来说更是一种奢侈，社会自组织的成立增强了社会群体成员的归属感，Y社会企业的成立在当时的社会制度背景下恰是社会自组织的群体回应和个体利益机制的组织化表达，因此，Y社会企业在成立自始，就奠定了角色建构的自我认同性基础。

做这个企业，并不是说找到了一个成功的模式，而是说怎么样呢，找到了一个寄托，这个寄托自己可以去努力。别的你都努力不了嘛，你也不能去在外边上班，你在家里那个时候也没有远程的工作，你想努力都没有。那Y毕竟有几个残疾人跟我在一块儿，我们能学习，我们能一块儿关心，做一个网站，能做点儿事儿，算是

第四章　社会企业合法性建构的制度环境

有个寄托，就是这么个状态。（YZ120829）

"人只有在相互作用之下，才能使自己的情感和思想焕然一新，才能开阔自己的胸怀，才能发挥自己的才智。"① 企业的创立把具有相似兴趣、需求和利益的残疾人个体聚集在一起，企业内部形成一种相互沟通和协作的平台，组织成员在交往中培养了合作的精神和责任分担意识，使得 Y 社会企业的发展真正成为残疾人利益整合的结点，形成利益的组织化表达，这是现代公民社会组织发育的体现。这种公民共同体的出现，作为市场转型下社会空间内社团发育的一种利益组织化表达，也必将增进有效的民主治理。对此，哈贝马斯②认为，"构成公民社会建制核心的是一些非政府的、非经济的联系和自愿联合，它们使公共领域的交往结构扎根于生活世界的社会成分之中。组成市民社会的是那些或多或少自发地出现的社团、组织和运动，它们对私人生活领域中形成共鸣的那些问题加以感受、选择和浓缩，并经过放大以后引入公共领域"。Y 社会企业的出现不仅是残疾人个体诉求的组织化表达，也是社会空间内公民社会发育的表达。

在靠市场秩序和现代社会符号规则引导的社会里，Y 社会企业才能满足各种多元的、追求不同目的的自由人们的需要，并把他们整合在一个和平的秩序中。社会秩序的重构成为一个新的"社会工程"。③ 城市化治理背景下，社会秩序主要基于一般性的社会关系和观念，依赖于一般的规则和程序，人呈原子化的碎片状态。社会的运行主要依赖于理性化的公民责任和义务，而非传统的政府行政干预。

福利是普遍性的权利，福利制度要能维护无劳动能力者的权利。在笔者看来，福利的根本意义不在于赠予，而是要首先促进社会公平和正义，尊重和满足社会个体的诉求。作为社会转型下呈原子化碎片的个体

---

① ［法］托克维尔：《论美国的民主》（下卷），董国良译，商务印书馆1988年版，第638页。
② ［德］哈贝马斯：《在事实与规范之间》，童世骏译，生活·读书·新知三联书店2003年版，第454页。
③ Bauman, Zygmunt, *Modernity and Ambivalence*, Cambridge, UK: Polity Press, 1991.

来说，个体利益诉求很难得到回应。郑先生从家乡的传统共同体式的环境来到深圳这座典型现代社会状态的城市，个体效能感的无力和亲情网络的缺失，使他难以很快转变和适应，而残疾人的特殊身体特征和心理诉求，使得他们在这样的社会环境下犹如迷失在汪洋大海而不知所措。这个他称之为"寄托"的Y社会企业，是作为组织给予他和残疾人朋友一种群体归属感和情感依赖，这种依赖弥补了现代社会无序化带给人的无力感，回应了现代福利制度不足使得残疾人就业需求无法被满足的状况，更是找到了一种残疾人利益诉求的有效表达机制。所以，当时Y社会企业的最初组织形式——中华残疾人服务网作为一个社会组织，它不仅是对残疾人就业的利益诉求的回应，更是对制度缺失的一种回应。社会企业能为残疾人就业提供新的平台，促进残疾人自身潜能和价值的发挥，成为残疾人就业的新模式选择。

第二节 制度设置与组织行动：环境中的组织

尼尔认为，组织是在如下可以视为制度的不同层面的三种背景中运行的：组织的现行策略和结构、构成组织场域的系列组织、政府。这三种背景都是使规则得以创造，有意义的活动得以发生，权力关系得以形成，社会组织的具体形式得以处于适当位置的场域。[①]

一 组织环境的多维性与基本要素

环境中生存的组织，都面临着多种资源系统和多种符号要素或文化系统。组织在选择某些环境系统并和自我发展相关联时，会受外在环境的充分影响。因此，对于组织环境边界的界定要关注影响组织的各种制度来源及其特征，关注组织偏好和选择的影响模式，以及组织认可的理性方式，这些都有助于考察更为具体的组织环境要素及影响因子。

---

① ［美］尼尔·弗雷格斯坦：《美国产业结构转型：1919—1979年大公司多部门化的制度解释》，载［美］沃尔特·W. 鲍威尔、保罗·J. 迪马吉奥主编《组织分析的新制度主义》，上海人民出版社2008年版，第334页。

1. 技术环境与制度环境

技术环境与制度环境是我们考察组织环境的基本分类，希望能透过组织环境的分离式分析来观察外在环境和制度要素对组织生存和发展的影响，以及组织的能动性回应。

对技术环境与制度环境的概念界定，迈耶和斯科特认为，技术环境是这样的一种环境，在其中组织的一种产品和服务在市场中交换，组织因为有效率和对生产系统进行有效、充分的控制而获得回报。制度性环境则是以完善的规则和要求（如果其中的个体组织要想获得支持和合法性就必须遵守这些规则和要求）为特征的环境。① 在制度环境中，组织是因为建立了正确的结构和过程，而不是因为他们的产品数量和质量而获得报酬。②

需要明确的是，组织环境的制度和技术因素不是二元对立的，它们是环境的两个维度。不同环境下的组织会沿着这两个维度发生变化，这和组织本身的发展程度相关。因此，它们实际上是可以共存的。对于组织发展模式的分析，实际上很难截然区分技术性与制度性规则和程序。为了寻求组织生存的合法性，组织管理者通常努力把技术性规则和制度性规则相融合，使二者取得最大程度上一致性。

塞尔兹尼克（Selznik）③ 认为，制度性程序常常模仿技术性程序，而很多技术性程序随着时间的推移之间会被制度化。制度化的规则变化有时则滞后于技术的更新，在确立时具有很强技术合理性的程序性规则，则会出现可能有用的技术特征已经过时，但程序性规则依然存在的情况。斯科特和迈耶④指出，技术和制度环境都会产生"理性的"组织

---

① Scott, W. Richard & Meyer, 1983, The Organization of Societal Sectors. In Organizational Environments: Ritual and Rationality. ed. by J. W. Meyer and W. R., Scott, Beverly Hills, Cliffs: Sage, p. 140.

② Scott, W. Richard, 1987, Organizations: Rational, Natural and Open Systems, 2d ed. Englewood Cliffs, N. J.: Prentice—Hall, p. 126.

③ Selznik, Philip, 1949, TVA and the Grass Roots, Berkeley: University of California Press.

④ [美] W·理查德·斯科特、约翰·W. 迈耶：《社会部门组织化：系列命题与初步论证》，载 [美] 沃尔特·W. 鲍威尔、保罗·J. 迪马吉奥主编《组织分析的新制度主义》，上海人民出版社 2008 年版，第 116—134 页。

形式。不过这两种"理性"的所指有所不同。技术环境强调的"理性"（rationality），整合了一系列规定或脚本，这些规定或脚本以有效地生产具有可预测特征的产品的方式，使各种手段和结果之间实现合乎逻辑的配置。而制度环境的理性则是指"合理性"（rational），指提供一种使过去的活动能为他人理解和接受的说明，使组织对于其过去的活动可以进行解释或说明。

技术性部门中的组织会努力控制和协调其生产活动，形成有效的协调性结构，尽量避免环境波动的影响。迈耶（Meyer）和罗文（Rowan）[①]指出，制度性部门中的组织不会试图密切控制或协调其生产活动，反而会试图努力组织生产活动与组织结构的关联，甚至试图努力使这些生产活动与组织结构相分离。

在组织环境要素的分析中，应该明确的是，要关注社会部门的基本要素特征。正像斯科特和迈耶[②]指出的，在制度性和技术上高度发达的社会部门中运行的组织，会形成更为复杂和精细的行政管理系统，也会出现高水平的内部冲突。而在制度和技术都不发达的社会部门中运行的组织，规模相对较小，生存能力相对较弱。这类组织也会更加试图通过新的技术创新或提供制度支持的新的"理性神话"的产生，获得日益增多的社会支持，进而实现组织的升级。[③]

在对组织生存环境的考察中，我们发现，组织环境会随着外在影响因素的力量强弱沿着不同的维度变化，某一系列要素的出现，并不会或必然排斥另一系列要素的存在。依据技术要素和制度环境中两个维度对环境进行交叉分类和具体分析，是为了环境的不同组合要求，探索社会企业如何在不确实的环境系统下生存和发展。Y 集团 20 年的发展随着技术环境和制度环境而变迁，在这个变迁过程中，Y 集团从最初 5 个人

[①] Meyer, John W. & Brian Rowan, 1977: Institutionalized Organizations: Formal Structure as Myth and Ceremony, *American Journal of Sociology*, 83: 340–363.

[②] ［美］W·理查德·斯科特、约翰·W. 迈耶：《社会部门组织化：系列命题与初步论证》，载［美］沃尔特·W. 鲍威尔、保罗·J. 迪马吉奥主编《组织分析的新制度主义》，上海人民出版社 2008 年版，第 116—136 页。

[③] Meyer, John W. & Brian Rowan, 1977: Institutionalized Organizations: Formal Structure as Myth and Ceremony, *American Journal of Sociology*, 83: 340–363.

的作坊式创业团队，依靠残疾人自我奋斗和过硬的专业技术，扩建了团队，主动适应外部制度环境变革和社会政策变动的产物，变迁的过程中建立了更稳固的合法性机制，保持了组织持久而稳定的发展。

2. 组织环境的符号要素：文化与规则

环境的组织在发展过程中，受外在制度和环境因素的影响，二者在不断的互动过程中相互作用。容易被观察到的是，外在环境诸如政治、经济、法律等对组织发展的影响，而制度化的信念、规则和角色，作为环境的一个重要层面，却容易被忽视，或者不易被观察。因此，对组织环境的制度化分析，要重视环境因素在影响和支持组织形式方面的重要性，要关注文化因素的影响作用。迈耶和罗文提醒人们注意制度化的信念、规则和角色，认为这些都是能独立于资源流、技术要求而单独影响组织形式的符号要素。

社会文化和公众信任等对组织的影响，成为社会企业的社会认知合法性来源非常重要的一个方面。文化因素同时影响到理性化的组织正式结构的形成。"理性规范不是简单的、一般的价值观。它们以各种具体的和有力的方式存在于制度化结构所附带的规则、理解和意义中"。[1] 包涵了这些规则和理性规范的制度化结构，则成为组织合法性的重要考量指标。

3. 组织所处的"关系网络结构"

"关系网络结构"这一概念由迈耶和斯科特提出。斯科特在评价学者们提出的要求人们注意组织间关系的"结构化"概念中指出，组织不仅出于与其他行动者形成的交换关系之中，也处于一种由它们自己的活动创造的关系网络结构之中，同时这种关系网络结构又积极地影响和制约它们行动的可能性。[2]

在组织环境对组织结构的影响问题上，制度学派内部产生了分歧，使得网络分析与制度主义之间没能达成共识。迪娇（DiMaggio）和鲍威

---

[1] Meyer, John W. & Brian Rowan, 1977, Institutionalized Organizations: Formal Structure as Myth and Ceremony, *American Journal of Sociology*, 83: 340-363.

[2] ［美］W·理查德·斯科特：《制度理论剖析》，载［美］沃尔特·W. 鲍威尔、保罗·J. 迪马吉奥主编《组织分析的新制度主义》，上海人民出版社 2008 年版，第 185 页。

尔（Powell）① 认为，随着组织环境越来越被结构化，环境中各种组织的结构会越来越"同形"。在同一环境中的各种组织之间可能存在三种不同的影响性机制——强制、模仿和规范机制，这些机制促进了各种组织的结构同形。而斯科特和迈耶通过研究发现，在其他条件相同的情况下，结构化程度越高的组织环境中，组织形式可能越会更加多样化。

4. 制度环境下的组织合法性建构

组织的合法性实际上反映了组织与环境的互动状况。关于合法性的论述，帕森斯的观点代表了一部分学者的看法，他认为，如果一个组织想要获得合法性，并使自己的社会资源诉求得到认可，那么这个组织所奉行的价值观就必须与更宽泛的社会价值目标相一致。② 在此基础上对组织的合法性的认知较多地强调组织目标的重要性，更关注组织目标的社会评价。而伯格和他的同事则更偏重强调合法性的认知层面，认为对于在制度环境中运行的组织而言，特别关键的一点就是要获得合法性，同时指出，最有可能出现问题的也是这一点。③ 而合法性问题关注的就是"解释社会秩序或对社会秩序是合理的证明，通过这种解释和证明使制度安排在主观上似乎是合理的"这一问题，也就是通过把行动定位于"一种可理解的、有意义的世界"中，而促使行动者实施行动。④

斯科特认为，与组织开放系统模型相一致，关于组织的解释、合法性证明和意义说明，更有可能是从外部环境输入组织之中的，而不是组织自己创造的。而即便是处于技术环境中的组织，对于文化的互动也不是消极被动地接受，而是在于制度环境的互动中进行"策略性地选择"，从而建构组织在不同时期的合法性认可和支持。因此，从文化的

---

① DiMaggio, Paul J., and Walter W. Powell, 1983, "The Iron Cage Revisited: Institutional Isomorphism and Collective Rationality in Organizational Fields", *Amercian Sociological Review*, 48: 147 – 160.

② Parsons, 1960, *Structure and Process in Modern Societies*, Glencoe, Ill.: Free Press.

③ Berger, Peter L., Brigitte Berger& Hansfried Kellner, 1973, *The Homeless Mind: Modernization and Consciousness*, New York: Random House, pp. 50 – 51.

④ Wuthnow, Robert and Marsha Witten, 1988, New Directions in the Study of Culture, *Annual Review of Sociology*, 14: 49 – 67.

角度而言，组织合法性呈现了一个组织所能得到文化支持的程度。具体而言，也就是组织与社会规则的契合程度。所以，即使早期依靠自身力量自动建立起来并获得发展的组织，也会倾向于寻求程序的合法性，并特别愿意调整和改变那些属于技术合理性的组织安排和程序。

二 互动与融合：制度要素与组织行动

制度化的环境场域，会促使更加理性组织的产生。在不同的环境体制下，组织管理者的计划或决策会受到影响，而管理者的计划也会随着环境要素而变化。管理者对组织的设计，也会因为环境因素而受到影响。

1. 制度性要素的融合，为组织行动及生存提供合法性依据和保障

组织通过整合适当环境中合法的结构要素，把一些具有外部合法性的要素融合进组织，创造出适合组织自身发展的一套结构要素，为组织行为提供了一种合法性说明，并使得组织的经营管理行为免受质疑，从而保障了组织的生存和稳定性发展。

（1）对外部已确立制度的依赖，增加了组织的稳定性

迈耶和罗恩[①]认为，与制度规则同形的、关于组织结构的话语，为组织提供了审慎的、理性的和合法的根据。用合法性术语描述和规定的组织，被认为是诉求集体界定、集体认可的目标。而忽略环境中合法的结构要素的组织，以及独创一套结构要素的组织，不能就其活动向人们提供可接受的合法性解释，这类组织就可能被认为或被指责为非理性的。而这种指责的压力可能来自组织的内部参与者，也可能来自外部支持者或政府，这些都会给组织带来巨大的压力，从而使得组织招致合法性危机和困境。

理性化的制度对组织正式结构的产生和维持有重要的影响。组织要赢得合法性，必须要学会整合适当的结构要素，获得内部参与者和外部支持者的认可。这种认可给予了组织活动以正当性，并促使组织活动调

---

① Meyer, John W. & Brian Rowan, 1977, Institutionalized Organizations: Formal Structure as Myth and Ceremony, *American Journal of Sociology*, 83: 340 – 363.

整以使其进入更有价值的服务领域，同时促进组织内部参与者和外部支持者对组织的情感依附或投入。

对于从民间成长起来的 Y 集团来说，它的成长经历着比一般的企业单位或社会服务组织有更多的艰难和辛酸，从 20 世纪 90 年代末到现在 20 多年的发展，可以看到民间社会力量的成长在与体制及政府互动中存在的张力、紧张、博弈甚至合作。Y 集团作为中国社会企业的典型样本，其发展历程展示了中国社会企业的成长及其发展困境，也展现了民间社会力量的成长和政府之间的张力和博弈，这种关系也必然伴随着民间社会力量的成长过程。

（2）外部认证标准的采纳，确认了组织结构要素的价值

已有研究表明，在制度完善和发达的环境中，组织会对外部价值的评估标准十分敏感，并愿意采用它们。这些外部评估标准，主要包括：仪式性奖励、重要人物的认可、专家和顾问设定的标准价格，部门设置或者人员在外部社会圈中的声望等。[1]

仪式性的价值评估标准，以及源于仪式的生产职能部门，对组织是有用的。它们使得组织在面对内部成员、股东、公众和政府时具有合法性，获得了社会的认可。如果组织结构承载了较高的仪式性价值，如体现了专家最新构想或最高事务的仪式价值，则更有利于提高组织的信誉，组织就容易获得外部认可，从而获得诸如贷款、捐赠或投资等更多支持。而没有获得环境赋予合法性权威的组织机构，则须通过绩效和效率来证明自己的正当性和合法性。在这个过程中，制度化的组织则更容易获得社会认可和信任，更有可能生存下来。组织内的各个单元运用仪式性的评估标准，来衡量它们对组织生产所提供的服务。在对所提供服务的仪式性测量中，表现好的单元，在组织内部的权力就会增强。[2] 而在非营利部门和社会服务部门中，最突出的是"制度"层面，这些部门的目标是混合性的，其最基本的考虑是要符合某种资格要求，才能获

---

[1] Meyer, John W. & Brian Rowan, 1977: Institutionalized Organizations: Formal Structure as Myth and Ceremony, *American Journal of Sociology*, 83: 340 – 363.

[2] Saiancik, Gerald R. &Jeffrey Pfeffer, 1974, The Bases and Use of Power in Organizational Decision Making, *Administrative Science Quarterly*, 19: 453 – 473.

得各种支持和供给。①

2. 与环境的制度性同形，更易实现组织的生存与成功

存在于高度完善和发达的制度环境中的组织，由于与环境的制度性同形，因而获得了合法性和必要的资源，从而得以生存和发展。学者们认为，这部分地取决于环境过程和一个组织的领导者影响这些过程的能力，② 部分地取决于一个组织遵守环境制度并因此变得合法的能力。

社会上合法的理性要素与正式结构组织的融合，能够最大化组织的合法性，增强其资源获得和生存能力。有研究表明，在美国，学校、医院和福利性组织等之所以表现出相当强的生存能力，完全因为它们与其制度环境是相适应和相配合的，并是被吸收为环境本身的一部分的结果。③

三 制度化建构中的组织能动性

组织理论分析的开放系统模型认为，系统是开放的系统，组织与环境之间存在互动和交换，组织与环境之间的相互依赖关系是组织研究应该关注的重点。开放系统观点强调组织与这些组织周围的和渗透到组织内部的要素之间关系的互惠性。环境对组织产生一定的影响，组织在环境的制度化建构中也发挥着能动性作用，这主要体现在两个维度：

一方面，改变组织关系网络，使得组织发展获得更大意义上的认同和合法性认可；另一方面，组织试图把其目标和程序制度化，并积极推延到社会系统作为一种制度规则，尽管这在实际操作中存在很大的困难甚至是阻力，这种阻力正是来自制度的规则和约束，要突破这种既有的规则或程序性的规定，需要组织有积极行动并具备行动能力。而组织的变革和创新，以及组织负责人的新策略的活动都值得关注。

---

① [美]斯蒂文·布林特、杰罗姆·卡拉贝尔：《制度的起源与转型：以美国社区学院为例》，载[美]沃尔特·W. 鲍威尔、保罗·J. 迪马吉奥主编《组织分析的新制度主义》，上海人民出版社2008年版，第366页。

② Hirsch, Paul M. 1975, Organizational Effectiveness and the Institutional Environment, *Administrative Science Quarterly*, 20: 327-344.

③ Meyer, John W. & Brian Rowan, 1977, Institutionalized Organizations: Formal Structure as Myth and Ceremony, *American Journal of Sociology*, 83: 340-363.

同时，组织的制度化控制，特别是在高度制度化环境中的控制，可促使组织内部和外部在逻辑上的一致。环境越是高度制度化，组织精英在对其组织的公共形象和地位的管理上投入的时间和精力就会越多，在对特定的跨越边界的关系的协调和管理上所投入的精力和时间就越少。高度制度化环境中的管理者，会花更多的时间和精力，来发展抽象的或仪式层次上的内部结构和关系，而不是发展具体的管理活动之间的相互依赖关系。

第三节　组织环境的边界：功能性组织场域

一　功能性组织场域与组织生态

组织分析的开放系统模型表明，环境是组织发展的要素。因此，对组织的分析，要关注组织环境的边界，并确定他们的构成要素，便于从中分析组织环境的特征及对组织的影响。而环境变量对一个组织的影响，可能要取决于这个组织在场域中所占据的位置。组织场域的分析关注处于竞争与合作关系下的一组不同类型的组织，这些不同类型的组织构成了组织生存的小环境，最大程度上影响着组织行动及其策略。

域的概念起源于城市生态学家使用的组织社区概念。[①] 组织社区主要指的是同一区域内由于功能上的联系或地理位置的原因而形成相互依赖关系的一群组织。早期的组织社区论学者强调组织的共生性，而较少关注组织间的功能依赖，因而容易忽视跨社区边界的组织间的联系与交换。组织社会学的制度学派提出的组织场域概念拓展了对域的理解和范畴，强调同样的规则、准则和意义系统下运行的组织。迪娇

---

① Baum, Joel A. C., 1996, "Organizational Ecology", in *Handbook of Organization Studies*, pp. 77 – 114, ed. Stewart R. Clegg, Cynthia Hardy, and Walter Nord, Thousand Oaks, CA: Sage, pp. 91 – 94; Hawley, Amos, 1950, *Human Hecology*, New York: Ronald Press; Warren, Roland L. 1967, "The Interorganizational Field as a Focus for Investigation", *Administrative Science Quarterly* 12: 396 – 419.

和鲍威尔[1]认为，组织场域是指那些由组织建构的、在总体上获得认可的一种制度生活领域，这些组织包括关键的供应者、资源和产品消费者、监管机构以及提供类似服务或产品的其他组织。他们认为，把组织场域作为一种分析单位，可以在研究中关注到竞争性的公司、相互影响的组织间网络以及相关行动者的整体性。斯科特进一步指出，域的概念意味着这些组织拥有共同的意义系统，相互之间的交往比域外其他组织的交往更频繁，而且至关重要。

斯科特和迈耶提出社会部门（societal sector）的概念，来确认组织间系统的边界，认为一个组织所处的社会部门之结构，是这个组织环境的一个重要层面。并把社会部门（societal sector）界定为：一种运行于同一领域的组织集合，这些组织根据在其服务、产品或概念上具有的相似性而确定其身份；以及是对核心的焦点组织的绩效产生关键性影响的那些组织。其中"社会的"（societal）强调功能性而非地理的概念。强调社会部门是影响构成社会部门的组织单元之结构和绩效的一种重要环境。[2]

组织场域界定了一个作为分析对象的组织体系，它们是在同一领域里运行的组织，由于业务关系或拥有共同的文化规则与意义系统而联结在一起。组织场域不受地理限制，也不限制仅有直接联系的组织，在类型环境下运行而呈现类似结构特征和关系的组织，也可以属于组织场域的范畴。

组织场域作为组织生存的小生境，为组织分析提供了更加生动的解构。从组织场域的分析角度，可以考察不同类型组织的相互作用和协同演化，可以分析特定类型组织的兴衰成败，它同时也提供了一个整合分析的思路。整体来看，对组织场域的考察包含了两个层面：一个层面是个体组织及其参与者对环境的影响及互动；另一个层面包含了单个组

---

[1] DiMaggio, Paul J., and Walter W. Powell, 1983, "The Iron Cage Revisited: Institutional Isomorphism and Collective Rationality in Organizational Fields", *Amercian Sociological Review* 48: 147–160.

[2] ［美］W·理查德·斯科特、约翰·W. 迈耶：《社会部门组织化：系列命题与初步论证》，载［美］沃尔特·W. 鲍威尔、保罗·J. 迪马吉奥主编《组织分析的新制度主义》，上海人民出版社2008年版，第116、132页。

织、组织集和组织群,它可以考察更大范围的结果和过程对组织、组织集和组织群的影响。因此,组织场域是一个重要的分析单位,对功能性组织场域的界定有助于我们更清晰地界定组织分析单位和考察对象,有助于更深刻地分析组织与环境的互动及交换关系。

迪马奇奥指出,组织场域是社会与社区变化研究中联结组织层面和社会层面的关键环节。组织场域是一个重要的媒介,它有联结组织结构与行为研究和更大范围的社会结构与过程研究的作用。组织场域在同一制度建构下的共同意义框架下运行。不同组织场域的结构化程度——内部关系和文化的协调性各不相同并随时间变化。[①] 同时应该明确的是,组织场域内部也可能存在争端和分歧,并不意味着必然的高度一致和意义形态的统一。组织与域之间相互影响、共生演化。

制度学派强调制约和支撑社会联结和社会构成——包括组织的规则、准则和信念,强调共同的规则和信念的作用,注重构成社会秩序的文化基础,而社会秩序,包括各种形式的组织,同时受到制度规则的制约,并由文化模式构建。这些模式在竞争和冲突中,引导着不同的行动者和不同的利益以及引发相应的行动。对组织场域内这些过程的考察,有助于深刻理解组织形态和制度模式的共同演化过程。因此,在本章对社会企业生存环境的考察中,一方面关注制度环境对组织的影响;另一方面也关注组织环境的边界,即功能性组织场域的界定和考察,这对于分析组织在社会环境中的生存和发展具有直接的意义和重要价值。

对于社会企业而言,功能性组织场域的分析,有助于理解组织的生长困境,分析组织的起源和变迁。具体而言,社会企业的权力结构大致包括:商业企业、第三部门、政府、社区及民众以及福利企业等。这实际上也是社会企业产生关联的利益相关者群体,这些利益相关者群体真正构成了社会企业的功能性组织场域,引导着社会企业及相关行动者的行动和制度的共生演变。

[①] DiMaggio, Paul J., and Walter W. Powell, 1983, "The Iron Cage Revisited: Institutional Isomorphism and Collective Rationality in Organizational Fields", *Amercian Sociological Review*, 48: 147-160; Giddens, Anthony, *Central Problems in social Theory: Action, Structure and Connection in Social Analysis*, Berkeley: University of California Press, 1979.

二 社会企业的机会场域与关系网络

制度学派认为,制度分析的一个关键任务就是确定和描述组织场域,并揭示这些场域是如何影响和制约运行于其中的组织的形成模式。组织形式是历史地形成的,因此历史地看待组织的起源与发展则十分重要。组织管理者在形成制度性利益的过程中,不仅要对制约其活动的权力结构进行评估,也要对开放系统下那些开放性的、可以进入的机会场域进行评估。斯蒂文·布林特和杰罗姆·卡拉贝尔认为,机会场域包括市场中适合组织生存和发展的潜在小生境,同时涉及了这些机会空间中组织竞争的相对激烈程度。[1] 组织的发展在某种程度上而言是对环境的适应性和能动性反映,在组织的机会场域中搜索和寻找发展空间。

社会企业作为一种现代化背景下当代中国社会发育中一种新的组织形式,有着相对于非营利组织的市场策略和管理机制,有着相对于政府的单纯救助或粗放型的政策指导的注重发展个人潜能的效能,更有着相对于商业企业的社会责任心和社会企业本身的社会目的性的"使命驱动型"特征,社会企业自身的因素对制度性的利益产生着重要的冲击和影响,社会企业因为自身的竞争优势在商业市场的竞争中及社会福利承担和改革中彰显着自身的组织优点和功能,这都将对组织本身及制度产生交互影响。这些组织优点不仅影响着组织追求生产和发展的努力能否成功,也进一步影响着组织在制度环境中的地位及合法性确立。

社会企业的组织形式在中国并非创新,其在中国历史发展的不同时期有着不同的表现形式。当前中国转型下社会企业的发展之所以得到关注,最重要的原因在于目前的社会企业主体是民间发动而非政府主导,社会企业是社会领域的发育,也是社会管理的一种创新,而非政府行政力量的推动,更不是政府行为。所以,我们称现在的社会企业是新社会企业。这种新型的组织形式和制度环境的互动也有一个过程。组织管理者面对的不仅是组织自身的发展,更要关注对制约社会企业活动的权利

---

[1] [美]斯蒂文·布林特、杰罗姆·卡拉贝尔:《制度的起源与转型:以美国社区学院为例》,载[美]沃尔特·W. 鲍威尔、保罗·J. 迪马吉奥主编《组织分析的新制度主义》,上海人民出版社2008年版,第372页。

结构的评估,以及对社会企业可以进入的机会场域的把握。

因此,对于社会企业的组织研究,不仅要关注那些对组织的机会产生影响的更大社会中的权力结构与机会场域,也要关注组织精英利用环境优势促进他们自己利益和组织利益的各种努力和社会行动。对于组织合法性的考察,要关注组织行动及行动能力,要把组织行为放入更大的经济、政治体制中,同时关注组织所促进的管理者行为。组织可能会采取自身的一种逻辑,并追求它们自身独特的利益,这些利益并不必然反映公民社会中的竞争性群体之间的利益,也并不必然反映更大社会中的权利配置情况,在某种情况下,组织的政策和结构可能更多地只是体现组织自身的逻辑。

中国现有的法律法规不完善,中国特有的文化对"企业"从事"社会"事业存在疑虑,甚至排斥。而中国曾经的计划经济体制和政府包揽一切的做法使得公共部门以外的私营部门相当薄弱,而慈善公益和社会建设起步也比较晚。Y集团作为吸纳残疾人强势就业的一个社会企业,能得到世界的认可取得年度国家社会企业大奖,并获得CMMI5级的顶级的技术资质认证,也再次证明了这个地方有巨大的社会需求和适合它发生的土壤。在访谈中,Y集团的创始人也提道:

> 可能再过二三十年,Y集团这种大规模积聚的现象恐怕没了。可能会是,Y集团自己把网络铺到了中国的每一个城乡的社区里,让残疾人融入自己的社区,生活在自己的这个亲属网络里,更幸福地生活。这跟社会的环境有很大关系。(YZ120829)

诺贝尔和平奖获得者穆罕默德·尤努斯创立的格莱珉银行,专注于向最穷苦的孟加拉人提供小额贷款,帮助穷人实现个体创业。银行客户都是那些没房没产的穷人,但那些还不致穷困潦倒的人则被排除在外。尤努斯发现,把钱借给那些在孟加拉社会里没什么赚钱机会的妇女们,通常会给家庭带来更大的收益。他从将27美元借给村子里42个制作竹凳子的农妇开始,靠这一点钱,村里的妇女们就能够购买原材料,从而做起生意。尤努斯的小额贷款帮助她们永远摆脱了贫困。如今,格莱珉银行已成为孟加拉国最大的农村银行,这家银行有650万个借款者,为7万多个村庄提供信贷服务,尤努斯也因被称为穷人的银行家而世界闻名。可以发现,格莱珉银行同样诞生在社会福利和社会服务比较薄弱的地方——印度。但很大程度上而言,正是这种福利的缺失,使得其在这种环境中,存在显著的机会空间,在特定的社会结构和空间背景中历史地形成了这样的组织形态并生存发展下来。

就这一点而言,Y集团和格莱美银行具有相似性,因为残疾人远低于健全人,极度狭小的就业市场和空间使得Y集团这样一个专注残疾人就业的社会企业能吸纳最优秀的残疾人人才;也因为社会上对残疾人不利的就业环境,无障碍设施的缺失及对残疾人的歧视,使得残疾人就业难,残疾人自身的内生性需求催生了Y社会企业的诞生,这与制度环境直接相关,而组织精英则成为组织的开拓者和创新者。

尽管我国在2007年公布的《残疾人就业条例》中规定,用人单位安排残疾人就业的比例不得低于本单位在职职工总数的1.5%,否则就需要缴纳残疾人就业保障金,而且雇用残疾人员工能够享受一定的税收优惠等政策。然而,超过90%的企业还是宁愿缴钱,也接纳残疾人就业。而以往安排残疾人集中就业的社会福利企业从事的都是低附加值工作,改革开放后大都因为缺乏竞争力、经营不善而亏损倒闭。残疾人很难找到工作,更别说高收入的工作。电脑和互联网的发展让郑先生看到了希望,他找了一些志同道合的残疾人跟他一起在家里学习电脑。事实再次证明,这硬是闯出来的道路虽然艰难,但是可行的。这种初始的团队对Y集团的发展产生着持续性的影响,这种影响随着组织的转型和变迁已然不再是技术上的了,而是更明显地体现在组织文化和精神理念的传承上,并内化为组织的制度性要素。

中国的市场转型是一种渐进式改革,这种特殊的转型过程包含着诸多复杂的因素,同时也有着更多的机遇和挑战。市场精英的出现和资本转换造就了更多的机会和发展空间,这也为社会企业的出现造就了历史性机遇。Y社会企业的发生和成长正是在这样的一种制度性背景下发展起来的,这种独特的组织结构和运作模式为我们提供了更多观察转型期的社会状态下社会组织的成长路径,也为考察社会企业合法性建构提供了极好的样本。

本章小结

　　组织是环境的组织,组织通过与环境的交互作用获得生存和发展。对于中国社会企业合法性的建构过程解析,重要的一个环节就是要具体化去了解一个社会企业生存的情景或"小生境"是怎么样的,然后观察社会企业如何在这样的一个环境下进行能量的交换和自我发展。

　　社会企业的生成有它自身的制度逻辑和空间背景,对于并未形成规模化效应和生态群的中国社会企业发展而言,必然要关注组织环境的社会文化及规则等符号要素,关注组织所处的关系网络结构,关注组织生存的资源依赖模式和利益交换机制。社会企业与制度环境的关系生成是相互的,制度要素的融合为组织行动及生存提供合法性依据及保障,同时与环境相协同,则更易实现组织的生存和发展。Y社会企业的发展变迁过程也印证了这一点。组织场域是组织生存的小生境,通过对社会企业组织场域的研究可以了解这些场域如何影响和制约运行于其中的社会企业的组织模式。而社会企业家对机会场域的把握,不仅可以了解社会企业生存的组织环境,也可以观察社会企业的利益相关者及机制。

第五章

社会企业合法性建构的多维框架

组织的合法性问题是组织社会学的新制度主义学派关注的核心问题，社会企业的合法性问题是其生存和发展的前提，对社会企业合法性问题的关注有助于推动社会企业的规范性发展。需要明确的是，本书对社会企业合法性的关注，是要探讨在当前中国社会背景下，社会企业如何通过调整内部治理结构，适应外部社会环境的变革，获得自身生存和发展的过程，并试图从这一过程中梳理社会企业合法性机制建构的路径。因此，对社会企业个案发展过程的关注是试图发现社会企业自身合法性建构的过程，而非通过合法性指标测量社会企业本身是否合法，这是两种不同的研究路径和面向。

第一节 社会企业的合法性及困境

一 社会企业的外部合法性及困境

制度环境对组织产生复杂而深刻的影响。就制度层面而言，社会企业外部合法性主要包括行政合法性、社会认知合法性和法律合法性。[①]社会企业的外部合法性影响社会企业的"身份"认定，"身份"认定反过来引发社会企业的外部合法性困境。

[①] 这一分类和高丙中对社会团体的分类一致，详见高丙中《社会团体的合法性问题》，《中国社会科学》2000年第2期。

1. 社会企业的行政合法性及困境

行政合法性是指社会企业的社会行动和组织身份得到政府、行政部门、行业部门等的认可和支持，具体表现为社会企业所应遵守的规章制度和相应的行业规则。行政合法性是任何一个社会单元和组织存在的条件。虽然它只是一种形式上的合法性，但这种形式上的认可对于成长期的社会企业来说，意味着被接受和被承认。行政合法性的不足导致社会企业身份缺失，引发外部合法性困境。就中国目前的社会企业来说，被判断为社会企业或自称是社会企业的注册登记有两种形式：民办非企业和企业。若登记为民办非企业，则受已颁布成文的《民办非企业单位登记管理暂行条例》的约束和承认，但同时因为营利的运作模式而面临着组织合法性的质疑，这成为当前我国社会企业的合法性困境之一。若登记为企业，一般情况下①则无免税资格，和商业企业一样参与市场竞争，但社会企业因为社会使命和目标，同时大多社会企业自身基础薄弱，在完全的市场竞争中处于不利，难以达致社会使命和目标，致使产生使命漂移，造成组织生存的合法性困境。

社会企业的行政合法性，由相关的行政组织确认和赋予。行政合法性不足和政策缺失相关。政策制定和政府行为相关，政府行动依赖于政府对社会企业的认知，这又和社会企业自身的社会行动相关。社会企业的发展因为"身份"问题遭遇合法性困境。社会企业是营利性企业还是非营利性组织？社会企业能否分红？这些问题都因为社会企业的身份界定而变得复杂。从欧美社会企业发展来看，身份认定和政府政策及发展实践相关。我国社会企业因为身份问题遭遇实践发展中的合法性困境，也导致对社会企业进行行政合法性认定的时候出现一定困难和混乱。因此，从社会企业的行政合法性角度而言，首先要界定的是社会企业的属性。但从欧美国家社会企业的发展实践看来，对社会企业的属性界定并没有因此确定社会企业性质上的整齐划一，并没有简单规定是企业还是非企业。事实上，社会企业是一个混合的连续体，具体表现为商

---

① 不排除有的社会企业因为一些其他因素，比如本身也是高科技企业，虽然登记为企业，但依法合理享受相关免税资格。

业企业或非营利组织的组织形式,这就使得实践认定出现了一定的困难和问题。

2. 社会企业的社会认知合法性及困境

社会认知合法性是社会企业获得社会的认可和承认。它包含两个维度:一是依据社会既定价值判断与道德规范,社会企业符合规范准则,故取得社会公众认可和支持;二是社会企业因其社会行动和公众形象被人们所熟悉并接受,而具备认知合法性。

认知要素提供了识别社会行动者的规范性要素和类型,它规定了什么类型的社会行动及组织结构是合理的,以及应该遵守什么样的程序等。新制度主义认为,认知要素对社会体系的运作是更为基础的。社会企业要取得公众的认可和接受,就要保持一定的敏感度,积极回应社会需求,满足社会需要。这和社会企业的社会使命和宗旨相关,但实现社会目标的手段和方式必须是正当的、合理的,是符合社会企业的组织准则和规范性要求的。社会企业由于其混合体特征表现出来组织形态的不确定性和模糊性,社会企业的生存因对组织形态认定的社会共识的缺失,社会目标的商业化运作又易引发操作过程中的使命漂移,从而引发合法性困境。

社会企业因为行政认证的政策缺失,使得其身份模糊不清,导致认知上的困扰,这种认知上的混乱不仅包括社会公众,一些本身从事社会企业行业的人也存在疑惑。笔者走访了一些以社会企业模式运作的组织,被问及是否认为自己是社会企业时,大多数的回答都说自己也不清楚本身是否是社会企业,这种模糊性的认知导致社会企业实际发展的困境。所以,对于社会企业的发展来说,要想获得生存和发展,必需要解决自身的"身份"定位问题,以免招致社会企业认知合法性困境。笔者调研的社会企业也曾遇到同样的问题。在访谈中,Y 集团的负责人告诉我们:"像社会企业,一直到我们 2010 年去台北参加世界社会企业高峰论坛的时候,才知道自个儿叫社会企业!之前就以为是福利企业嘛。"当然,实践先行的发展,为中国社会企业的发展提供了范例和样本,也为我们研究社会企业的发展模式、运作机制,并最终完成社会企业合法性机制路径建构提供了依据。

3. 社会企业的法律合法性及困境

社会企业的法律合法性是指社会企业依法取得法律地位，合法权益受法律保护，接受法律监督。法律合法性意味着社会企业的权益享有和行为规范，是一种认可和约束。法律合法性是行政合法性和社会认知合法性的核心和基础，法律上的认可表示行为和存在上的合法，法律合法性的建构需要政府支持和行业推动。对社会企业设立条件和相关法律规制的讨论，可以促使法律合法性的建构，推动社会企业的合法化过程。当然，这依然和社会企业的社会行动及社会使命的履行相关。

一些发达国家和地区对社会企业推行相关立法[①]，建构了社会企业规范发展的机制。而我国目前的法律框架内，没有"社会企业"这一专门的术语和对应的法律条规。对于这一现象，有学者[②]从法律的角度分析指出，我国社会企业具体可对应于社会福利企业和民办非企业单位，及各自的相应规制规则。但事实是目前对社会企业的社会地位和身份认定还不统一，我国社会企业的组织形态和组织性质的判定一直存在争议，因此造成了社会企业在法律认可上的窘境，导致社会企业法律合法性困境。

二　社会企业的内部合法性及困境

社会企业内部合法性，主要表现在社会企业秉持社会目标和使命，组织权威运作战略管理和策略运作，建立社会企业内部成员对组织的认可和支持。社会目标和使命，是社会企业的主旨和根本要义，社会企业被社会认可，获得合法性，同时也促使了组织成员强烈的归属感和使命感。但社会企业在运作过程中，因为双重目标的驱使，易造成组织"使命漂移"，导致合法性困境。

内部成员对社会企业的认可和服从，主要依赖于社会企业的宗旨、组织文化、组织结构和战略管理以及社会企业家精神。合理的组织结构、积极有效的运作和管理，使社会企业更具竞争力，更易得到组织成

---

① 如比利时的《社会目的企业法》（1995）、芬兰的《社会企业法》（2003）、英国的《社区利益法案》（2004）、韩国的《社会企业育成法》（2007）。

② 金锦萍：《社会企业的兴起及其法律规制》，《经济社会体制比较》2009年第4期。

员的支持和投入。而社会企业家在某种程度上代表了组织发展的方向，是一种力量和象征。对于中国大陆社会企业的目前发展状态而言，大多处于领袖型时代。Y 集团的创立和发展，创始人在其中起着不可估量的作用，集团内部的人都尊称他为"大哥"，这成为一个符号和象征。

> 从最初就叫大哥。我做这个的那年正好四十岁。当时来的人里年纪最大的残疾人叫刘勇，那年才 27 岁。我是年纪最大的，就喊我大哥。那时候没有公司，也没有称谓嘛，你不是总经理，也不是董事长，所以那么多年就喊我大哥。到了 2000 年 12 月我们才成立了第一个 Y，叫 Y 网社。到那个时候大家都改不过口来了，我也不希望大家改口，所以以后陆续成立什么的时候，内部都是喊大哥。（YZ120825）

如今在 Y 集团内部，无论是老员工，还是新来的实习生，大家都亲切地称呼郑先生为"大哥"。"大哥"成了一种象征，成为组织文化的一种象征和权威。但另一方面，权威的存在如果不能和内部管理制度对接则会影响社会企业的持续性，进而造成组织内部合法性困境。

社会企业的合法性是一个整体性概念，很多情况下难以截然区分为外部合法性和内部合法性。外部合法性影响内部合法性的建构，内部合法性是对外部合法性的回应，同时也同样影响外部合法性机制的建立。把社会企业的合法性区分为内外两个方面，是为了深入分析组织外环境和内部要素的反应及互动，从整体的意义上获得社会企业合法性机制建构的路径选择。

社会企业的外部合法性和内部合法性分析，如果具体化为社会企业个体论证，则可对应于社会企业的组织结构和战略运作，以及社会企业自身的发展变迁过程。社会企业内部合法性的建构，依赖于组织内部成员对社会企业的认可和支持，这取决于社会企业的组织结构、企业文化和社会企业家精神；而社会企业外部合法性的建构，则可以从社会企业的战略性运作中得到确认。社会企业的运作从内部而言，主要是社会企业组织自身的结构变迁和发展，这个与社会企业的组织结构相关。社会企业的运作，就与外部环境的互动而言，涉及社会、政治、经济、法律环境因素等，因此，社会企业外部合法性的确立主要取决于社会企业的战略运作，特别是与外部环境的互动。社会企业通过与外部环境的互动，建构了社会企业发展的法律、行政和社会认知的合法性。

因此，社会企业合法性建构问题的探讨，必须要对以下几个问题做出解释：社会企业外部合法性的影响要素有哪些？是什么样的社会行动者在给予或影响组织合法性？建构社会企业内部合法性的维度有哪些？与合法性获得相联系的组织内部要素有哪些？二者的关系又是怎样的？对这些问题的讨论将有助于我们分析社会企业的生存空间和未来发展。

第二节 社会企业的合法性建构的组织策略

一 社会企业外部合法性建构

1. 社会企业合法性的外部制度影响要素

组织是社会化的，在高度制度化的环境中运作。制度对组织产生十分重要的影响。要考察社会组织的合法性，首先要关注的是组织的哪些要素或方面是最重要的？对于社会企业外部合法性的建构，首先要明确的是，在当前的社会环境下，社会企业作为一种组织形式，更易受到制度的哪些因素影响并带来合法性？所以，首先要考察制度的基本要素。

史考特（Scott）指出，制度包含三个基本的组成要素：规范性要素、规制性要素和认知性要素，每个要素都产生不同的合法性评判标准及控制机制。[1] 组织必须遵从一般的社会规范，并受其参与者认可的职业标准或专业标准的制约。[2] 必须明确行业规则，接受行业监督等规制性制度。国家政府部门在其中起着重要作用。认知性机制提供了建构规

---

[1] Scott, W. Richard, 1995, *Institutions and Organizations*, Thousand Oaks, CA: Sage.

[2] DiMaggio, Paul, & Walter Powell, 1983, "The Iron Cage Revisited: Institutional Isomorphism and Collective Rationality in Organizational Fields", *American Sociological Review*, 48: 147 – 160.

范和规制的基本框架,规定了被接受和认可的行动者类型、组织结构特征、程序及规则等。① 新制度主义强调了制度的认知方面的重要性。②

制度的三个基本组成部分都是合法性的来源,三个基本的要素都可以运用于不同类型的组织分析,但"不是所有的合法性评判都具有同等的重要性"。③ 据此,斯科特认为,合法性就是"体现文化协同性、规范支持或者与相关法律或者规则相一致的情形"。④ 从我国转型期的社会特征来看,社会实践领域的发展日益多元化,社会价值也趋向多元,社会领域中组织的形式特征各异。社会企业作为一种新的组织现象,从发展实践来看,还处于成长期,遭受更多的是因为制度和社会认知带来的合法性困境。而且,认知要素对社会体系的运作来说是更为基础的,提供了建构规范要素和管制要素的框架。⑤ 对于处于成长期的社会企业来说,要实现社会规范、法律法规和社会期待的一致性发展,社会认知合法性的建构尤为必要。

对于一个新生组织的成长,在关注认知合法性的基础上,不可忽视的一个基本问题就是组织的生存。所以,按照组织生存的基本规律,考虑合法性来源的重叠性,在实证考察的过程中,也关注社会企业的管理合法性和技术合法性在不同制度环境下的变化,及变化的制度性根源。

---

① [美]马丁·瑞夫、W. 理查德·斯科特:《组织合法性的多维模型:制度环境变迁中的医院生存》,载张永宏主编《组织社会学的新制度主义学派》,上海人民出版社2007年版,第104页。

② Meyer, John W. & Brian Rowan, 1977, Institutionalized Organizations: Formal Structure as Myth and Ceremony, *American Journal of Sociology* 83: 340 – 363; Zucker, Lynne, 1977, "The Role of Institutionalization in Cultural Persistence", *American Sociological Review*, 42: 726 – 743; DiMaggio, Paul & Walter Powell, 1991, "Introduction", In Walter Powell & Paul DiMaggio (eds.), *The New Institutionalism in Organizational Analysis*, pp. 1 – 38. Chicago: University of Chicago Press.

③ [美]马丁·瑞夫、W. 理查德·斯科特:《组织合法性的多维模型:制度环境变迁中的医院生存》,载张永宏主编《组织社会学的新制度主义学派》,上海人民出版社2007年版,第107页。

④ Scott, W. Richard, 1995, *Institutions and Organizations*, Thousand Oaks, CA: Sage.

⑤ [美]马丁·瑞夫、W. 理查德·斯科特:《组织合法性的多维模型:制度环境变迁中的医院生存》,载张永宏主编《组织社会学的新制度主义学派》,上海人民出版社2007年版,第104页。

2. 社会企业合法化来源的评判：不同的社会行动者

萨奇曼①认为，合法性是"广义的认知"，代表"观察人员对组织进行观察时的反应，因此，合法性被客观地拥有，但被主观地创造"。所以，一个组织是否合法，以及合法程度的大小，由组织的观察人员决定。这里，主要指的是组织的利益相关者。利益相关者根据自身认知对组织进行判断。

制度环境中的组织有不同的组织面向，涉及众多的利益相关者。从来源来看，可分为组织外部和组织内部两个维度。外部来源包括：许可证颁发委员会、资助机构、知识分子、专业组织、工会、商界、公众舆论及媒体。② 内部参与者的评判，包括工人、经理、人事专家、董事会成员，这影响到他们的参与程度和动机。③ 这些群体不同的兴趣和取向导致其在评判组织合法性时倾向使用不同的指标和标准，评判标准显现出多样性。因此，要关注这些不同的人员，具体分析其利益指向以及评判标准。

社会企业的利益相关者包括政府、商业企业、非营利组织、社区民众、服务受众（员工）、社会企业家、专家（学术研究机构）、媒体，以及各种中介机构等。政府是政策的制定者，也影响着相关法律法规的制定和推行，同时也可能是社会企业的合作方，政府行为和认知在很大程度上影响和决定着社会企业外部合法性的获得和建构。商业企业和非

---

① Suchman, Mark, 1995, "Managing Legitimacy: Strategic and Institutional Approaches", *Academy of Management Review*, 20: 571–610.

② Galskiewicz, Joseph, 1985, "Interorganizational Reputations", *Annual Review of Sociology*, 11: 281–304. Palo Alto, CA: Annual Reviews; Galskiewicz, Joseph, 1995, "The Making of Organizational Reputations", Paper Presented at the Academy of Management Meetings, Vancouver; Hybels, Ralph, Allan Ryan& Stephen Barley, 1994, "Alliances, Legitimation, and Founding Rates in the U. S. Bio‑technology Field, 1977—1989", Paper Presented at the Academy of Management Meetings, Dallas; Deephouse, David, 1996, "Does Isomorphism Legitimate?", *Academy of Management Journal*, 39: 1024–1039.

③ Elsbach, Kimberly, 1994, "Managing Organizational Legitimacy in the California Cattle Industry: The Construction and Effectiveness of Verbal Accounts", *Administrative Science Quarterly*, 39: 57–58; [美] 马丁·瑞夫、W. 理查德·斯科特：《组织合法性的多维模型：制度环境变迁中的医院生存》，载张永宏主编《组织社会学的新制度主义学派》，上海人民出版社2007年版，第105页。

营利组织都在不同的层面同属社会企业的生态区域,服务受众、社区居民、专家、媒体及各种中介机构则影响社会企业社会认知合法性的建构。内部员工则是影响社会企业内部合法性建构的重要参与者,也是评价方,同时更是影响社会企业声誉评价的重要来源。社会企业涉及了众多的利益相关者,应关注合法性的不同来源对社会企业的影响。就不同的社会行动者而言,要建立利益相关者的信心和忠诚逻辑,促进社会企业合法性的建构。

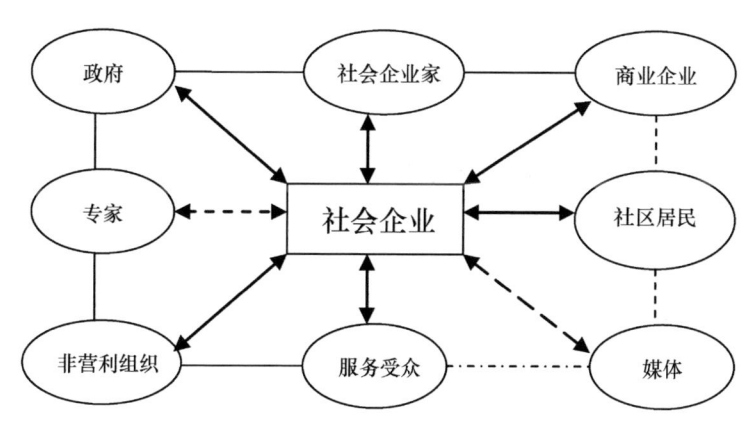

图 5-1 社会企业的利益相关者

社会企业的利益相关者影响和建构着社会企业的合法性。在社会企业的利益相关者团队中,社会企业家和服务受众即员工是社会企业的内部支持者,他们的社会行动直接和社会企业内部合法性的建构相关,会影响社会企业文化,执行或指定社会企业组织结构和策略,并最终确立社会企业的内部合法性,因此,对于内部合法性的确立可以通过观察社会企业家和员工的社会行动,以及由此引致的企业文化和组织结构获得;而政府、专家、商业企业、社会公众或社区居民、媒体和非营利组织则是社会企业利益相关者的外部来源,外部支持者的参与则直接影响了社会企业外部合法性的确立。因此,对社会企业外部合法性的建构路径分析可以通过社会企业在制度化运作得以说明。Y 社会企业的利益相关者同样也是社会企业合法性来源的重要评判方,尽管并非所有的评判方在合法性建构上都具有同等的重要意义,但对于 Y 社会企业的利益相关者来说分析也同样重要。他们之间关系的建构则是双向的过程。对于 Y 社会企业与利益相关者的具体关系分析将具体体现在社会企业内部合法性和外部合法性的建构过程中。

社会企业的利益相关者决定了社会企业需要面对诸多层面的合法性作为生存的条件,因此,社会企业必须要面对不同的合法性来源并在与之沟通和交往的过程中建构社会企业自身的合法性网络机制。

二 社会企业内部合法性建构

社会企业的内部合法性主要是指组织内部成员对组织的认可和服从,这与组织权威、组织结构及运作策略有关。所以,对于社会企业内部合法性机制建构主要从社会企业的组织结构、运作策略、组织文化等方面展开。

1. 与合法性获得相联系的组织中的一些前提条件:①

一般认为,影响组织合法性的前提条件主要包括组织年龄、市场定位、组织使命、组织规模。

(1) 组织年龄

对于组织年龄而言,组织成立时间越长,一般情况下意味着已具备制定组织发展战略和运作机制的能力,能对组织自身和外在环境作出理性判断而不再依赖那些反应的实际效果,并识别适合自身发展的基本路径。

Y 社会企业 20 多年的发展历程,对于中国社会企业实践来说,算是发展历程比较长的一个组织。这 20 多年的发展过程,从五个残疾人一台电脑的打字复印小作坊开始,依托电脑互联网,没有政府救济,开始了创业的摸爬滚打,到后来的中华残疾人服务网成立及 Y 网社经营,开始了社会企业的萌芽式发展,在经过了漫长的成长期之后,在 2007 年有了井喷式的发展,Y 社会企业逐渐走进社会公众的视野,到 2009 年 Y 集团成立,开始大规模地发展,并向全国复制。Y 集团在发展的过

---

① 参见:[美] 马丁·瑞夫、W. 理查德·斯科特《组织合法性的多维模型:制度环境变迁中的医院生存》,载张永宏主编《组织社会学的新制度主义学派》,上海人民出版社 2007 年版,第 112 页。

程中逐渐建立了社会企业自我发展战略规划和运作能力，在自身能力建设和成长的过程中能对组织自身的发展和外在制度环境作出理性判断，并建构自身的发展道路，这是Y集团20多年的发展历程带给社会企业自身发展的独特经历。

(2) 市场定位

有研究表明，经营的专业生态位明显地影响到管理机构的合法性。社会企业的市场生态位主要是与其组织形态相关的市场。如果登记注册为企业，则和商业企业一样遵守市场规则，参与市场竞争；如果登记注册为民办非企业，则遵守民办非企业的相关规定，与同领域的社会组织竞争和合作。当然，也会出现商业企业和非营利市场交叉并共同参与竞争或合作的情况。

Y集团下属的社会企业群都是工商注册，是完全参与市场竞争的企业型社会企业，和商业企业一样要遵守市场规则。但从另外一个角度而言，Y社会企业开辟了残疾人依托电脑互联网高科技就业的先河，最大程度上发挥了残疾人人力资源的优势——耐心和生理上决定的稳定性，使得残疾人通过电脑屏幕能和健全人实现公平的竞争并屏蔽掉了残疾人的弱势，发挥了残疾人人力资源的特点，整合资源并最大化运用。这种挖掘残疾人潜能并将优势最大化的发展路径使得Y社会企业在参与市场竞争时，并不会因为残疾人自身的生理因素而在市场竞争中处于劣势，反而变成了一个竞争性的因素。再者，Y社会企业安置残疾人就业模式成了社会福利模式的一个创新，不仅为解决残疾人就业提供了新的思路，而且从政策的层面能推动社会福利模式的改革和创新，推动社会管理体制的改革和创新。所以，Y社会企业也被评为全国优秀福利企业。因此，对于Y社会企业来说，无论是市场领域的竞争，还是社会福利领域的变革，Y社会企业都处于竞争性的地位，这当然首先和Y自身的发展实力相关，可以通过Y社会企业的具体运作和发展得到验证。

(3) 组织使命

组织的使命主要取决于使命与其所在的制度环境的运作体制逻辑之间的匹配，逻辑匹配情况也可能在决定合法性上起重要作用。马丁·瑞夫等通过把组织的税收状况作为使命合理标志的分析，把组织划分为三种普通的组织（及相应的目标）：非营利组织、营利组织和政府组织。他们认为这些组织的管理合法性尤其应该渗透于组织环境。如果占统治地位的组织逻辑是使投资者的回报最大化，那么营利组织的管理合法性就很高；如果占统治地位的组织逻辑是为大众提供集体利益，那么政府组织的管理合法性很高；如果占统治地位的组织逻辑是与社会建立联系，那么非营利组织的管理合法性很高。① 社会企业的社会使命是其和商业企业的根本区别之一。社会企业也因为其社会使命和目标获得了一定程度上的合法性，被组织内外成员认可和承认，并获得相应的支持，这是社会企业得以合法生存的最关键要素之一。社会企业的社会使命因与制定环境使命的一致性而获得管理的合法性。Y 社会企业的愿景是希望真正能以商业的手段实现社会使命，实践残疾人等弱势群体的生存革命，推动残疾人就业，为促进残障人士的社会参与及创造社会价值而不懈努力。

（4）组织规模

组织规模也是社会企业合法性获得的重要因素之一。社会企业大多服务于社会弱势群体，弥补社会福利的缺失，通过提供服务和产品产出社会效益，通过提供就业岗位解决失业及弱势群体就业问题，因对社会问题和需求的回应获得合法性提升。所以，社会企业的规模直接影响公众对社会企业社会效益和价值的判断，也间接影响了资源的获取能力和机会。

在组织理论研究中，一般认为组织规模的大小会影响到组织的发展，规模通常被认为与认知合法性有更多的关联。组织会产生组织规模的"小型劣势"影响。Y 社会企业的发展经历了长期的积累，无论是组织自身的规模发展，还是全国各地的分公司，都属于比较大的规模。Y 集团目前已经安排超过 5000 名残疾人就业，形成了全方位、多层次的就业布局，不同学历和技能的残疾人都可以在这里找到就业岗位，这种全方位式的就业格局对于组织的规模发展来说，是非常有

---

① ［美］马丁·瑞夫、W. 理查德·斯科特：《组织合法性的多维模型：制度环境变迁中的医院生存》，载张永宏主编《组织社会学的新制度主义学派》，上海人民出版社 2007 年版，第 113 页。

2. 组织结构与组织策略

当一些组织元素开始制度化之后,即当他们被广泛认为是有效的、是理性组织的合适、必要成分时,组织就会面临着将这些元素融合到正式结构中以维持其合法性的巨大压力。① 这也反映了组织和制定环境相匹配的努力,是对制度环境影响的积极回应,而这对确保组织活动生存需要的各种资源则是必要的。

因此,要建构社会企业的内部合法性,首先要明确影响社会企业组织结构的决定因素有哪些? 要关注组织内部的参与者,关注社会企业的组织文化,关注社会企业组织结构的后果,以及社会企业的组织结构对组织绩效和参与者的影响。

"感恩、奉献、自助、助人"是Y社会企业的核心价值观。核心价值观成为Y企业文化的精髓融合在企业的发展中,并通过"Y家训"的形式具体渗透到每个人的日常行动中。这种企业核心价值观和员工个人价值观的高度融合和叠加使得Y员工的个人价值目标和企业发展目标也能高度契合,二者以高度统一的方式融合在一起,这是社会企业内部合法性建构的前提和基础。Y员工作为社会企业内部合法性的直接参与者,不仅影响着社会企业的组织结构和策略,也影响着企业文化的建构和实施,而就这一层面而言,Y社会企业文化的推进成为Y内部合法性确立的基础,组织结构和策略又从形式上再次确认和保持了这种企业文化的影响,并进一步确立了社会企业的内部合法性。

就组织战略层面而言,要明确社会企业的资源战略、特定的网络关系及影响要素,建立社会企业的策略订立机制,这些都将影响社会企业内部合法性的获得,也同时影响外部合法性的建构。对于Y社会企业内部合法性的建构就组织战略层面而言,主要是组织内部三位一体治理结构的运行和协调。Y集团内部由1个基金会、8个社会组织和34家社会企业组成。这三大部门之间各自独立而又相互协作,共同发展。社会

---

① [美]帕梅拉·托儿波特、林恩·朱克:《正式组织结构变革的制度根源:1880—1935年公务员改革的扩散》,载张永宏主编《组织社会学的新制度主义学派》,上海人民出版社2007年版,第52页。

企业以商业企业的方式完全参与市场竞争，并上缴利润给基金会，基金会则以项目支持的方式购买社会组织的服务，社会组织为社会企业提供8小时之外的大后勤保障服务，同时也对外提供社会服务。所以，对于Y社会企业而言，组织战略层面的发展涉及企业内部社区之间的相互协作和发展，组织场域的层面的发展，对外则是完全商业化的市场运作。但另一方面，其本身因为社会企业的特性，而具备明显的社会使命和社会目标，所以社会企业的发展策略会和商业市场有所不同。就像调研中，创始人对我们所说的，我们并不会什么都做，而是对残疾人就业和发展有利的事，我们才会去做！所以，这也是社会企业的特殊社会使命所决定的，这也将直接影响到社会企业的发展战略和策略运行。

3. 组织文化

组织文化是组织的灵魂，文化的建构依赖于组织的管理体制和风格。对于经过创业和实践积累发展起来的社会企业而言，组织的发起者易成为权威，影响组织文化，这种情况下的组织规章制度就极为弱小，权威因素大多优先于规则。但通常依靠感情建立起来的组织文化是最牢固的，组织的向心力和凝聚力也最强，但另一方面也意味着脆弱。依靠严格的规章制度建立起来的组织，组织文化的建构则更加依赖于管理制度。当然，组织权威也依然起重要作用。

企业文化在Y集团中占据了特殊位置。集团的发展，主要依赖的是参与者之间共同的信念和准则，而不是正式化的控制系统和制约成员的行动或规则，这也是Y集团有较少的规章制度的一个重要原因。特殊的企业文化既是组织发展的基础和核心，也是组织控制和目标实施的重要保障。文化成了组织本身，组织的发展又继承和延续了这种文化，这种文化成为了组织独特价值取向的内生变量，并渗透到组织外部，成为确定组织的社会认知合法性的重要变量。集团的发展一方面有职责清晰、分工明确的三位一体组织治理机制；另一方面，发展过程中又鲜见具体的规章制度，正如创始人所言，过于详细的制度影响了组织效率，阻碍了组织创新，所以在尽可能的情况下，他会阻碍具体管理制度的订立，而对于服务的标准化制度则会严格制定并实施，服务的提供和实施则实现标准化管理。所以，Y集团的发展在内部极少依赖制度化规则的约束，更多的是依靠企业文化的支撑。

社会企业合法性的建构不仅有赖于组织完善的发展机制和治理策略，也取决于组织自身的主动适应性和社会认知。对于还没有形成规模效应和社会影响的中国社会企业群体发展来说，由于社会认知合法性的缺失，对于外部合法性的建构首先取决于社会企业自身实力的发展及主动适应能力。

第三节 社会企业合法性机制获得的路径依赖

生态理论的相关研究把群体密度或普及程度作为认知合法性的指标，认为当某一组织形式达到广为接受的程度，被相关行动者作为实现某种目的的惯常方式时，组织密度就可以被当作该组织形式的认知地位的指标。[1] 其把认知合法性建立在密度推理的基础上，已遭到学者们的争议和批判。需要说明的是，本书中对社会企业合法性建构的研究，鉴于社会企业在当前中国社会背景下的发展，还处于一个缓慢的生长期，社会企业群体并不作为一种普遍的组织现象规模化发展，因此，本书并不信从组织密度的推延，相反，正是因为社会企业这一组织形式发展的不充分性，在目前的社会环境下，社会企业的生存和发展还面临着社会企业合法性机制建构的缺失等诸多困境，本书聚焦于一个社会企业的典型样本——深圳市Y社会企业，着力于探索当前中国社会企业的生存和发展之路，探讨社会企业如何通过建构自身的合法性机制，履行社会使命和价值，从而获得可持续性发展。

一 创立合理的组织结构和组织策略，确立社会企业内部合法性

社会企业内部合法性的建构有赖于组织的内部结构和组织策略，以

---

[1] Carroll, G. R. &Hannan, M. T., 1989, Density Dependence in the Evolution of Populations of Newspaper Organizations, *American Sociological Review*, 54: 524-548.

及社会企业文化的建构，这三者是组织内部运作的基础，直接影响到组织内部合法性的确立，也影响到社会企业外部合法性的建构。

内部合法性的确立可以依据社会企业发展的几个主要要素考察：首先，对社会企业的社会目标的考察。社会使命是否体现了社会企业的组织原则，是否有一个让所有组织人员共同受益的明确目的，社会企业及组织管理者的行为在多大程度上被定义为是社会性的；其次，对社会企业组织结构的考察。组织结构的建构和治理机制如何，能否体现出社会企业的公益目标和社会责任；复次，社会企业的利润分配机制如何，是股东分红式的利润分配模式还是有限的利润分配。最后，要关注社会企业的企业文化因素，关注企业文化在内部合法性建构中的关键作用。当然，企业文化也同样体现在社会企业的运作过程中。实际上，组织的结构策略和运作是一体两面的问题，不能截然分开。

要建立积极有效的社会企业内部运作机制，需建立有效的激励机制和评价体系，提升组织的归属感。要严格遵守社会企业的社会目标，遵循"三重底线"的价值准则，依照明确的组织目标和社会使命，遵循竞争规则，提高组织效率，获得社会企业的内部权威性，增强成员的组织归属感和认同感，提升社会声誉和评价。要加强社会企业的能力建设，提升社会企业参与市场竞争的能力、提供服务（社会服务、产品服务）的能力。

二 建构与制度环境的良性互动机制，确立社会企业外部合法性

社会企业如何采取有效的战略行动来获取组织合法性是其成长的关键，要学会在适应环境的同时选择环境。合法性影响因素的变化取决于社会企业所处环境的外部条件以及正在被合法化的组织功能。因此，社会企业的所处环境的性质和社会企业的发展阶段是直接关系社会企业合法化过程的关键变量。

社会企业要明确如何在组织行动中承担社会行动者的角色，发挥组织能动性，积极回应制度环境的合法性要求，改变规制环境，建立社会企业与制度环境的良性互动机制。要保持对环境的敏感性，争取组织发展资源和机会，增强成长能力，通过促使制度环境的改变来获得合

法性。

因此，对于社会企业外部合法性的建构来说，可以通过社会企业的战略运作和自身组织的变迁过程来得以确认和说明。在社会企业的运作过程中，社会企业的外部支持者会影响社会企业的合法性确认，而社会企业的利益相关者建构着社会企业的社会环境和地位。因此，通过社会企业的运作过程，可以观察到社会企业的组织目标及实施过程，社会企业的权力、资源、利益的交换过程及路径依赖，从中观察社会企业与商业企业、政府和社会及公众的互动及资源交换过程，从而发掘社会企业的外部合法性建构的路径选择。

合法性对收益产生的影响，这是一个变迁的过程。社会企业合法性的建构是一个系统工程，包含了多方利益和诉求的融合。社会企业合法性的建构将有助于推动这样一种新的组织形式在现代社会福利体系下社会功能的发挥。但必须明确的是，对社会企业生存和发展机制的考察，绝不能仅仅限于其本身，必须在制度和环境的整体视角下来观察，才能更加全面地解释社会企业本身及发展问题。下图是关于社会企业合法性建构的分析框架：

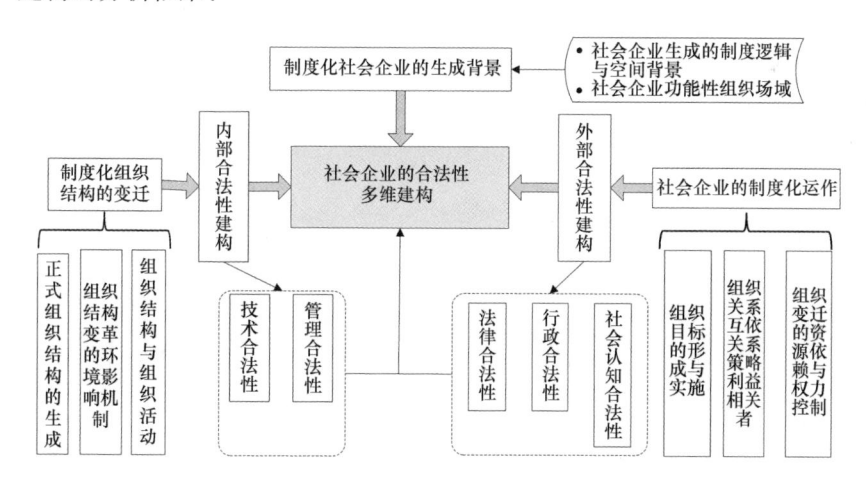

图 5-2　社会企业合法性建构的分析框架

因此，本书依据社会企业组织变迁中合法性机制建构的结构策略和路径选择，从社会企业的内部合法性建构和外部合法性机制选择两个方面展开，考察社会企业在与制度环境的互动和抗争中，如何寻求国家规制与社会企业行动之间的社会空间，如何在与制度的嵌入和融合中，保持组织的独立性，在获得自致性发展的同时，建构社会企业内部技术和管理合法性，以及在与外部互动的网络结构中，获得外部合法性的建构。

第六章

社会企业内部合法性建构：
自致、协作与融合

组织的运作必然要和外界环境进行互动。在现代社会中，正式的组织结构是在高度制度化的环境中产生的。组织的正式结构突出了理性和目的秩序，增强了组织参与者与外部支持者眼中的合法性。[①] 许多正式组织结构的兴起是理性化制度规则的反映，制度规则促使组织的形成，并获得合法性、资源和稳定性，提高组织生存的可能性。结构与制度环境的趋同性，使得组织能充分保持合法性。组织为了能够更好地适应环境，会改造自己的结构。组织结构既是组织选择的结果，又是寻求合法性支持的重要证明。

组织结构必须反映组织和环境的相互依赖关系，而不仅仅是因为技术而产生的组织结构设计和安排。在制度环境对组织结构的影响分析中，探讨了环境为何会影响到组织结构的变革，关注不同阶段组织结构的变化及其原因，寻找社会企业如何回应制度环境的影响，通过组织结构的调整应对外在环境变化，建构组织的合法性。

---

① Meyer, John W. & Brian Rowan, 1977, Institutionalized Organizations: Formal Structure as Myth and Ceremony, *American Journal of Sociology*, 83: 340 – 363.

第一节　社会企业正式组织结构的生成

一　组织正式结构的产生路径

迈耶和罗恩[①]认为，组织的正式结构是技术活动的框架或蓝图，这些正式结构主要包括：一系列的办公室、部门、职位以及程序等。这些结构要素与组织的目标和政策联系在一起，而这些目标与政策优势构成了组织社会关于如何理性地完成其技术性活动、取得结果、实现内部适当配置的一套理论的要素。现代科层组织的本质，就在于这些构成要素的理性化和非人格化，以及把这些构成要素联系在一起的目标的理性化和非人格化。

组织理论的中心问题之一，就是描述和说明组织理性的正式结构得以形成的条件或背景。形成的推动力有二：市场促使——组织结构的理性化，回应市场运营需求；国家作用——促使正式组织的形成和扩散。迈耶和罗恩认为，理性化的正式结构主要出现在如下两种背景中：一种是来自地方性关系网络的需要，促使了协调与控制活动的结构的发展。这种结构增进了组织绩效，并使其在与其他效率较低的组织进行竞争时拥有了优势。另一种是社会网络之间的相互联结、社会的集体组织、组织精英的领导能力，所创造的高度制度化背景。在这种背景中，制度化结构体现为一种对于组织活动的可接受的解释，组织因此获得合法性、稳定性和资源。随着社会现代化的发展，组织的关系网络变得越来越复杂，现代社会的制度规则无不影响着组织的生存和发展，影响着组织各种正式结构，并把组织结构确定为实现预期目标的理性手段。而组织结构也在不断地调整、完善和逐渐固化中能动地适应着制度环境，并成为组织目标实现的重要载体和机制。

Y集团组织结构的产生和完善是外部制度要素影响和内部组织发展

---

① ［美］约翰·W.迈耶、布利安·罗恩：《制度化的组织：作为神话与仪式的正式结构》，载［美］沃尔特·W.鲍威尔、保罗·J.迪马吉奥主编《组织分析的新制度主义》，上海人民出版社2008年版，第46页。

第六章　社会企业内部合法性建构：自致、协作与融合　　139

```
社会现代化 → 理性化制度要素的盛行 → 正式组织结构
         ↘ 社会组织与交换网络的复杂性 ↗ 的产生和完善
```

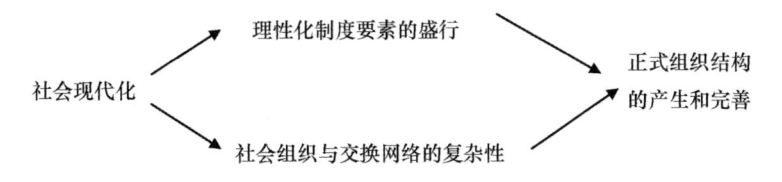

图 6-1　正式组织结构的产生和完善

资料来源：Meyer, John W. & Brian Rowan, 1977, Institutionalized Organizations: Formal Structure as Myth and Ceremony, *American Journal of Sociology*, 83: 340-363.

需求相互作用的结果。从最初的 5 个人的手工作坊到目前的社会企业集群结构，是它在制度化环境发展过程中，受现代社会的外部制度规则影响、渗透组织正式结构变迁的结果，也是组织结构在制度化的环境中不断适应、调整和完善的结果，并最终成为 Y 社会企业组织目标实现的重要机制并稳定下来。

二　组织规范与社会企业的内部治理机制

现象学家认为，组织结构是一种社会建构的实在。[①] Y 社会企业的治理机制主要表现在 20 年来的组织变迁过程中，从家庭式管理到现代化的集团化发展，组织结构也经历了漫长的调整和变革过程。治理结构的形成过程也体现了社会企业在不断的摸索和与制度环境的互动中的合法化发展。一个组织的子单位或所体现出来的功能也可以成为分析合法性过程的焦点。在这个发展过程中，Y 社会企业集群式的发展战略及体现出来的社会使命和价值成为其合法性过程建构的重要内容。

1. 从单一社会企业到一体两面，双轮驱动式发展

1997 年开始，从一台电脑到一个集团，从一个网站到一个软件公司，历经 20 年的发展，成了国内知名的信息高科技产业集团和国际知名社会企业。Y 集团把"向高科技领域发展"作为残疾人就业的基本取向，形成了一整套标准化可复制的残疾人就业加生活社区的社会企业经营模式，使得 5000 多名残疾人实现了信息技术高新企业的稳定就业，

---

① Berger, Peter L., Thomas Luckmann, 1967, *The Social Construction of Reality*, New York: Doubleday.

搭建了一个多方受益的慈善公益平台。

（1）2000年12月，网社成立，社会企业萌芽出现

Y集团的发展是从一台电脑开始的。当时单纯的想法只是想找到残疾人生存的出路。2000年，创始人创建了中华残疾人服务网，这个为残障人士提供自助就业的免费互联网站成了世界上点击率最高的公益网站。中华残疾人服务网的成立，是残疾人开始改变活法接触互联网的尝试。2000年，Y网社注册为独资公司，后来又创办"爱心庇护网吧"，并参加中国首届国际互联网展。2000年12月Y网社的成立，标志着Y社会企业的萌芽。对此，创始人谈道：

> 最开始不能称为社会企业，也不能称为社会组织，就是残疾人改变自个儿生活状态的一种尝试。一开始是做中华残疾人服务网，随着网站的成功，它具备了一个很大的社会意义：把残疾人组织在电脑屏幕面前是有优势的，这个优势和价值当时体现在这个网站上。2000年网社建立，成立了一个工商机构，解决残疾人就业，开始对外赚钱，标志着社会企业的萌芽。（YZ120825）

Y网社是以公司的形式工商注册，是一个营利性的商业公司，它具备了作为一个社会企业的商业特性和经济特点。同时营利使得Y网社的发展具备了一定的可持续性，保证了组织的生存和后续发展。另一方面，Y网社并不同于一般性的商业网吧，它主要是提供残疾人工作，安置残疾人就业的，同时它承载了一定的社会功能，并有回馈社会的行为，比如给社区老人提供免费的培训等活动，这体现了它在当下所透射出来的社会功能和社会特性。因此，从这个意义上而言，Y网社预示着Y社会企业的萌芽，成为后来Y社会企业正式生成的重要前提和基础，这也为社会企业的正式结构的生成奠定了基础。

应该明确的是，这个时期的Y网社还算不上真正意义上的社会企业，Y网社是个人独资，产权具有私人性质。而Y社会企业最初五个人的创业基金，也是由创始人郑先生个人的30万元投资开始，因此，从企业产权属性来看，这个时期的作为Y社会企业形态的Y网社还不具

备完全意义上的社会企业属性,只是社会企业的雏形和萌芽。

(2) 2005年1月,无障碍研究会的成立,双轮驱动模式正式形成

2004年,在深圳市福田区政府的帮助下,"Y网社"从郑先生家搬入了300平方米的新办公场所,企业开始走向正规化。Y网社也被评为中国科技部软件企业与软件产品双软认定企业。2005年1月,成立了深圳市I无障碍研究会(下称"研究会")。公司做信息产品服务,非营利组织负责生活照料和社会服务,标准化服务进入Y集团。经济功能与社会功能自然融合的一体两面、双轮驱动式的企业社区模式显现。

研究会由残障人士和助残义工们发起,由Y集团投资,以深圳市科协作为主管单位,是经深圳市民政局批准成立的社会团体。宗旨意在整合专业技术资源,承接政府社会服务项目,打造无障碍智库,多方合作下推动无障碍事业的发展和持续无边界的学习分享,实现生命的成长。发展新经济时代的信息无障碍之慈善事业,同享信息权利,共建和谐社会。科技进步和社会发展的成果应当为每一个人所分享,检索信息和使用通信的信息权利已与教育权利一起成为公民基本权利之一。在现代信息社会,文盲的定义不再是不会识字,而是不会上网。而信息无障碍,是维护弱势群体基本人权的保障。"无障碍"是指社会尽最大的可能保障弱势群体正常生活的条件。"信息无障碍"是指社会尽最大的可能保障弱势群体正常获取与使用信息的条件。进入新经济时代后,信息网络的使用进入了社会各个领域,形成数字化的社会日常生活。弱势群体由于自身的经济、体能、学历、技术等条件限制,在相关信息的查询使用上,存在诸多障碍,形成新的数字鸿沟。如果不设法解决这种差距,弱势群体会有日益被边缘化的危险。

深圳市I无障碍研究会是一个非营利性的慈善机构,一直致力于弱势群体信息无障碍理论研究和实践探索,开展了诸如信息标准研究、相关法律法规讨论、社区建设与文化活动、IT普及培训服务、无障碍学术交流,以及弱势群体工作信息化开发等方面的学术研究和实践推广等工作。

在互联网的时代,人类除了有财富的鸿沟又产生了信息的鸿

沟。所以当年我们的口号是"弥补信息差距，跨越数字鸿沟"。这种鸿沟就是信息交流上的障碍，不懂电脑的人坐在屏幕前也不能进行信息交流。所以说信息无障碍，专指在信息世界里，存在交流障碍的人群。我们成立网社时感觉到残疾人群跟当时的主流社会相比，除了在财富上、身体上有鸿沟之外，在信息交流上也有鸿沟。残疾人当时相对贫穷，有电脑的人少，残疾人受教育程度低，会电脑的人又少，因此我们成立了信息无障碍研究会，研究会帮助残疾人进军信息领域，把信息领域作为实现自身价值的一种工具。（YZ120825）

深圳市 I 无障碍研究会有规范的章程，规定了研究会的宗旨、业务范围、会员资格、组织架构和资产管理等。研究会的服务项目涉及对内和对外两个方面。对内是为 Y 集团内部社区的残疾人提供服务，对外则提供面向社会的社会服务项目。对内的标准化服务包括六大类：衣、食、住、行，以及心理咨询和危机干预。这些服务面对所有 Y 集团员工，全部免费。针对深圳市 Y 集团所有残疾员工，研究会专职社工以香港的宿舍服务为模板，运用专业的社工知识，设计并实施了一整套 Y 宿舍服务，包括食堂服务、寝室服务、车队服务、户外活动及无障碍改造服务，实现了所有员工的后勤无障碍保障。加强其自我照顾能力、独立精神和主动性；扩展了员工的社交能力和社交范围，促进了他们的社会融入。

信息无障碍涉及许多迫切改变弱势群体生活质量的问题。研究会开展的服务项目围绕弱势群体的需求和信息的无障碍推广，对外的服务主要有以下几个方面：（1）信息无障碍的宣传及推广，主要包括创办全国首个信息无障碍的网站，与深圳市残疾人联合会共同编制《信息无障碍宣传手册》，宣传国际无障碍标准。（2）开办盲人读屏免费计算机培训班，自 2002 年至今累计培训盲人初级计算机学员 8000 多人次，改变了盲人朋友的以往生活，变被动接受信息为主动获取。2010 年响应学员的需求，开办盲人中级计算机免费培训。（3）聋人手语推广，推广普及手语知识，跨越信息流通壁垒，在全国首次推出手语推广普及项目。(4) 开展读写障碍服务项目，成立"卫宁读写障碍中心"。接受读写训练指导老师的培训，参加深圳公益交流会，并在深圳市内大力开展读写障碍的知识宣传，引起市民的关注；同时开设第一期童乐 SUMMER 暑期兴趣班。(5) 积极参与公益交流和分享，促进信息无障碍的交流和推动。通过参加信息无障碍论坛，举办深港澳社会服务工作研讨会、深港残障人士计算机技术论坛，走进学校进行演讲等活动，积极进行信息无障碍的宣传和交流，践行研究会的社会功能。

研究会在发展的过程中，不仅成为 Y 社会企业发展的重要组成和推动者，成为 Y 社会企业的一体两面、双轮驱动的重要支撑和组成部分，而且积极践行着作为社会组织的社会责任和功能。研究会培育了一些包括无障碍车、读写障碍、爱心柜台等在内的重要社会项目，这些项目后来都独立出来，成立单独的社会组织，在更大范围内发挥着各自的社会功能。

> 2005 年，信息无障碍研究会的设立，标志着第二个分水岭出现，就是 Y 集团初现了。由于我们是全天候的，就是八小时内和八小时外都聚集在一起，它开始出现了双轮驱动的模式：社会组织和社会企业开始结合工作、并肩前进。(YZ120825)

研究会成立后，对内的标准化服务完全按照香港社会服务的 16 质素标准展开，提供标准化的服务，解决了员工 8 小时之外的生活困扰，形成了生活的有效保障，免除了后顾之忧，促成了 Y 集团一个整体、经济发展和社会服务两个面向双轮驱动的发展模式，奠定了 Y 集团作为社会企业整体发展格局的初步形成。在 Y 集团员工的问卷调查中，调研数据显示，有 86.67% 的员工表示"8 小时外的后勤保障服务是 Y 重要的一部分，也是 Y 的最大特色"。有 64.85% 的员工认为，"社工可以帮助我们处理很多事务，他们的作用不可或缺"。

那么多年，Y 能比别的社会组织走得快，能比别得企业发展得大，我觉得不是偶然，归功于从它的结构设计，它的危机应对机制，它的内部管理体制、培训等方方面面，这是对过往来讲。对未来来讲，它也是最有准备的，就像别人说，机会总是给最有准备的人。（YZ121129）

一体两面、双轮驱动的发展模式，使得Y集团这样的一个社会企业在市场竞争的浪潮中更加具有竞争力，也充分发挥了它的组织优势，使得残疾人人力资源从劣势转变为极具竞争力的优势，以一种积极的方式参与市场竞争。Y社会企业这种基本模式的建立有效保障了其发展和进一步壮大，所以在2005年之后相当长的时间内，Y社会企业都能健康有序快速地发展，企业业务也朝更专业、更深的领域发展，企业也在更大的范围内得到了社会和政府的认可和赞誉。2007年，成立了深圳市Y软件有限公司，荣获深圳市高新技术企业荣誉。

（3）2008年，社会企业群初具规模，奠定了社会企业模式发展的基本框架

2008年起，Y社会企业的发展进入一个快速而平稳的阶段，Y社会企业的全方位、多层次的就业格局开始形成。深圳市Y动漫文化发展有限公司、深圳市Y科技发展有限公司、深圳市Y电子商务有限公司等相继成立。这一时期Y社会企业的组织架构基本形成。

深圳市Y动漫文化发展有限公司作为深圳Y社会企业旗下的核心子公司，成立于2008年11月，是一家专业从事动漫创作、设计及培训教育的综合性科技暨文化公司，拥有技术团队近两百人，其中残疾员工占85%以上。动漫公司的成立拓展了Y社会企业的核心业务，也有利于吸纳更多的残疾人加入这个团队并发挥自身的专业优势和兴趣，有利于增强Y社会企业的竞争力，形成规模效应和集团效益。深圳市Y动漫有限公司的成立也是结合了深圳市罗湖区当地的区位优势和残疾人人力资源的特点，突出了Y社会企业的残疾人人力资源发展战略，这对Y社会企业的发展又是一个推动。Y动漫有限公司的成立预示着Y集团的发展模式从单一的软件开发到动漫设计的扩展，对Y集团规模化的发展起着很大的推动作用。

通过动漫公司的推动，真正意义上的集团就基本上形成了。Y社会企业的影响达到了更高的层面，区委、区政府领导也很关注。（SLCLH120831）

2008年，深圳市Y科技有限公司成立，Y科技主要针对低学历的残疾人就业。Y科技的成立，使得Y社会企业从原来的单一的软件开发和设计逐步开始尝试低端的残疾人就业，拓宽了残疾人就业安排的通道。这一时期创始人郑先生获得"中华最具慈善行为楷模"奖，公司荣获国际CMMI三级认证、英特尔明星软件企业等荣誉，他也获得深圳市软件明星企业、全国优秀福利企业、深圳市软件行业协会副会长、深圳市计算机行业协会副会长等荣誉。同年出版了国际首部《盲人电脑培训教材》。

这一时期，创始人的个人声望达到了一定高度，对于Y集团的发展来说，起到了非常大的推动作用，社会企业的社会属性和价值也得以体现。从党的十七大以来，"民生"问题成为社会建设的热点问题。Y集团是社会建设的创新，通过自身企业的运作推动了社会建设的发展。

> 我个人认为，社会企业不一定在经济发展中起到一个什么样的作用，它更多意义是体现在社会发展过程中，他对社会的这种价值。这几年，随着更多的残疾人加入进来，它的影响在扩大，另外我觉得正好是社会民生建设的一个关注点。讲句真心话，他还是一个突破，真正来说作为一个残疾人，他来办理这个基本上全部是由残疾人来组建的这么一个企业的话，到目前来说也是很少的，特别是像这种社会企业。（SLCLH120831）

深圳市Y科技有限公司的成立，拓展了Y社会企业残疾人就业的范围，形成了多层次的就业模式，这对Y社会企业的集团式、规模化发展起着很大的推动作用，也有利于从组织架构方面形成合法性建构的基础。

深圳市Y电子善务有限公司的成立，是其在残疾人就业领域的又一尝试和拓展。"电子善务"是一家拥有电子商务以及公益慈善双重性质的社会企业。公司将着力点放在中低学历和重残卧床残疾人的就业问题上，搭建全国的网络平台，吸纳、鼓励和支持残疾人在电子商务领域内的批量就业、强势就业，支撑更多残疾人在现代信息时代新经济环境下的电子商品流通领域内就业，打造独特、稳定的残疾员工团队和高效、专业的网络代销合作发展模式。

电子善务的主要服务项目有"慈善超市""爱心柜台""积善 Y 福利彩票投注系统"等，采用远程客服和公司服务的发展方式，吸纳更多的残疾人灵活就业。

> 亮点在于，他做到了人家没做到的东西，这是非常不简单的，可以说这种发展模式已经超出了国界，是这样一个概念。（SLCLH120831）

电子商务是一种综合性的新型商业运营模式，依靠第三方平台进行的商业活动，残疾人人力资源的加入在这方面有独特的优势，这是在新经济时代下发挥残疾人优势，扩大就业途径的又一新兴领域。

> 听到有残疾人在搞电子商务。我就觉得挺厉害，残疾人都能搞商务。然后本身这方面是我的专业嘛，我想残疾人一定遇到很多问题，我过来帮忙。结果做一段时间，对部门、对团队、对成员有了团队的这种感情，然后包括项目也不太好撒手，刚开始没有想象中那么顺利。到后面顺利了之后，又走不开。刚开始做了很多探索，之所以有信心，就是我觉得残疾人有残疾人的优势，健全人有健全人的优势。在电脑旁边，我觉得残疾人也不弱，也不比健全人差，大家都一样坐在电脑面前，又不用比谁跑得快，是嘛！那这样大家都回到一个起点了。那健全人的话，我觉得他可能需要出去走一走啊，跑一跑啊，出去跟大家去玩啊什么的，那残疾人就不会，他们一般坐在电脑旁就不走了，那这就是他们的优势，所以我是比较有信心的。从现在这个结果来看，确实有这方面的优势，包括我们的

远程客服。我们现在每个网店用了四个。我们这边很多残疾人都是从来没工作过、离不开家的,因为在生活上有的人都不能自理了。很多人当然觉得能赚钱更好,可以减轻家庭负担。但赚不赚钱是一方面,从来没工作过的人,他对工作的渴望是完全不一样的,能有这样的一份工作就会非常珍惜。刚开始的时候可能在沟通上差一点,因为接触的人不多嘛!但是做一段时间后,会发现他非常会钻研,这就是他的长处,所以我们现在客服的水平相当高,而且非常稳定。(YZWJ120830)

稳定是残疾人人力资源的一个优势,能在新经济的发展过程中充分发挥人力资源的优势,可以扩展残疾人的就业领域,这正是Y社会企业发展的社会使命和目标。

我们刚开始大哥就说电子善务的成立绝不是奔着钱来的,不是奔着你这个钱来养活Y的,不是的。如果是这样,不会成立电子商务,知道吗?就是解决就业的,大哥一直有一个梦想,就是解决成千上万残疾人的就业,那电子善务就有这个可能。刚开始的时候我们一直在探讨关于怎么发挥残疾人的特点和长处,和电商的结合成为可能,然后,我们觉得这个在理论上是靠谱的,然后不断用我们的经验推断,有成功的机会,而且挺大的。不是说我们成立了,通过它去赚钱,真没这个想法,能赚钱更好,对吧!但是能解决就业是我们的终极目的。(YZWJ120830)

事实证明,电子善务从最初的一个部门到现在一个独立的社会企业,无论从发展规模、经营活动,还是就业安排方面来说,都有很大程度的飞跃和提升。

目前Y电子善务正在探索和实践残疾人就业和社区就业结合的方式,在吸纳更多弱势群体就业的同时,引入市场机制创造盈利,以实现持续性经营。商业规模的扩大,吸纳了社区残疾人及公司所在的社区居民就业,促进了社区融合,也扩大了Y电子善务本身的影响力,建构了社会企业自身合法性并扩大了社会认知合法性的建构。

　　Y社会企业群的成立，围绕残疾人的就业领域和残疾人人力资源特点，实现了全方位、多层次、规模化、集群式的发展，在此基础上深圳市Y控股股份有限公司（Y集团）成立。Y集团的成立，使得Y社会企业群能更加集中化地整合资源，协调发展，推动残疾人就业的创新型发展，也更集中地体现了社会企业的优势，使得社会企业在社会建设领域的创新性得以更好地展现。就Y社会企业群自身的发展来说，集团化的发展也更有利于Y社会企业规模化效应的形成，也有利于Y集团内部合法性机制的建立，并推动外部合法性机制的建构。

　　2. 从"双轮驱动"到"三位一体"，治理结构正式确立

　　2009年，Z慈善基金会的成立，预示着三位一体治理模式的形成，标志着以基金会为决策顶层，社会组织群和社会企业群双轮驱动的"三位一体"组织架构正式形成。基金会保证社会企业群的社会属性，督导社会组织群的标准化、专业化项目运行；社会企业群由适岗残疾员工自我管理，以极具竞争力的产品和服务从市场获得利润，支持自身的可持续发展；社会组织群为社会企业群提供社企残障员工（就餐、住宿、洗衣、出行、心理辅导等）的标准化无障碍生活社区服务与提升弱势群体生存状态品质的社会服务。

　　社会企业发展的一个具有争议性的问题就是社会企业的产权所有。社会企业的产权是个人持有还是企业全体人持有？如何从产权属性的界定方面来认证社会企业的社会属性？这无论对学界还是实务界来说都是一个难题，同时也是社会企业合法性建构的一个重要议题。Y集团的最初发展是创始人的私人捐赠，那么如何在不断地壮大发展中保持其作为社会企业的基本属性和特征？也就是说，如何解决社会企业的产权属性，成为Y集团在发展过程中面临的一个困境和问题。2008年，Y集团创始人郑先生的裸捐，完成了Y集团从私有企业到社会企业的跨越。正如他自己所言，"这是让我最自豪的。我觉得我的人生做出的那么多的选择当中，这是让我最不后悔和最值得自豪的"。创始人的裸捐直接促使了Y集团"三位一体"组织结构的成型。

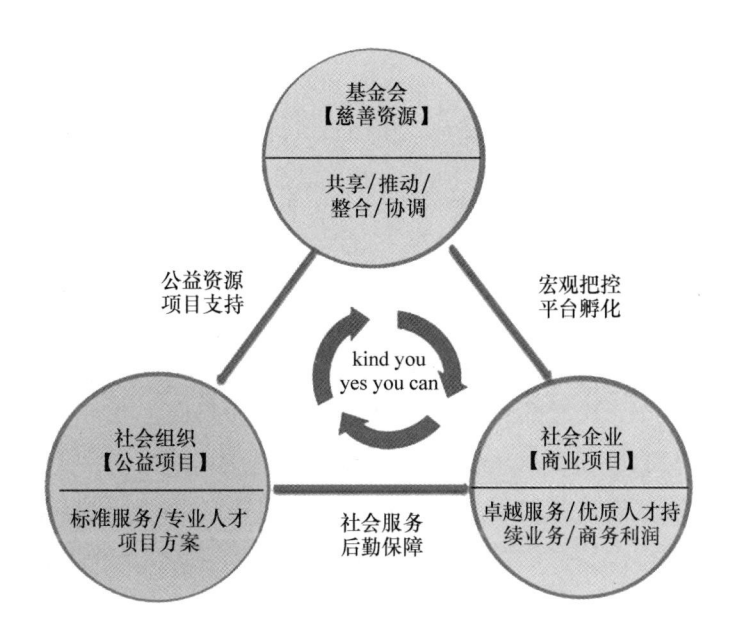

第六章 社会企业内部合法性建构：自致、协作与融合

图 6-2 事业内部"三位一体"组织架构

基金会于 2009 年成立。到了 2007 年的时候，已经有 Y 网社、软件那么几家公司了，有了几家公司以后，出现了商业价值。大哥就感觉到，对内来讲，如果不捐，之前成立公司都是我出钱成立的，弟兄们就觉得是大家的。现在它出现商业价值的时候，弟兄们感觉，我是老板，他们是打工的，这个感觉就不对了。对外呢，这个感觉也不对，为什么，开始你就是个中华残疾人服务网，别人都叫你网站，到现在你有好几个公司，义工啊、市民啊，都在疑惑说我们来啦，要说是帮残疾人，帮的是这个 Y 公司，这个 Y 公司是私人老板的。我们捐赠了，没有捐赠给残疾人，捐赠给老板啦！外面也困惑，里面也困惑，那么这种情况下，我就想到很简单的办法，把它捐了不就完了嘛。我就找律师，写遗书，就把它裸捐了。（YZ120825）

2009 年 11 月，创始人郑先生为保证 Y 集团的稳定持续发展，将其 90% 的个人股份和各分公司 51% 的个人股份，以及"Y"和"郑先生"

的驰名商标品牌价值等，通过律师公证以遗嘱的形式全部捐赠，成立了深圳市第一家非公募基金会——深圳市 Z 慈善基金会。基金会的建立，标志着 Y 这个社会企业的公有制和社会组织的整合式发展体系的完成，内部的三位一体和外部的这种双轮驱动的定型和成熟。

Y 集团内部的需求和组织管理者的社会行动极为巧妙地契合了社会管理体制改革的需要，使得国家的作用成为组织正式结构形成的重要推力之一。2009 年 7 月 20 日，为贯彻落实国务院批复的《珠江三角洲地区改革发展规划纲要》和《深圳市综合配套改革总体方案》，深化社会领域综合改革，民政部和深圳市人民政府经充分协商，决定在深圳推进民政事业综合配套改革，并签订《民政部、深圳市人民政府推进民政事业综合配套改革合作协议》的"部市"合作协议。部市协议首次授权深圳市开展基金会登记管理试点，为后来 Z 慈善基金会的成立提供了极好的契机。

"部市"合作协议充分发挥深圳先行先试作用，先行推进两项改革、率先建立两项制度等。包括促进社会体制改革。民政部支持深圳市在社会体制方面的改革创新，支持深圳民政部门在社会体制改革中发挥积极和重要作用，推进社会管理体制改革，完善社会管理制度，创新社会管理方式，促进率先构建和谐社会。探索构建现代民政，发挥深圳改革主体作用和创新精神。先行推进两项改革包括探索基层管理体制改革和探索社会组织登记管理改革。民政部对深圳在社会体制方面的改革创新给予了极大支持，其中重点支持、授权的事项包括改革社会组织登记管理，给予深圳空前的政策空间，深化社会组织管理体制改革。合作协议明确规定：除另有规定外，准予深圳探索建立社会组织直接向民政部门申请登记的制度，授权深圳市开展基金会、跨省区行业协会、商会登记管理试点，民政部同时将会商国家有关部门，将驻在深圳的涉外基金会的登记管理权限下放深圳市。有序推进社会组织民间化，逐步理顺党政机关与社会组织的关系，探索建立社会组织社会化运作发展模式。[①]

"部市"合作协议的签订，为深圳市社会组织的发展提供了极大的

---

① 具体参见民政部《深圳市人民政府推进民政事业综合配套改革合作协议》，2009 年。

空间，也为深圳市社会管理体制的改革和创新提供了机会，打破了之前社会组织双重管理的体制障碍，解决社会组织难于找到合适的主管部门的制度问题，肯定了社会组织的作用，使得社会组织在公共服务的提供方面可以进一步地发挥作用，也有助于建立"小政府，大社会"的发展格局。

> 我跟民政局的刘局讲的时候，我不敢那么直接地就说，你帮我成立一个基金会，我就说："刘局啊，你看我捐赠这个股份也没地方放，怎么能帮我们成立一个机构，把它接收了，让它真正变成社会公有呢？"他告诉我，"我们可以给你批个基金会，就叫Z慈善基金会吧"。他不说这个名字大哥敢用吗？中国没有几个人用个人名字成立基金会。你看刘局，在公募基金会上引进了基金，在私募基金会上001号做了慈善基金会，一下子让这个慈善局面（打开了）。（YZ120825）

Z慈善基金会就在这样内部需要和外部体制力量的推动下成立了，成了深圳市第一家非公募基金会。基金会的成立解决了Y集团内部发展过程中出现的困境，解决了公益产权持有者的问题；也回应了外部社会政策，而民政局和深圳市在社会管理体制改革方面的创新，以及深圳市民政局的推动，也直接促成了Z慈善基金会的最终成立。它最终成了深圳市社会管理创新的一个重要标志，也引发了社会管理体制的变革。

Y集团三位一体治理结构的形成回应了对于组织正式结构形成的条件或背景的论证。三位一体治理模式的形成是在三个方面因素推动下形成的。一是市场促使组织结构的理性化及对市场压力的回应。Y市场运行的成功，产生了巨大的商业利润，要保障Y社会企业的社会特性，避免Y集团在市场经济发展中演变为纯粹追求利益最大化的商业企业的风险，则需要界定企业所有权的属性问题。若单纯依靠创始人的公益梦想坚持，则不能保证组织公益性的持续性，必须通过理性化的组织结构保证Y社会企业的社会特性。二是出于创始人本人心愿的裸捐。创始人一直认为只有民主制度和权力制衡的架构才能使得Y集团保持永续发展，而彻底的裸捐直接促使了三位一体合理机制的形成。基金会的持股彻底改变了 Y 集团的私有企业性质，其不再是少数几个股东拥有的私有企业了。基金会的成立真正实现了三权分立，确立了社会企业组织结构治理的民主制度和权力制衡架构的形成。在三权分立、三位一体的民主集中制度下，社会企业群、社会组织群和残疾人群体都能在这个体制下相互监督、协调运作，这是组织结构的核心要素。基金会的成立，完善了 Y 集团民主制度的建构，直接促成了 Y 集团三位一体、三权分立民主制度的形成。

> Y 社会企业是自我发育的自救、自富、自治的社会运动……当上升为一种运动的时候，我想大的方面一定是要落实到制度上。所有的创始人都自信，但是我不信，我不信自己。按西方的理论，权力导致腐败，相对的权力导致相对的腐败，绝对的权力导致绝对的腐败，我相信我的权力在巅峰的时候，我也一定做出，在有意无意中做出腐败的举动，所以恰恰在这一点我都不信任自己，我知道自己是一个人，我有自己的七情六欲、习惯，所以说我就尽早退出管理，交给一个民主、三权分立的制度，因为我知道一点，民主不能导致所有的结果是正确的，但它导致所有的错误是暂时的。在这里，不允许一个错误是长久的。我们需要有一套很完善、很严谨的管理制度，就是三权分立、民主的制度。三权分立必须有一个条件，就是立法权的单位必须掌握我捐出的股份。（YZ121129）

三是政策的缺失和国家的作用。基金会成立之前，郑先生已经打算把全部股份捐赠给社会，捐赠给社会的财产需要有具体的接受机构，不存在空泛的社会公益产权，当时由于受赠主体不明而无法执行。《民政部、深圳市人民政府推进民政事业综合配套改革合作协议》的"部市"协议的出台，直接推动了基金会的成立，也进而促使了 Y 社会企业正式组织结构的形成。

> 我觉得三位一体，它实际就是 Y 在这么多的残疾人就业，在

第六章　社会企业内部合法性建构：自致、协作与融合

这么广的一个管理范围内，八小时内、八小时外都在管，这么复杂的一个分散地域的一个特性上，最后不得已应运而生的一个结果。这个结构呢，要是总结它，我也不知道应该从什么角度。我觉得对我们来讲，就是从工作出发，主要的一个我觉得就是，它分对内和对外（两个方面）。还有的话呢，一个是他的管理，一个是他自身的组织建设。

对内来讲，Y集团要是没有三位一体，会出现两个问题。第一个问题，会出现八小时之外生活的服务和管理非常糟糕，进而影响到八小时内的培训和工作，这是指这个服务和管理上。第二个问题，组织建设。我觉得如果没有三位一体，Y集团会容易出现很多大型国企出现的内部循环的中断。一个组织，管理团队的建立，不能全靠空降，一定要在员工当中有先进和模范代表人物的产生，这些人再进而组成一个工作团队相互协作，进行互动，是个循环的过程。在这个循环的过程中，他的团队越来越强大，这个事业才能往前走。我觉得对内是解决了这么两个问题。

对外来讲，也解决两个重大的问题。第一个问题，Y集团未来的决策体系和发展机制，实际是三权分立。第二问题，它给外界提供了一种全社会化的发展模式。Y集团本来就是全社会化的一个残疾人生存方式的革命，不能把他视为某一个行业某一个领域或某一个时间段的现象，它包含了生活、工作，所以说是全社会化管理，如果僵硬地用商业的或者僵硬地用福利院的模式都会有问题，Y集团这个模式我们叫"双轮驱动"。一个有自己的社会企业群、以集团为首的那三十家科技公司，让残疾人在这里因不同的年龄、不同的学历情况、不同的身体情况而有不同的岗位可以调整，这种全产业链形式，他能总找到适合自己发展的地方，这是在八小时之内。那么八小时之外，有一个社会组织群，衣、食、住、行、心理和危机处理六个大方面都有一个社会的服务和管理。所以这种双轮驱动，实际上就把Y打造成了一个微型的社会建设（小社会），上班的八小时，在公司里要服从公司的规章制度，下班回到社区，你就要遵循社会的生活法则。富士康的问题是上班和下班都在公司，这

样会有问题。（YZ120825）

基金会控股Y集团，保证了Y作为一个整体能够始终坚持社会企业的方向。Y集团负责8小时之内的商业运营，为Y员工源源不断地输入工作岗位和保障生活的资金，Y社会组织——中华残疾人服务网、深圳市I无障碍研究会、Y社工服务社、关爱Y志愿者协会等负责8小时之外的生活照料和社工服务。随着市场的扩张，Y内部社区的关系网络日益复杂和分化，Y内部的组织间相互依赖，组织内部关系复杂性增加，组织内部的分工也增加了一些跨越组织边界的问题。因此，组织对活动协调的需求也日益增加，Y内部在各自协调分工、相互依赖和互补完善中形成了自身的竞争优势，而具有合理化的更加稳固的组织正式结构也应运而生。三位一体的组织结构成为Y集团的核心灵魂，也成为Y社会企业发展的典型模式。

基金会主要呈现了资金流的安排和协调功能。社会企业的营利通过捐赠的形式上缴基金会。基金会的支出，一是社会组织的服务支出，二是Y的社会企业群（一些新成立的社会企业需要资助）。三是拓展中心对外的服务项目。基金会是一个资金的枢纽。通过基金会，捐赠的钱捐给公益，支出的钱按照基金会的流程使用，保障了社会企业的公益走向。

Y集团的创始人说，三位一体的组织结构是"不得已应运而生的结果"。这个看起来似乎是自然形成的组织架构实际上是组织的管理者主动选择的结果，也是与外部环境积极互动的结果，而制度环境的外在力量给予了开放系统下的组织很大的影响，使得组织在与环境的互动中能在积极保持自身独立性和自主发展的同时，能主动调整组织结构，保持组织的生存发展及合法性的维持。

> 这个模式考虑到了一是残疾人的就业，二是对社会福利事业的一些启发和推动作用。它承担了社会建设方面的一个推动作用，所以对他而言，它不是单纯的这种解决残疾人就业的这么一个很普通的这么一个企业形式，它不是这样子的，特别是它的创新，三位一

体的创新，残疾人的服务，残疾人基金会，残疾人在这个企业的三位一体，这个创新，我觉得在这个方面，到现在为止也没有第二家。相关的领导也好，包括残疾人都很认同。残疾人以什么样的方式来解决就业问题，解决家庭生活问题，解决家庭的后顾之忧问题，他这种模式应该说起到一个很好的示范作用。（SLCLH120831）

三位一体的组织治理结构，奠定了 Y 社会企业发展的稳固基础和基本框架，也使得 Y 社会企业近些年的发展稳步提升。

3. 从"三位一体"到"四大中心"，治理结构的再完善

三位一体组织治理结构的成立，解决了发展的所有权问题，公益产权的持有保障了社会企业的社会属性，这和组织创始人的个人裸捐以及创新性的社会思想有着直接的关系，基金会的成立则使三位一体的模式稳固下来，使得内部各组织之间能进行有效的协作以及对生产活动和社会服务的有效协调和控制，组织也获得了合法性和运行的必要资源，从而得以持续地发展。Y 集团形成了以基金会为组织顶端，社会组织与社会企业为发展双翼，三位一体共同推进的组织架构，推动着 Y 集团事业的前行。

三位一体组织架构的成立和运行，成功地使得内部各组织之间形成了一个复杂而独立的组织内循环，各自分工而又相互协作，各单位在这样一个模式框架内有序发展。而组织理性化正式结构的形成一定是实践的产物，也必然要在实践中接受检验或改变，以更适合组织理性发展的需要和要求。因此，在 Y 集团发展的过程中，在三位一体组织结构的基础上，2011 年年底，Y 集团成立了四大中心：财务中心、拓展中心、技术中心和行政中心。四大中心的成立，标志着开始从内部对社区，也就是 Y 社区的社会服务，到有组织、成规模地变成对全社会的一种社会服务的积聚。"员工已经从一个纯为自己变成了一个兼济天下的服务者"。四大中心的成立，也标志着 Y 集团作为社会企业，在与社会环境的互动和交换中开始把社会服务输出了。

正式组织结构的要素是高度制度化的，同时被视为一种神话①而运行和发挥作用。这种高度制度化的规则在某种程度上防止了个人和组织参与者的随意性决策，同时也因这些制度化的规则而具备了合法性得到认可。组织的正式结构不仅仅是社会组织中关系网络的产物。在现代社会中，理性化的正式结构要素深深根植于并反映了对社会实在的共同理解。这些正式结构要素，成为强有力制约组织的制度规则，这些制度规则是完成组织目标的手段和保障，同时这些制度要素对组织及组织情景也会产生巨大的影响。Y集团四大中心的出现，更加明确和具体化的三位一体的组织架构，重新界定了已有的组织情景，明确规定了组织理性地处理情景的方式和方法。

> 因为好多三位一体的会议开完以后啊，我们就很困扰。会议开完后下传到执行过程比较慢，而且程序不是很合理。这些事是三位一体决策最重大的事，又执行得不那么及时，不那么到位。后来我们就考虑，怎么能让它快一些，又让中心之间互相能资源整合，能给集团最好的资源？我们就有个设想，在三位一体的下面有这样的中心，三位一体直接执行就到四大中心。有了这几大中心之后，各中心就权责明确，由各中心的负责人独立开展工作，而技术中心的独立权就更多一些。资源的运作也比较合理了。（YZ120825）

四大中心的形成是Y集团在运作过程中自身发展的要求，也是理性化组织结构要素进一步完善的要求，这里也体现了组织内部网络之间的复杂性，组织内部各要素在发展过程中内部体系更加发达。这些组织要素在发展的过程中被确认为是适当的、必要的、正确的和理性的，因此，组织也必须把它们合理性地结合在一起，有效地发挥各要素的职责和功能，才能获得组织理性结构的合法性。而组织理性运作的压力使得组织在构建自身关系网络时，必须要关注规则性要素，并把这些制度化

---

① 神话即"myth"，具有"虚构的，非理性建构"的含义，迈耶和罗恩在其文章中有专门论述。详见：Meyer, John W. & Brian Rowan, 1977, Institutionalized Organizations: Formal Structure as Myth and Ceremony, *American Journal of Sociology* 83: 340 – 363.

规则整合为结构要素而得以发展。

> 四大中心包括财务中心、行政中心、技术中心、拓展中心。财务中心,由软件和动漫组成的技术中心;拓展中心是基金会和社会组织里的慈善项目和集团的拓展服务。为什么在集团和社会组织都有的情况下,设计一个四大中心呢,这个实际是为了加强三位一体的功能。没有四大中心的时候,三位一体决策、三权分立制衡的决策,做下来之后,执行的部门都要再让集团的社会企业去执行,这当中还隔了一个集团。这样既效率低下,还不能使用全部的整合资源。现在三位一体结构下,直接有办事的机构——四大中心。集团、基金会和研究会一旦做出决策,四个中心就立即执行。它加强了三位一体,以前的三位一体执行面很差。(YZ120825)

"四大中心"是对Y组织架构的重新整合,是对资源的优化配置。四大中心从执行的层面上更加优化了组织安排,使得三位一体的组织治理机制在实践和落地上能够更加具备可操作性及更加有效率。四大中心主要从执行层面的角度去对应三位一体的实施和具体操作。财务中心负责社会企业和社会组织以及基金会所有的财务;行政中心主要负责人力资源、文案等对外宣传工作;技术中心负责社会企业群所有和技术以及人力资源、培训等相关的工作;拓展中心主要是开拓性地对外提供社会服务,它和社会组织群相互补充,形成一个完整的社会服务流。社会组织群主要是针对企业社区服务,拓展中心主要是对外的社会服务拓展和执行。

从四大中心的成立和执行层面的调整来看,Y集团的组织结构和运作更加合理和有效,从组织合法性建构角度而言,更具效率和可操作性,能更加有效地推动社会企业的资源配置和效率,执行力更强。就组织治理机制设置和运作而言,商业企业层面而言,能够以更加纯粹和完全的方式参与市场竞争,获得商业利润和经济效益;从社会使命和宗旨的实现角度而言,拓展中心的成立则作为Y社会企业社会责任和使命的实现平台,履行相对社会组织群主要针对内部企业社区服务的外部社会服务的拓展，这是 Y 集团作为社会企业而言，践行社会使命和价值的重要体现。

社会使命和价值的实现是社会企业的重要特征。拓展中心实际上就是特遣队，外部社会服务的履行主要通过拓展中心实施。拓展中心独立运作，开展服务。它并非一个功能性组织单位，而是一个职能部门，但这个职能部门充当了社会企业使命履行的重要载体。拓展中心除了有社会服务的拓展外，已经孵化了包括爱心柜台、无障碍出行和舰长计划等有特色的社会服务项目。这些服务项目在不断的运作和发展过程中表现了自身的独特属性和社会效益，从拓展中心脱离出来成为独立的社会组织而独立运作。

在三位一体的组织架构中，社会企业通过捐赠的方式把部分利润上缴给基金会，基金会实际上充当的是资金流的安排，是一个枢纽的概念。三位一体和四大中心的结合，相得益彰，相互协作，形成了完备而协调的 Y 社会企业治理机制和运作模式，也有力地保障了 Y 社会企业合法性的确立。Y 集团治理结构的发展和完善是实践发展的要求，也是在实践探索的过程中逐渐完善的。"实践中磨合出来的，怎么好用就怎么用，但要保障它的公益本色。"正如 Y 集团的创始人所言，"发展过程中意识到，做公益做慈善必须有一些顶层的结构要完善"。组织结构的完善过程也正是组织理性化结构建立的过程，显然，外部环境和机制起了很大的推动作用，组织作为一个开放的系统，必然面临市场选择和压力，也必须要在不断地调整和完善中发展。

实际上，组织规模本身并不会导致组织结构的复杂性。组织结构的复杂性和组织技术及面临的环境相关。Y 社会企业在发展的过程中，社会企业作为 Y 集团的技术核心逐渐被剥离出来，成为一个独立的社会企业群，而对内服务的社会组织群和对外提供社会服务的拓展中心则成为组织的边界拓展部门被相互分离，这种职能上的相互分离进一步优化了 Y 集团的组织治理结构，使得 Y 社会企业可以更加有力地应对因为环境的异质性和动态性而可能招致的变动，四大中心各部门的自行决定权和分散的独立性在组织的监控能力范围内，因为各自的职能分工而各司其职并相互协作，成为一个完备而独立的复杂内循环系统。

在这种复杂的组织内部系统网络下,组织的主要成分存在着互惠的相互依赖,这种相互依赖被吸纳进组织三位一体的组织架构中,由基金会统筹组织资金流动,并进而形成一个完备的内部循环系统。这些复杂的分工各异的组织分系统被分割成不同面向的功能群,这些功能群既相互依赖,而又各自独立并自给自足。Y集团是一个庞大的组织群,这个组织群有多样化的组织系统和网络,这些组织网络由多个自治的组织组成,这些组织在各自的功能性组织群内成为对应于总体组织的一个功能领域的成员。Y集团正是以这种复杂的分工系统造就了完备的组织结构治理模式,使得Y社会企业在面对技术和环境的复杂性时可以积极应对。Y集团这种整合的组织网络和自治的组织系统成功地应对了技术和环境的复杂性,并通过组织结构的不断调整和优化来处理偶然事件及外部制度环境的变动,从而最终从根本上确立了组织结构的相对稳定性,建构了组织内部合法性的必要基础。

4. 从四大中心到内外事业部,社会企业组织生态群的形成

在组织变迁过程中,集团依据组织发展和社会适应性需要,使组织结构在不断调整中得以完善和发展,有效保证了社会企业内部合法性确认。"三位一体"的事业内部组织架构,形成了合理高效的内部治理机制。就外部组织生态而言,基金会控股下的社会企业,形成了以残障人士高科技稳定就业的社会企业集群和以慈善创新的集群式发展的善友集团。组织的治理结构在和环境的互动中不断完善,社会企业内部合法性机制的确认和建构不断促使外部合法性的确立。

从Y集团的萌芽、发展及规模的不断扩展和完善中,我们可以看到,随着内部治理机制的完善和组织的规范化发展,Y从集团发展到"事业",从早期内部完善的三位一体的企业内社区自循环发展,到事业外部更大范围内和意义上的企业外部社区的形成,高科技就业的社会企业发展和泛产业集群式发展的集产业、服务及社区为一体的社群式发展模式的良好配合,体现了更为广泛的意义上的社会企业理念和实践化,值得进一步关注和深入研究。

组织结构的完善和发展是组织自致性发展的结果,也是与制度环境互动和融合的结果,融合与共谋是社会企业保持与环境良性互动及高度

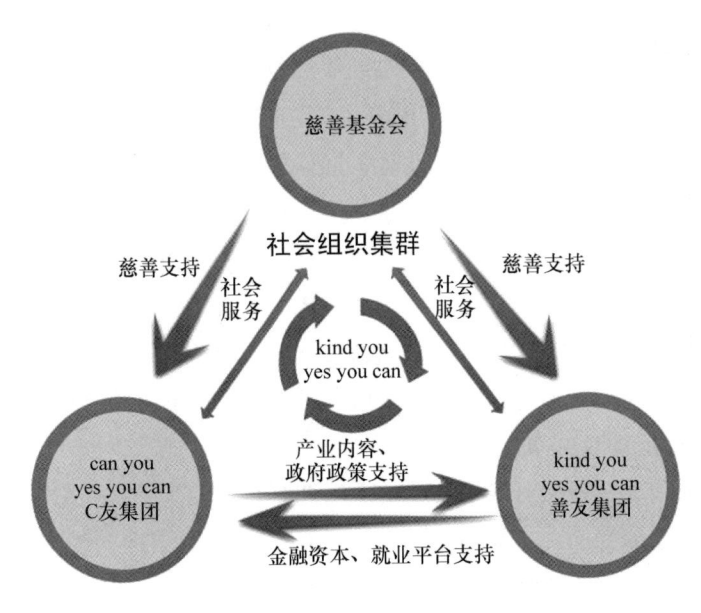

图 6-3 事业外部"三位一体"体系架构

协作式发展的集中体现，也是社会企业合法性机制建构的重要过程。在国家《"十三五"规划：把加快推进残疾人小康进程作为全面建成小康社会决胜阶段的重点任务》的政策推动下，在政府、中残联、民政部及团中央的支持下，集团启动了"残疾人就业创新创业平台——四爱·四一"工程，从更为广泛意义上打造了社会企业的生态系统及社区。

善友集团旗下的 S 国际 IT 小镇，是一种更为完备意义上的企业社区。小镇依托于慈善基金会，以"承担社会责任，创造社会价值，善待你的一生"为宗旨的特色小镇，以多元、包容、开放、跨界为引领，通过 IT 科技、服务外包、创新融合、励志教育、爱心文化，旅游产业、养老康复联动发展，打造全球高科技服务外包产业基地。S 国际小镇是具备产业聚集、特色人文、康养旅游及相互融合特色的自我发展小镇。小镇以打造善友国际生态小镇为基点，建立无障碍、智慧及信息互通的样板小镇。小镇把社区和康养有机融合，是一种新型的社区化康养形态，形成了特色产业＋特色服务的泛产业集群新模式，是企业社区的典型样本。S 友集团借助互联网技术及互联网经济的无体力劳动特点，推

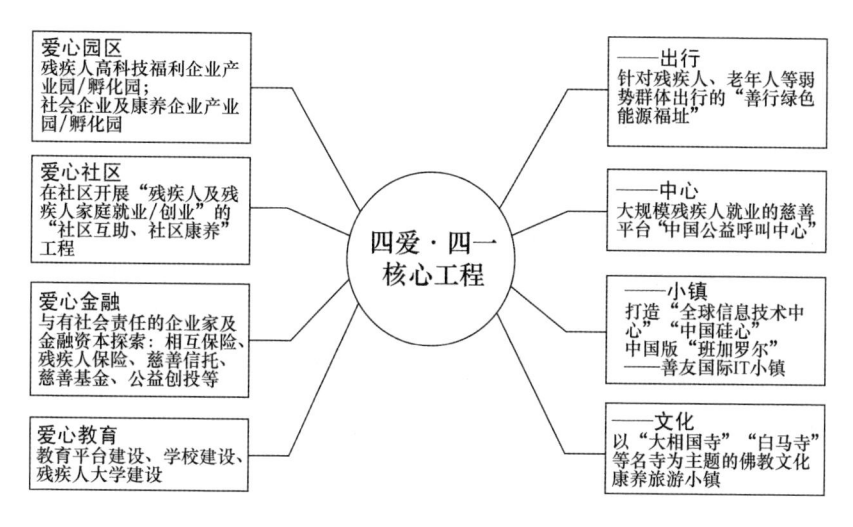

第六章 社会企业内部合法性建构：自致、协作与融合

图6-4 四爱·四一工程

爱心园区：残疾人高科技福利企业产业园/孵化园；社会企业及康养企业产业园/孵化园

爱心社区：在社区开展"残疾人及残疾人家庭就业/创业"的"社区互助、社区康养"工程

爱心金融：与有社会责任的企业家及金融资本探索：相互保险、残疾人保险、慈善信托、慈善基金、公益创投等

爱心教育：教育平台建设、学校建设、残疾人大学建设

四爱·四一核心工程

——出行：针对残疾人、老年人等弱势群体出行的"善行绿色能源福址"

——中心：大规模残疾人就业的慈善平台"中国公益呼叫中心"

——小镇：打造"全球信息技术中心""中国硅心"中国版"班加罗尔"——善友国际IT小镇

——文化：以"大相国寺""白马寺"等名寺为主题的佛教文化康养旅游小镇

动残障人士自尊、自立、自强，带动残障群体有尊严地融入主流社会。

Y事业部通过社会服务的输出，以社会企业群为平台，在标准化无障碍的社会服务支撑下，依托互联网、物联网、大数据等面向电脑终端屏幕的服务领域，为数千名残障人士实现稳定的强势就业。比如残障人士高科技培训与就业项目、百城万人残疾人远程居家就业项目和支持新疆少数民族残疾人就业创业等，在很大程度上获得了社会公众的认可和接受，为社会认知合法性的建构奠定了一定的社会基础。

第二节 制度嵌入与角色表达：合法性身份建构中的组织行动

根据组织理论的开放系统视角，组织是一个开放的系统，受环境影响，并和环境进行资源交换和能动性的互动。社会企业组织结构的变迁是组织自身发展需求和外部环境影响的综合性结果。组织在环境的互动中，无时不受外在环境的影响，这些影响或通过权威方式或权力方式的强制输入而引发组织结构形式的变革，或组织本身为了寻求外部合法性认可，而主动寻求获得外界授权机构的注意和认可，获得组织的生存。组织权威的来源具有多重性，无论是寻求资格认证还是合法性认证，组织在寻求外部支持者时要和外部支持者之间保持紧密的关联，以获得持续性的支持，但研究发现，组织参与者在实施组织常规运行过程以追求组织所界定的目的时，对那些来自不同渠道的资金都有强烈的要求。[1]另外，也存在组织行动者有意识选择组织的结构模式的过程，同时一些组织特征被保持，成为组织结构持续存在的重要基础。当然，也存在组织结构发展过程中的环境性要素整合，从而最终形成复杂化的组织结构网络和行政管理结构。

一 微观层面：组织结构生成的制度抗争与嵌入

环境中的组织具有能动性，组织在各种环境的影响过程中，组织行动者会进行有意识的能动性选择。在这种情况下，组织管理者起着关键作用，他们会根据自己的设想和组织状况，把组织结构建构为更合适或更理性的组织模式。组织管理者因为对组织自身发展的深刻理解，更能把握组织发展状况，所以组织结构的自致性发展更为深刻而持久，相比外部环境的能动者而言，也更能推动组织的发展或变革。

Y社会企业的发展过程及治理结构的完善在组织微观层面上，体现了组织行动者有意识的选择过程，也是组织行动者自动选择组织结构模式的过程。这些通过Y集团发展的几个关键阶段可以印证。

事件一："发票事件"

Y集团的每一个机构的成立，纯粹是因为发展的内部需要。第一个例子，1997年开始做残疾人服务网，当时大家都住在我家里，大家觉得我有妈妈留的三十万，有吃有用，大家不要工资。残疾人在那个过程中本来就是想换一个活法，结果非常好，别人做不出的高科技网站，我们能做出来，我们网站上放上的内容，全球的残疾

---

[1] Sproull, Lee S., 1981, Response to Regulation: An Organizational Process Framework, *Administrarion and Society*, 12: 447-470.

第六章 社会企业内部合法性建构：自致、协作与融合

人都喜欢，我们认为成功啦。

2000年2月5日成立了Y网社，这是Y做社会企业的第一个尝试。什么原因？很简单，到了2000年的时候，大哥那三十万元没有几个钱啦，有危机感了，有危机感了以后，当时有个女义工说，"大哥，这些人也有个七八个，大家做点生意吧？"我给她说，"你能不能找生意啊，我们什么苦都能吃"。她当时谈了两笔生意，第一笔生意，就是一本书，需要把它扫描，扫描完了以后，用图像识别软件进行一个文字转换，我们当时没有扫描仪，这个生意就没接；第二个生意，是一个中国香港的公司，需要我们打字，打出一本书来，由于打字的量特别大，当时我记得那本是670元人民币，觉得特别好，我们几天就打完了，所有人都觉得这是给大哥减负。几天打完了、校好给了公司，他们特别满意。他们跟我们说，请开发票吧，开发票我们就付钱。发票？听着都傻啦！说什么发票？我们这儿没有发票，我们是个网站嘛，网站跟淘宝一样是在网上，实际是没有的，他们给不了钱，这个机构就这么野蛮。这件事深深触动我们，原来我们这个集体竟然没有一个合法身份！

这个时候钱也都花光了，我去注册，当时十万元就可以注册一个公司。2000年刚刚赶上个人独资企业试水，我就问最便宜的公司是什么样的，他们说最便宜的叫个人独资企业，两块钱，但是有一个条件，就是这种企业，不能叫公司，要叫什么中心、什么社之类的，后来我就说那我们就叫Y网社吧，我们是残疾人，自己尊称自己都叫残疾朋友，残疾朋友做互联网的一个公社。你看，这是第一次，纯粹是由于内部的需求。（YZ120825）

Y网社作为个人独资企业的出现，最初只是简单地为了解决中华残疾人服务网发展过程中遇到的合法性困境。发票事件是Y网社成立的直接诱因，也是为了解决遇到的实际困难。但从根本上而言，要持续发展，必须要根据外在环境和制度性的要求，调整自我的组织结构，从而获得组织形式的合法性，使得组织合法生存。

事件二:"捐赠无门"

我们的第一个机构,2005年成立的深圳市信息无障碍研究会,这个才惨痛呢。在1999年,微软就注意到我们的残疾人网站,跟我们建立了联系。1999年的5月20日助残日,微软中国的公关部主任,特意从北京来到深圳跟我们中华残疾人服务网的残疾人共度全国助残日。然后给我们捐赠了很多软件,并且做出承诺安排,只要中华残疾人服务网里需要的软件,以后微软都捐赠。2004年,微软公关部主任离职了,加入了沃尔玛,做沃尔玛中国的公关部主任。她一到深圳就来看我们,说大哥,这么多年,Y集团做得很好,我在微软给你们捐软件,在沃尔玛我可以给你们捐点钱。她让我们写个计划,我就给她写了个计划,我们需要复印机、电脑等,她就给我批了十二万元,就在沃尔玛中国,批了十二万元,在2004年的5月20日助残日捐赠,结果临到助残日我们去办理捐赠的时候,沃尔玛中国说,你们这个不行,你们这个是工商企业。(Y网社是工商局登记的,工商注册)沃尔玛捐赠必须得有社会组织的发票。沃尔玛捐赠只给社会组织,不能给工商企业。我就去跑残联,跑几个残联,问能不能帮我们代收进来,残联都说不行。

结果,你知道最后惨痛到什么情况。沃尔玛这十二万元也批了,必须助残日捐出来,我们又不能接收,沃尔玛就临时找到了一个区的残联,捐了出去。这个被我们称为最惨痛的一个教训。从那个5月20日的失败之后,我们就下决心,一定要成立一个社会组织,这个就是2005年的深圳市信息无障碍研究会的来源。我们没有那么远、那么伟大的理想,就是在发展过程中意识到,做公益做慈善,必须有一些顶层的结构要完善。从5月20日之后,我们就奔走,到处去了解,这个社团到底怎么去注册,那个艰难就别说了,必须有主管部门,我们当时谁都不了解我们,只有科技局了解我们,因为我们科技做得好,我就去一趟趟跑科技局,最后科技局发的红头文件。我们成立了,2005年的3月份才成立。从2004年5月份到2005年3月份,将近十个月。(YZ120825)

2005年深圳市I无障碍研究会的成立，也是汲取了"捐赠无门"事件的教训。这也是组织在自身发展过程中和外界制度环境的互动引发的。它从根本上也说明了组织的发展必须要寻求合法性的认可，才能取得生存。沃尔玛的捐赠因为没有受赠予主体而无法实现，这也是在发展过程中组织发展自身结构设计的缺失，组织行动者做出了有意识的选择。当然，由于组织处于环境的开放系统下，所以这种外部合法性的建构，也必须获得外部行动者的认可，这种认可有利于组织的生存。捐赠无门的直接诱因就是沃尔玛公司规定，捐赠的受赠予主体必须是社会组织，而不能是工商注册的企业，这是外部环境的影响。沃尔玛作为对于Y来说的"环境能动者"，对当时的Y产生了强大的影响力，从而促使组织内部结构的完善。

事件三："捐赠再次无门"

2008年，随着Y的进一步发展壮大，Y的公益产权问题成为Y创始人考虑的一个主要问题。他意识到，要保障Y社会企业的社会目标和社会特性，要避免Y不因为个人不在而沦落为一个只追求利润的商业企业。郑先生考虑到裸捐个人财产给Y，以期保障Y社会企业产权的公益性。

我的裸捐也出现问题了。我裸捐了之后有一些义工、律师开始告诫我，说"郑大哥，你这个捐款有问题，你裸捐给谁？"我说我裸捐给了Y啊！说Y是公司，把股份捐给了Y的几个人，没有给社会，公司是一种私有制的形式。我们当时2007年的时候也就是五六十个残疾人吧，那就是说你这个Y，你把股份，从一个人手上捐给了五六十个残疾人，对不对，还是他们，那新来的残疾人怎么办？还有，对社会来讲，你们这个还是个私人的。那我就没办法了，Y找过民政，找过慈善会，我就问他，我说我们这一笔款你们能不能代我们收、代我们保管，这样我们就算捐给社会了。他们说这个不行，不能收。我们无奈之下，最后发现有一个方式，就是成立基金会，把这个捐到基金会里，基金会的财产，就是社会公有的财产，社会所有的财产。就这样我们才开

始想到成立基金会。(YZ120825)

深圳市 Z 慈善基金会的成立,一方面是 Y 集团在发展的过程中再次遇到困境,组织行动者主动选择的结果;另一方面,也是社会管理体制改革的结果,外在的制度环境在此事件上起着重要的影响。

> 我们成立基金会也是赶上什么呢,正好是中国民政部跟深圳市有一个部市协议,支持深圳市在社会组织开放上先行先试,正好赶上这么一个浪潮。我就跟当时民政局的局长刘局说,我说部市协议有个先行先试,能不能支持我们先成立一个基金会,所以我们的基金会是广东的 001 号。那个刘局当时特别有眼光,说可以啊,支持你们,成立这么一个部市协议以来的基金会,我们是赶上这个成立了,要不然不行的。(YZ120825)

这三个事件是 Y 集团发展过程中的三个关键时期,也直接影响和奠定了 Y 集团三位一体组织架构的成形。微观层面从组织自身的发展来看,Y 社会企业组织结构的调整和完善,是组织行动者能动性选择的结果,它是对发展中的内在需求的回应。正如创始人本人所言:

> 我们那么多的创新出来,不是我们有什么远大的规划,实际就是碰到了非常具体的问题,只能靠调整结构,这个经济基础的问题只能靠上层建筑来解决。结构要是理不顺,你往前走的时候会非常痛苦,而且会直接造成重大的损失。当初那十二万元现在看对一个组织、对我们不算什么,但 2004 年的时候可是一个天文数字。(YZ120825)

同时不能忽视的是,Y 社会企业在自我发展过程中的组织结构完善和调整,不能脱离或避开与外在环境的互动。而实际上,正是在和外部环境互动的过程中,填补组织结构的缺失,建立组织内部的完善结构,从而建构组织内部结构的合法性。因此,组织结构的调整是组织内部发展需求的结果,它的发展过程体现了组织行动者的能动性选择,但同时也是外部环境因素影响的结果。而这种影响同样体现在组织发展的中观和宏观层面。

二 中观层面:组织结构延续的文化引领与联结

新生组织在其建立时获得某种特征并将其保持到将来的过程,被称为组织铭记(imprinting)。组织铭记的概念是斯廷奇库姆(Stinchcombe)[1]首次提出的。伯格和拉克曼[2]认为,组织结构特征不是通过某种理性决策或设计获得的,而是因为组织视这些结构特征为"完成组织目标的当然而然的方式"而接受,才具有了这些结构特征。因此,他们认为,组织形式的这种被视为当然而然接受的特征,是组织结构持续存在的重要基础。

组织文化成就组织使命,帮助组织确立了相对更大系统的整体使命,为组织的参与者选择恰当行动提供了方向指引,也让成员了解组织期待并寻求了认同的依据,这种文化内化为Y集团员工的行动指引,并把个人目标和组织目标统合在一起。

1. 社会企业的核心价值观

Y社会企业的核心价值观是"感恩、奉献、自助、助人",这简单的八个字集中展示了企业文化的核心内涵。简单来讲,"感恩"要求员工要放下自我、自在前行、感受身边点点滴滴温润灵魂的感动与付出;"奉献"意味着以利他之心,全力以赴,认同"为了他人和世间倾力奉献是一个人的最高尚的行为";"自助"则意味着改变自我,照亮世界,希望大家联合起来,用行动改变命运;"助人"则表示让喜悦的生命去洋溢,去点亮他人,照亮世界,去鼓舞、激励身边的每一个灵魂,每时每刻都力所能及、全力以赴。社会企业的核心价值观是企业文化最好的表达和注解,也是员工的行动准则,更成为一个基本理念渗透到每个员

---

[1] Stinchcombe, Arthur L., 1965, Social Structure and Organizations, In Handbook of Organization, ed. by J. G. March, 142–193, Chicago: Rand McNally.

[2] Berger, Peter L., and Thomas Luckmann, 1967, *The Social Construction of Reality*, New York: Doubleday.

工的个人行动中,也成了 Y 社会企业社会行动的基本准则和指引。正如它自己诠释的那样:

> Y 是什么?
> 它是一种生活方式:感恩、奉献、自助、助人
> 它是一次温柔革命:弱势群体依托高科技强势就业
> 它是一个民生工具:就业一人、幸福一家、安定一方
> 它是一个慈善平台:公益远航的联合舰队
> 它是一家社会企业:以商业的方式,解决社会问题
> 它是一位特殊经济参与者:残疾人人力资源嵌入现代产业体系
> 它是一串励志故事:全世界团结起来,用自己的行动改变命运
> 它是一方情义江湖:不抛弃不忘记每一位兄弟姐妹和同行者

Y 社会企业的核心价值观不仅诠释了社会企业文化的内涵,而且解读了作为社会企业在组织目标设定和企业运作中应该恪守的准则。它在根本上和企业行为是一致的,也和员工的期望相契合。在调研中,当被问及"您希望 Y 应有什么样的价值取向时","团队精神"被认为是最重要的,占 38.2%,其次则是"以人为本",占 34.5%,优胜劣汰占 7.9%,人尽其才占 6.7%。

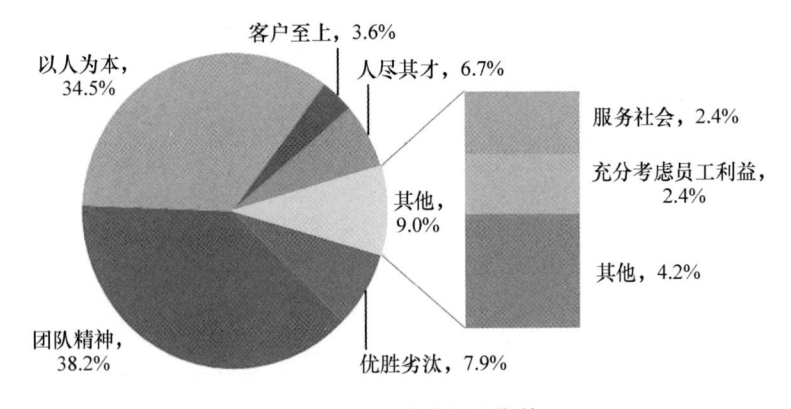

图 6-5 企业价值取向期待

当被问及 Y 集团目前的竞争优势时，有 73.94% 的员工认为 Y 的"文化优势"是最重要的，其次则是"社会企业本身优势"。具体数据见下表：

表 6-1　　　　　　　　　　　企业竞争优势

	人才优势	管理优势	文化优势	成本优势	社会企业本身优势	政策优惠带来的优势	没优势	其他
频率	29.7	14.55	73.94	33.33	67.88	44.85	1.82	1.21
频数	49	24	122	55	112	74	3	2

由此可见，企业文化的认同和影响关系到企业员工的归属感和组织认同感，企业文化成为社会企业内部合法性建构的基础性要素，它不仅是内部合法性建构的本身因素之一，同时也在极大程度上直接影响着外部合法性机制的建立。因为外部合法性机制的建构首先依赖于企业内部合法性的认可及企业的社会行动。

2. 组织文化的内化与延伸

1）企业公民的精神塑造："Y 家训"

Y 核心文化建设通过集体智慧梳理了十大 Y 家训，并通过每周一训、心语家园、员工帮助计划等落地实施，用视频、音频等方式直观展示出企业的核心价值观，使价值观和服务意识理念渗透在大家一言一行中，让大家有家一般的感觉。Y 集团的企业文化更多的是一种价值指引，是一种人格塑造。在这个特别的大家庭里，文化被称为"家训"，亲切而威严。

Y 家训

壹 心存感恩：

- 用一颗感恩的心去看世界，不要一味地向外索取，别人对你的帮助，请记在心里。
- 父母家人是我们最初的起始湾，也是我们最后的避风港，时常跟父母家人保持联络，互报平安，自己生日的时候记得对妈妈说声感谢，因为你的生日就是母亲的受难日。

- 吃水不忘挖井人，Y 的平台源自于郑大哥的默默付出，九一八了，给大哥发个短信，告诉他今天是咱 Y 的生日，也祝大哥身体健康，平时少抽点烟。
- 办公室舒适的环境卫生，我们杯中的热水、食堂可口的饭菜、洗衣间叠得整齐的衣服、每一次无障碍地出行……感恩默默奉献的同仁们。
- 遇到义工，报以微笑，送义工离开公司的时候，如果不忙，送出门口，等义工走后再进来，别人的付出需要我们真诚的回应，尽管我们能做的并不多。
- 当身边有人经过的时候，不管认不认识，不必害羞，只需轻轻地点头，微笑，用它融化人与人之间的隔膜。请记住：你的笑容，是 Y 最好的名片。

贰 真诚相待：
- 遇到同事、客户、义工询问你一些问题时，尽量帮助解答，如果自己不能解答的，也尽量给出自己的建议。
- 不要轻易地许下承诺，一旦承诺了就要全力去做，做不到时请及时反馈，并真诚地致歉。

叁 尊重他人：
- 客户、义工、朋友来的时候方便的话到门口迎一迎，走的时候送一送，不用多说什么，只是一份心。
- 发现地面已经打扫干净，就把垃圾丢在垃圾桶中，就当锻炼身体；如果办公室刚刚拖完地，就在外面多玩几分钟，就当散散心。
- 有人与我们谈话时，不要急于打断别人的谈话，要等对方把话说完，学会倾听。

肆 谦逊亲和：
- 遇到自己不会的或者不懂的事情，虚心地接受别人的意见并做出相应的改变，学习进步不丢人，毕竟成长是自己的财富。
- 心存谦卑，让自己与周围人更容易相处，让自己给别人带来更多的快乐。

伍 宽容大方：
- 当别人处事不恰当时，哪怕有一定的后果，不要轻易责怪，毕竟谁都想做好，如果实在忍不住，说了些较重的言语，记得找个机会道个歉，别在对方心里留下伤痕。

陆 关怀战友：
- 每个人都曾是懵懂的孩子，都需要别人的关怀，你一个善意的微笑、一句肯定的话语、一次不经意的指导，都可能影响到别人的未来，请不必吝啬你的些许付出，或许你收获的可能不仅仅是感谢。

柒 勇于担当：
- 人生，不如意者十之八九。勇敢面对，以积极负责的心态去处理手头的事情，才有可能走得更远更好。

捌 善待自己：
- 平时多注意自己的身体，少抽烟、喝酒，放开自己的心胸，远离一切的烦忧，善待自己是对所有关心你的人最好的报答。

玖 珍惜拥有：
- 天空中没有留下鸟的痕迹，但它已飞过；水面上没有留下船的痕迹，但它已驶过；生命是那样地短暂，如白驹过隙，珍惜每一刻当下，采撷东西方的智慧和实践，尽此一生书写传奇。兄弟们，请一起珍惜光阴、珍惜拥有。

拾 每日一省
- 如果实在不知道怎么反思，就每天读两遍《Y家训》，早晚各一遍。

家训温暖而含义深远。企业文化成为一种内化成亲情的东西，内化到员工的日常行为和生活习惯中来，影响和塑造着每一个人。正如创始人所言：

> Y有自己特殊的东西，但这个特殊的东西仅仅是让残疾人变为公民的时候，你要帮助他改变一些我们特有的这个群体带来的一些

障碍,这个是公民社会办不到的,这是我们的 Y 家训和我们 Y 文化给力的部分,从这一部分走出去到社会的时候,他应该接受的是一个公民社会的教育。我该培养出的应该是,在普世价值眼光下看都首先是一个合格的公民。(YZ120825)

2) 企业文化的具体化表达:家庭式的全方位人文关怀

Y 的人文关怀集中体现了 Y 的核心价值观和企业文化,也体现了 Y 作为社会企业的社会目标。8 小时之外的社会服务作为 Y 社会企业社会目标的集中体现,主要表现在全年 365 天吃住免费及提供免费的洗衣服务。食堂围餐体现了浓浓的家庭氛围,高标准的后勤保障,使得员工能做到衣食无忧。在生活照料上,对生病员工提供特殊的照顾和饮食,后勤保障特别为员工提供了"病号餐"。食堂著名的"母亲菜"也体现了对员工无微不至的关爱和照顾,让人有家的温暖。

(1) 对生病员工的特殊照顾和饮食

"病号餐"最初源于一个长期患病的员工。由于身体的原因,他不能吃米饭,所以食堂就每天给他做面食,他就一直吃面条。由于 Y 的员工来自全国各地,生活习惯各有差异。后来有一些同事在生病的时候就向研究会提出这个问题,是否可以在生病或有需要的时候改换伙食,满足特别需求。要知道 Y 这样的员工群,厨房紧缺人手,在每天紧张准备一日三餐的情况下,还要特别准备"小灶",这会给食堂造成很大的压力。但管理后勤服务的研究会在讨论之后即刻回应了员工的要求,形成了标准化的流程。"每次需要的时候提前填一个病号申请单,经过部门主管来批准之后,然后到研究会签字,再由研究会递给厨房下单。比如说他要吃几天?想吃什么食物?是流食、半流食?单子上写得都很详细,然后拿给厨房师傅,师傅就照这个来做,吃饭的时候就给他端上来。"(YC120830)

病号餐现在已经形成了一个成熟的制度而稳定下来,员工反馈良好。一个公司能如此关爱员工并细致入微,这种人性化的关爱体现了Y社会企业的核心价值文化和价值理念,真正做到了视员工如家人,待员工如兄弟。

对生病员工的特殊照顾除了伙食之外,就是员工之间的相互帮扶和关爱,比如医院看护等。这种医院看护是一项不成文的制度,它甚至没有特别的文字规定或说明,而只是约定俗成。对于公司突然发病的员工,父母又不在身边,同事即充当起照顾的角色,送医看护,无微不至地关照。在调研过程中,有位部门的员工给我们分享了这样一个事例:

> 有一个同事有先天性心脏病,他就是每天不想吃饭。然后厨房给他做面食,以为他是水土不服。最后就给他天天做面吃,做面吃还是吃得少,医生说他是水土不服。有一天夜里,他感觉呼吸不太畅顺,我们就把他送到医院去。医生说是心律不齐,再晚的话可能就不行了。那时还没度过危险期,要看护的,天快亮了,另外一个看护的同事给我说:"我去买点吃的。"我说:"你去吧。"然后我就趴在那个窗户边,我困得不行,睡着了……我也不知道是心理作用还是啥的,就感觉(睡了)十来分钟,感觉他没心跳了,突然就醒了,我一看(仪器)那都是平的!把我吓得,我当时全身都感觉木了,我赶紧叫医生。因为医生过来还有段距离,我狂晃他,喊他:"醒醒!"他就:"啊?怎么了?"医生过来的时候就发现他把那个东西(仪器)给弄掉了,自己动掉了。当时把我吓得,我就想,如果这样的经历在你的眼前,他走了。你那种,真是一辈子!没法说,真是!(沉默)当时那个印象对我特别深,我当时极度后悔自己睡觉。(沉默)确实,每次提到这个事情很激动,因为当时那种感受太强烈了!(沉默)(YJY120828)

小于给我讲这个事情时,我在后面,几次陷入了深深的沉默,他是一个很开朗的人,对工作尽心尽责,对同事很热心。讲到患心脏病同事的那次事情,他最后几度哽咽落泪,深深自责。如果按照现代企业管理制度的观点,公司没有义务为员工提供额外的服务,但作为社会企业的

Y 集团不但做到了 8 小时之外的无障碍全天候服务，更重要的是他的人文关怀，以及员工之间手足情深的关照，使得企业内部社区文化显得特别厚重，也正是这种企业文化，能让员工和企业携手走过了 20 年坎坷风雨之后，越发意气风发，充满竞争力。

（2）便利的无障碍住宿和出行服务

免费的无障碍住宿服务。在住的方面，公司为所有员工提供免费的住宿服务，在入职报到的时候提供全套的生活用品。宿舍租住也考虑到电梯房等无障碍设施，保障员工的生活便利。"我们租房子，尽量要求是电梯房，能尽量便宜一些。必须是电梯房，因为没有电梯的话，有些 Y 员工可能爬不上去。"（YX120901）尽管电梯房的成本要明显高于一般的多层房，但是考虑到 Y 集团员工的方便性，还是尽量租住电梯房。

对于员工的出行，公司提供无障碍出行服务，雨天对于不方便的员工提供接送服务。公司的因人设事制度，体现了公司管理的灵活性，以人为本，为了员工利益敢于打破制度规定或障碍，这也成为 Y 社会企业的特别之处。其中最著名的就是员工退养制度了，其成为 Y 模式的一种福利创新。

（3）爱意满满的母亲菜

"母亲菜"是公司文化的又一典型体现。Y 食堂实行围餐制，所有员工包括董事长在内都一样在食堂内围桌用餐。用餐标准是五菜一汤。鉴于员工来自不同地方，而又不能经常见到家人，公司提倡每位员工报一个自己最喜欢的家常菜，也就是在家里常吃的母亲的拿手菜，然后食堂师傅就试着去烧，努力烧出家常菜的口感来。每周轮换，就是为了让大家既吃得好，又吃得舒心，吃出家的味道和感觉来。

> 我们有一个后勤食堂，在这个食堂里，我们是吃围餐，每餐有五菜一汤，我们的这些菜是怎么来的，我们叫母亲菜。就是每个员工自己口述小时候最喜欢吃妈妈做的什么菜，因为那个菜的食材一定常见，味道一定是比较下饭的。所以说我们现在，食堂里将近两百道菜，全是员工自己报出来的妈妈菜。食堂就照着他的描述让师傅试炒一下，如果炒出来了他最后说是这个味道，我们就把它标准

化地进入菜谱。进入菜谱以后还有个实践的过程，如果这个菜连续有三次以上剩的超过一半，那还要把它取消。（YZ120829）

这种看似普通的企业行为，实际从员工的日常基础需求出发，能做好细致入微的服务，能让员工真正把企业当作自己的家，也就愿意去尽心地付出，这种人文关怀也体现了 Y 集团企业文化的吸引力。

（4）女员工怀孕制度

女员工怀孕制度主要是针对残障的女员工怀孕后的困难而推行的制度，这个制度也是 Y 集团在发展过程中为应对需求而推出的一项制度。Y 集团女员工，怀孕了之后身体不方便，不能继续上班，但是又不能根据商业公司的市场规则，扣工资，这样没法生活，但是继续上班身体又无法支撑。所以 Y 集团出台了一项规则，依然遵从商业企业公司规章制度，然后从郑先生慈善基金会里，专门成立一个"Y 婚生妇女关爱基金"。只要是通过国家法律承认的婚姻，女员工怀孕了就可以享受补贴。基金会根据她的残疾等级、轻重、家庭困难情况，进行评估，发放补贴，一直领到休完产假。怀孕员工所在的企业发函给基金会，告知员工已返回工作岗位，单位开始安排工作发放工资，基金会停发相关补助。

> 普通的商业公司是不可能做到这些的，因为这些给企业增加了很大的负担。但是 Y 集团，他的最终目的不是赚钱，而是打造一个平台，让更多的残疾人能在这个平台自养、自立、自尊。那我们就要运用各种不同的方法，来扶植他，让他能在这个平台一直走下去，这是 Y 集团要做的东西，也是我们社会组织要做的事情。（YTL120829）

女员工怀孕制度又是企业文化人文关怀的典型体现，企业针对员工的需求和特点，推出相应的制度。这些制度作为文化的具体形式，成为企业对员工关怀的具体情感表达，也体现了 Y 社会企业的社会目标及社会福利的创新和改革。

3）企业文化呈现的典型样本："员工退养制度"

（1）"员工退养制度"的缘起

Y 社会企业的"员工退养制度"主要指的是，对不能再工作的残疾员工实行工资及生活补贴的全额照发，即使失去工作能力，在企业内部退养的员工也可以终身领取其 Y 社会企业的最高绩效工资。另外，Y 集团还为员工购买了门诊和住院双保险，让非深圳户籍与户籍员工享受相同的社会保险待遇。

员工退养制度的形成源于公司的一名特殊员工。2002 年，患有罕见的进行性肌营养不良症的浙江省理科状元、北京大学物理系高才生 H 加入 Y 集团。H 在改进网站新闻系统、开发了社区论坛程序、软件开放等工作上发挥了自己的才能，作出了巨大贡献，H 也成了 Y 集团的总工程师。但是，他的病情却不断恶化，无法再继续工作。一般的社保制度规定要工作满 15 年才能退休。而他的工作年限太短，不够退休标准，根据政策，工作 5 年补发 5 个月工资，就可以让他回家了。

> 很多残疾人因为遗传性疾病，他的（工作）寿命可能就几年，但这样的残疾人在短暂的人生中，也需要体现自己的人生价值，有尊严地生活，有尊严地离去。我们不能因为这种无法控制的原因而放弃他。（YZ120829）

他知道，如果回家，H 很可能会没什么尊严地死去。"我想养他啊。"郑先生说，在他心里，H 虽然在 Y 集团只干了 4 年多，但实际上也就相当于奉献了他的一生。为了 H 和那些与他有同样遭遇的员工，Y 经过多番思考最后推出了一套自己独特的退养制度，失去工作能力的员工在退养后可以终身领取工资，直至生命结束，而且这笔工资按照该员工连续 3 个月达到的最高标准发放。H 在 Y 集团连续 3 个月拿到的最高月工资是 3600 元，这笔钱便是他退养后每月发放的生活补贴。

退养制度体现了 Y 社会企业对残疾人的终极关怀，体现了他的社会目标，满足弱势群体需求，打破常规，勇于创新。退养制度的成立过程有过争议，有过担忧，最后在郑先生的极力推动下促成了，H 成为第一个受益人，直到今天，Y集团3700多名员工中也只有十几个人退养。郑先生不认为退养只是增加了成本，因为这同时也是一个激励机制，让员工"把一生托付给Y"。

(2)"员工退养制度"的福利模式创新

Y集团独特的退养制度以企业补缺的方式较好地解决了国家社保制度对弱势群体的缺漏，让所有在这里工作的员工无后顾之忧，它与企业福利制度一起，成了支撑员工队伍超稳定的支柱。

> 退养制度就是那么简单，在这里工作你只要不行了，我们不需要体检、不需要有任何门槛，就是你个人说，我需要退养，我们就退养你。因为这个是根据残疾人情况（制定的），所有的残疾人他是很怕退养的，他不是像健全人，残疾人就是闲愁最苦，所以说他不到退养那一步他就不会退养。退养主要是在原待遇不变的情况下，工资找一个历史的最高点发放。就这样，很简单的一个（制度）。在我的遗嘱上，这个是遗嘱坚持的一个点，我捐赠的遗嘱就是两点：第一点，集团的残疾人比例不能低于70%；第二，退养制不得废除。现行的退养制必须坚持，就这么两点。(YZ120829)

退养制度的拟定最关键的是关于退养标准的制定，这里最具争议的地方就是，什么病、发展到什么程度，才可以退养？Y集团退养制度的出台颇具争议，但最终的成型甚至没有像一个标准化的制度那样，有严格的检验标准。这个标准的制度是出于对残疾人的热情、关爱和了解，是在对残疾人特殊人力资源特点的认定和了解的基础上的，从根本上而言，强调的是人的优势和潜能，是自助助人的理念。

> 恰恰由于我们制定制度的人就是社工，是充满着对残疾人的那种服务的热情来制定的。如果不是这样，而是按照一个部门来进行一个部门免责制定的话，那这个制度到今天都不是一个好制度。当时，强力推行这个制度，我根据两个核心的理由，两个什么理论呢，退养制的检验标准，我作为残疾人我知道一点，就是所有的残

疾人他跟健全人不一样，健全人从小就是上幼儿园、上小学、上中学、上大学、工作，永远就是每天要披星戴月，起床就走出家门，所以说他的梦想就是有一天我能闲下来，我能待在家里退休，这是很美的，好多人是这么想。残疾人从小因为残疾，就像我，上幼儿园我都不能上，我看着小朋友每天走路我特别羡慕他们，到了晚上，我才能跟他们玩儿。小学也是这样，所有都是这样，残疾人叫闲愁最苦，他最怕的就是坐在家里，他坐在家里已经坐够了。每一个残疾人，只要他有一口气，他一定会走到工作场地，那个地方是他社交的地方，那个地方不仅实现自我价值，是他能解闷，是他认为自己能有存在意义的地方。你把那个地方剥夺了，让他有吃有喝待在一个地方，那他生不如死。因为你不这么判断，他干吗要蹒跚步履、长途跋涉到 Y 呢？他在家里对他照顾不是挺好的嘛，他就是为了追寻这么一个有意思的（生活方式），换一种活法。残疾人凡是要退养的一定是罕见病，非常罕见的病。（YZ120829）

员工退养制度是对残疾群体的人文关爱，是关于尊重的诠释，是社会建设过程中对社会福利模式的创新和突破，是社会管理体制的创新。它是 Y 社会企业文化的典型反映，也是 Y 作为社会企业的社会价值的深刻昭示。

退养制就是给那些要死去的人，让他们有尊严地死去，Y 的退养制很简单，我不能把你治好，也不能让你长寿，但是按照自然规律死亡的时候，是有尊严的。我希望的是 Y 集团继续给你交社保医保，继续在大城市里方便地就医，最后死得有尊严，这就是 Y 社会企业的退养制度。我们要是设一个鉴定标准，让医院说，这个人可以退养了，那我说这个残疾人就基本不能退养。为什么，就我们现在退养的七八个人，包括我的血友病，深圳都不能做检查，必须有基因对照图谱，你要去北京，北京能给你检查出这个病，但他不能判断你是不是应该退养。他怎么出这个证明呢？所以我说，如果要标准，那 Y 社会企业不如说没有退养制。残疾人提出来我不能上班了,我要退养,你就退养。为什么这个建立这么一个判断上,就像我刚才说的,所有的残疾人,没有一个人愿意这样,大家白天都上班了我在宿舍里,吃饭的时候就免费吃,每天在宿舍里玩儿,没有这样的残疾人!真的!十五年走过来了,到现在Y退养的人,没有一个是偷懒的,他们不会在这个制度上躺着偷懒,这是Y社会企业的退养制。(YZ120829)

退养制度的核心,就是鉴定标准,这是一个关于人文的拷问,"残疾群体没有懒人,最渴望的是实现自我价值"。基于优势视角下对残疾人人力资源的肯定以及对残疾人未来的担忧和保障,在创始人郑先生的推动下,退养制度出台了,并成为Y社会企业的一个典型制度而被人津津乐道。

(3)"员工退养制度"的文化性建构

员工退养制度对于Y集团来说,不仅仅是一个制度,而是内化成为一种文化和力量,推动Y社会企业事业努力向前,并在内部员工和外部支持者之间建立了稳固的持续性的合法性依赖,使得Y集团的企业文化能稳固而深入。

那么反过来讲,他在社会企业的企业文化上,达到了决定性的作用。这是当年我们没有想到的,我们做的时候确实没有功利,当时就一个人,就是LH,感觉他为公司尽心尽力,不到五年的工作,但是对他来讲是一生,他奉献了一生。如果他不行了,就让他回去,第一,他在这已经结了婚,他的夫人是残疾人,他回去的话他的夫人生存都有问题。第二,他的父母给他拉回去,你说他有尊严吗?家里条件也不好。他回去,没有深圳这样的医疗条件,他在深圳,这里没有的药,他还可以托人买。出去自由行就买回来了嘛。他要回到老家以后,那几个月就死了,而且走的时候一定是没有尊严的。所以在这种情况下,我们当时就是考虑怎么使他走得有尊严,然后我压着做了一个退养制度。

当年确实要承担点风险,因为当年我们才五六十个人,五六十个人的工资就养一个 H，而且当年我们给他算他的最高工资是 3600 元，什么概念，我当年那个时候工资才 3000 元，那其他人都是 1500 元、1200 元。这种情况下，你 3600 元，当时反对的人说，H 要是活 10 年我们要支出多少？（YZ120829）

员工退养制度把 Y 集团的企业文化推到了一个新的高度，退养制度的实施在企业文化的形塑上而言，把企业成功地演变为"家"，增强了员工的归属感和凝聚力，直接推动了 Y 社会企业的角色形塑，成为 Y 社会企业角色建构的重要推力。

今天看来，以投入产出比来讲，我们赚大了。将近四千多个员工和所有的家属，口口声声说 Y 集团是家，为什么是家？第一，别人问起来，所有员工说，我死的时候我的父母都养不了我，父母没有经济条件！走的时候一定是满身的重病，要不停地在医院看病，要有社保医保，那我父母都养不了我了，但是我的单位能养我，你说这里是不是家？第二，是父母。残疾人的父母们每一次来都跟我讲，哎呀大哥，我们来看了就放心了。放心了应该包括子女在这吃得好、穿得好、有人管吧，之后，都加一句，哎呀那些才在这工作几年根本就不够退休条件的你们都能养到死，那我们这些孩子我们怕什么呀！两句话：第一，对现有的生活状态满意；第二，比他们情况重的我们都在养，他的孩子我们一定会养，就这么简单。所有的员工和家属认为这里是家，仅仅就因为我们有几个（退养）。但当年真不是为了别的，没有计算，没有功利性。（YZ120829）

文化是一个组织内在的属性或性质，在组织发展的过程中，文化逐渐内化为组织的一部分，成为组织行动的共同信念、意义解释和价值取向。退养制度是一种典型的企业文化，根本意义上在于它从制度的层面促成了企业文化的凝聚力和内源力，成为组织独特价值取向的内生变量，一种渗透到组织外的内在变量，从文化的角度更增加了组织的社会认知合法性。

> 退养制很典型，投了一分钱，收入一个亿。让所有的残疾人和家属都认为这里就是自个儿的家。（YZ120829）

退养制是 Y 社会企业文化的典型体现，也是社会企业的实质形式之一。企业文化具体化为各种形式并进而内化为成员的行动特征或情感信仰。退养制作为 Y 社会企业的典型形式，成为可以观察到的文化实体形式而被广泛认可。它不仅在社会企业内部取得了高度的认可和正当性，而且就企业外部特别是与社会企业发展直接相关的群体、外部支持者之一的 Y 员工家长们来说，它获得了一种高度的社会认知合法性，使得 Y 社会企业无论从内部作为意识形态的共同认可来说，还是外部的合法性建构而言，都具有重要意义。

（4）企业文化的非制度性联结：感恩行动

感恩是 Y 社会企业文化的核心内容。感恩文化从根本上而言是对人本身的培养和塑造，这和企业的本质目标是一致的，是培育企业公民，使在 Y 集团的人能成为自主自立的人。感恩文化通过一系列的企业文化渗透在 Y 员工的社会行动上，培养员工对父母、家人、朋友的感恩，以及在人际交往中的态度，更重要的是对生命本身的敬畏，它教会人的是一种态度、一种信念、一种行为和力量。正如 Y 社会企业在感恩行动的"每日一训"中提到的：

> 感恩是一种处世哲学，也是生活中的大智慧。一个智慧的人，不应该为自己没有的斤斤计较，也不应该一味索取和使自己的私欲膨胀。学会感恩，为自己已有的而感恩，感谢生活给予你的一切。这样才会有一个积极的人生观，才会有一种健康的心态。
> 1. 只有懂得感恩，才不斤斤计较，才能更好地与人合作
> 2. 只有懂得感恩，才能尊重他人
> 3. 只有懂得感恩，才能获得真正的快乐和幸福
> 感恩是一种对恩惠心存感激的表示；

感恩是一种生活态度，是一种品德；
感恩是尊重的基础。

　　社会企业通过系列活动来把企业文化内化为行动，通过比如感恩日、关怀日等具体实践付诸行动。感恩文化的行动内化主要有比如感恩晚会、感恩父母视频、感恩社会行动等形式，其中最重要的是通过每周一训的主题活动来开展。比如感恩主题周的每周一训，主要分三个步骤完成。第一步是认识感恩，初步了解感恩的重要性以及感恩的意义，主要通过比如观看感恩视频、老员工经历分享及感恩主题会议进行；第二步是实践感恩，亲身参与体会感恩，不断渗透感恩思想，主要有比如成立义工接待组、成立卫生打扫志愿者队、每周一训的推行等形式；第三步是反思总结，体会感恩的意义以及思考自己做得好的方面和不好的地方，用于今后的改进，主要通过每月一次的感恩体会总结来实践。对于每周一训的感恩日活动，也会从生活细微之处做起，关切每个人的日常生活和行动，具体化、实践化这些主题活动，使企业文化的精髓能具体化为行动，这对企业文化的落地和实践具有重要的意义和价值。比如感恩日的主体活动周，会对员工提出具体的要求，比如当日要求：要多说谢谢；给父母打个电话问候，报个平安；遇到义工或者其他来公司的陌生人，报以微笑；避免与人发生争吵；不要有意伤害别人等。Y集团从这些看似琐碎且平凡的小事做起，塑造着员工的个体行为，在更大的意义上影响着员工，也更深入地推行着企业文化，从根本上塑造着社会企业个体，这从根本上而言和创始人提出的要培育合格的企业公民在本质上是统一的。同时他也建构着社会企业的外部形象，巩固了社会企业的合法性基础，推动着Y社会企业稳步向前。

　　3. 社会企业家精神与企业文化的塑造

　　组织文化会对组织的治理和运作、组织成员的态度和行为产生重大影响，并逐渐形成一种确定的行为模式稳固下来。组织研究可以通过对组织文化的观察，获得组织运行的内部基础和控制因素。组织精英在Y社会企业发展变迁过程中表现为开拓者和创新者，他直接催生了企业文化的传播和控制力。

社会企业家是社会企业发展的主要推动者和关键因素，社会企业家通过企业的形式来解决社会问题，推动了社会福利模式的改革或创新。与商业企业家相比，他们追求的并非利润，而是将企业家精神和创造力投入社会问题的解决上。社会企业家引起独特的社会企业精神和理念，在社会企业发展中扮演着变革主体的角色。社会企业家通过商业化的运作实现对非营利组织的变革，通过创新性手段使得社会福利领域的变革成为可能。社会企业家通过直接创办社会企业，成为社会企业发展的始作俑者，社会企业家通过战略定位、治理结构的创新性模式和管理手段的变革等方式来推动社会企业的发展，使得社会企业以一种成熟的方式进入市场，参与市场竞争，获得社会企业的可持续性发展。因此，从某种意义上而言，社会企业家催生了社会企业，使得社会企业以一种可持续性的方式进入社会福利领域的变革和社会建设领域的创新。

1）社会企业家精神的诠释

社会企业家最早起源于19世纪的英国社会慈善家，社会企业家通过社会创新解决社会问题，通常在资本力量不愿涉及的领域开拓新的市场机会。英国更强调社会企业家来自公共部门，通过公共部门使企业家精神能够解决社会的重大问题。

美国"社会企业"运动的旗手、Ashoka创始人比尔·德雷顿（Bill Drayton）这样界定社会企业家："他们的职责是发现社会中的脆弱部分，并用新思维和新手段使之恢复应然强度，很多时候，社会系统的一个子系统'罢工'，但解决问题的关键却在于整个体系的再调整，难度还在于，必须把理念和手段对社会进行传播，说服以完成跃进。"[1]狄兹[2]（J. Gregory Dees）认为社会企业家是那些社会部门充当改革推动者角色的人，这些人具有以下一些特征：首先，持有一种信念去创造并维护社会价值而不是个人的价值；其次，社会企业家能发现并不懈追求服务于这种使命的机遇；最后，社会企业家能够不断地创新、调整和学习，以使社会企业能不断地持续发展；而且，为了创新，这些社会企业

---

[1] 梁唐：《美国的"社会企业"运动》，《21世纪商业评论》2006年第1期。
[2] J. Gregory Dees, Enterprising Nonprofits, *Harvard Business Review*, Jan. – Feb., 1998.

家必须勇敢地采取相应的行动以突破现有资源的限制；一些社会企业家在发展中，会收到捐赠，这种情况下社会企业家必须得对捐赠者负有高度责任的意识。

社会企业家富有创新精神，独具社会变革愿景，具有资源动员能力，拥有必备的商业技能参与市场竞争，实现社会变革。社会企业家通过整合资源实现社会变革，进行社会福利体制的改革和创新，解决社会问题。社会企业家精神更为集中地体现了社会企业家的特质和使命，是社会企业家行动的指引。

2）社会企业家精神的文化引领与传承

集团的创立和发展，离不开一批具有拼搏创新精神的员工的努力。其中，创始人郑先生在其中不可置疑地起着决定性作用，Y集团的成长和他个人经历密切相关，它的发展过程体现了社会企业家精神的传递过程。

（1）敏锐的洞察力和创造力

郑先生自幼饱受血友病的困苦，1997年，在经历三次自杀未遂之后，他拿着母亲留给自己的30万元救命钱"想要做点事情"。但是，他深知，商业不是慈善，如果以企业作为生存方式，就意味着必须直面残酷的竞争。即便是残疾人开的公司，如果不具备竞争力，最终也会被市场无情淘汰，那么，如何让残疾人与健全人能够在同一起跑线上竞争，这是创始人在创业之初所有思考的出发点。

20世纪90年代的深圳，充满了机遇和调整，也充斥着各种信息和技术，市场经济的氛围好过内地，自主竞争成为市场的主流。郑先生敏锐地洞察到了这一点，也深知，市场经济靠的是实力而不是慈善。在和义工朋友的沟通和支持下，他找来了4个残疾人朋友一起创业，开始学习互联网技术。

> 从1997年之后，我们开始找了一些残疾朋友，住在我家里，慢慢地学习互联网，我自己找了老师来教他们。一直到2000年3月份，LY获得了深圳市网页设计冠军、广东省网页设计冠军、中国网页设计亚军，后来一直到2000年8月份在欧洲布拉格拿到世

界网页设计第五名；2003 年我们的残疾人李 H 拿了深圳的编程冠军、广东的编程冠军、中国亚军，一度拿了世界编程大赛第五名。这样的两个残疾人在我的人生中，意味着没有受过教育的或者是低文化水平的残疾人，通过这种熟能生巧和刻苦的练习，是可以做到高科技水准的。他们给了我信心，让我坚持。（YZ120829）

2000 年，中华残疾人服务网成立，被评为全球点击率最高的福利网站。2001 年，创办爱心庇护网吧，网吧生意火爆，收入颇丰。那么，是扩张网吧生意继续赚钱，还是继续做网页？创始人敏锐地发现，残疾人做服务业并不能体现残疾人人力资源的优势和竞争力。比如在网吧，他观察到，如果碰到问题，残疾员工需要摇着轮椅过去，请客户站起来，把自己的椅子拿开，残疾员工才能靠近电脑解决问题，顾客也许不会说什么，但心里可能就会不开心。于是，在当时收益很好的网吧和看不到前景的软件开发中，郑先生选择了坚持做软件开发。

组织管理者敏锐的洞察力和坚韧的精神使得这个并不具备顶尖技术的团队能坚持下来，并发展壮大，这和创始人的个人行为有着最为直接的关系，在访谈中，郑先生向笔者详细介绍了当初 Y 集团创业团队的奋斗史，特别讲到几个人得奖的事情，更是记得每一个细节，郑先生向我们介绍了当初创业团队成员之一 LY 的参赛事件：

那年深圳的网页制作比赛，我没报名，第一轮选拔出来以后，突然发现一些技术并不比我们强的人，也在名单上。我就打电话到劳动局问能不能报名。我说我们以为残疾人是业余的啊，我们没敢报。劳动局说过了时间了不能报了。那最后我就觉得不能失去这个机会，我就跟劳动局的人讲，我说你看这样好不好，我说我给你们交 3000 元押金，我说我报一个人，如果第二轮的时候没有取得名次、不能入选，这 3000 元就算是我的罚金，被你们劳动局罚走。劳动局的人一看，我有这么十足的把握，就说："真的？你们真有这么厉害的人啊？"我说："真的！我放 3000 元在这儿，如果比赛他要不行的话你们就把钱别给我了。"最后他们说："那你叫这个人来看一看，我们不要你这个钱。"

LY 去了以后，用了半个多小时就做了一个网站的框架，让那些老师们非常吃惊，就说"哎呀！太专业了！差点就把他给落下了"，直接让他参加了深圳的决赛。后来一路闯关，出国比赛。组织出国的时候，别人都是单位给选手钱，我那时候也没多少钱，我带了非常少的钱，就收拾了个简单的包袱，2000年8月份，LY 出去比赛了，结果拿了一个世界第五名。到现在，中国再也没有拿过那样好的成绩了。回来以后当时的很多残疾人和义工，给他起了个网名叫"中华英雄"。这对我是一个非常重要的事情，我就意识到：我们就是在家里边，LY 初中都没有毕业，这样低的一个文化水平，通过我们这个培训取得这样的成绩，实际就是回应了我这样的一个理想和想法，就觉得可行！（YZ120829）

这事件直接影响了 Y 社会企业的早期发展，更加坚定了要做软件的信心。时间验证了郑先生当初的正确判断。软件开发团队由于 LH 的加入和员工们的刻苦努力，竞争力越来越强，而网吧随着市场发展的饱和和竞争性越来越强，生意日渐冷清。Y 集团在郑先生的带领下被引入软件开发市场，这直接促进了 Y 集团向软件公司的转型。Y 集团基础技术平台的搭建，为后来社会企业集群发展直接奠定了基础。而 Y 社会企业面对不同类型、不同层次残疾人成立的社会企业集群，也更加体现了社会企业家精神，使得所有残疾人都能在集团事业中找到自己的岗位，这对于残疾人就业领域的创新和推动来说，无疑是一个创举。

对于残疾人人力资源特点和优势的准确把握，直接影响了当初的创业定位，这也是郑先生作为社会企业家创造力的体现，他把残疾人人力资源优势和软件开发相联系，使得弱势群体依托高科技强势就业成为可能，引发了残疾人生存方式的革命。

残疾人在做软件方面比正常人更有优势，我们想验证的就是这样一个道理。这个优势是什么呢，是因为残疾人行动不便，对正常人那种生活、娱乐的要求就相对少，所以说他坐在电脑前，我们总结了两个优势。第一，主观上有耐心，客观上有更多的时间。那主观上这种耐心，客观上又能比别人多坐在那，白天晚上都坐在那，他就一定能出成绩，我们就是想验证这么一个东西。我们的残疾人，一年365天每天都趴在电脑上，到了晚上我们11点要去赶他们。这个是由生理决定的，电脑就是他的世界，他走出去不方便。我们称之为：上帝给你关上一扇门就给你打开一扇窗。我们一直在寻找这扇窗开在什么地方，最后发现有了电脑和互联网之后，这扇窗开在屏幕上。这个是我们之前就猜想的，通过LY和LH验证的，最后我们拿它来做成一个平台，组织了数千残疾人，在这上面真正体现了一种价值。（YZ120829）

社会企业家富有创新性和创造力。创造力主要体现在两个方面：一是制定目标的创造力，另一个是解决问题方面的敏锐洞察力和创造力。创始人郑先生从Y社会企业最初发展对残疾人创业目标的把握，到一路发展过程中对社会企业目标的坚持，对Y社会企业今天的成就起着决定性影响。这种敏锐的洞察力和创造力成为社会企业家精神的典型表征，也成为Y社会企业文化的一部分，渗透于组织的发展过程中。郑先生对Y社会企业创立和发展的推动，得到了社会及公众的认可，在调研中，从政府到社会公众，都对郑先生的个人魅力高度认可，深圳市和罗湖区残联的相关负责人几次谈到，"Y它作为一个社会企业在运作的时候，我觉得郑总这个人是非常有能力的，特别是在它初级阶段。郑总个人的能力和魅力，在Y的发展过程中体现得淋漓尽致"。社会企业家个人敏锐的洞察力和创造性，在社会企业的发展过程中起着重要作用。

在关注组织制度环境影响时，不能忽视的是行动者的能动作用。组织行动者在获得合法性的过程中，会利用不同类型的影响机制，影响不同目标的确定和实现，获得组织发展。深圳市民间组织管理局的负责人提到说：

你如果要是考察到其他的组织，比较之后你会发现，一点点机会他就能把握得很好。他非常善于运用这种资源获取更多社会的支持。他很善于表达,能引起别人的关注,而这种关注会更加推动这个事业。所以我觉得这种跟他个人能力也分不开。每一步都有创新,都有技术上的不断精进,所以我觉得这个创新是它的特质,而且有非常强的学习能力。它最主要还是解决了社会问题,这体现在它的就业、生活等方面,这个是很了不起的,为国家减轻了很多负担,让残疾人在这里找到了人生价值。(SMM120903)

组织精英在社会企业的发展过程中起着不可替代的关键作用,这一特点在 Y 集团及郑先生身上表现得尤为明显。

(2) 清晰的社会使命和道德责任

在集团的发展过程中,郑先生发现,集团真正的核心并不是开发软件,或者未来其他的什么业务,而是开发人,将那些原本在社会找不到位置的残疾人,转变为优质的人力资源。他深刻地体会到,残疾人不计较收入和工作条件,比正常人更强烈地渴望实现自我价值,定位准确,残疾人组成的企业也可能蕴藏着强大的市场竞争力。

郑先生凭借着创办 Y 集团时清晰的社会使命以及对市场的敏锐洞察力和坚韧的精神,对 Y 集团的发展从产品和人上都积极践行着作为个人和社会企业的社会使命。正如他所言:

有使命感的人容易成功。无论竞争多激烈、人才多过剩,他不会多余,永远有市场,成功天平会偏向他。残疾人的使命感,是当面对歧视与障碍的环境时,要创造和传递爱,去融入社会,争取到有尊严的快乐活法。卑微的我们无法在这个世界做什么伟大的事情,但可以带着伟大的爱做一些小事。怀大爱心,做小事情!

所以,在 Y 社会企业的发展过程中,更注重对"人"的开发和培养,这是 Y 社会企业的根本目标。所以,Y 社会企业的文化从个人行为到人文关怀,从生命成长到社会责任培养,都体现了根本意义上对人的尊重,以及对个人价值实现的尊重。人力资源是企业发展的因素,Y 社会企业对残疾人人力资源的重视和培养，体现了清晰的社会使命和道德责任。要开拓机遇，拒绝放弃，尊重人力资源价值的开发和挖掘。对企业公民意识的培育和人的培养，也传承了社会企业的企业文化和社会企业家精神，从人力资源的角度建构社会企业的内部合法性基础。

> Y集团的传承，它不仅仅是感恩、崇拜，它一定有一个自我价值的体现，它包括了专业技术的成长过程。那么在这种过程当中，我觉得我们的家训代表的就是Y集团特殊的文化，这个文化是什么，实际上就是一个被压抑了许久的弱势群体，在唯有的这种电脑互联网出现了之后，他坐在屏幕前，真的有机会崛起的时候，这么一代人，这个崛起的过程中，个人、事业以及个人价值怎么定位（的问题），这是我们特殊的东西。（YZ120829）

人的需求是多层次的，根据马斯洛的需求层次理论，在满足了生理和安全需求之后，最终会追求自我实现的需求，会要求通过完成与自身能力符合的规则时，最大限度地发挥自身的潜在能力。对于残疾人特殊群体的需求要区别对待，他们在不同的状态下会有不同的需求体现。他们的需求已经脱离了基本的生存和经济满足，不太看重物质报酬，希望能实现更高层次上的自我价值。

> 我刚来的时候，以为尽我所能，为他们创造更多的利润，能赚更多的钱，就是对他们最好的帮助。后来我发现我错了，他们看重的根本不是这些。他们给我说，董，我们不在乎物质回报，只要有机会，证明自己的价值，我们都会拼命去完成。我们最大的希望就是能给我们引进新技术，让我们整个组织能在外面以更强的姿态出现。当时，我就感觉很意外。原来不是说我能学会什么，我每个月多挣多少钱，而是怎么强大，怎么能在外面有更好的服务推出，怎么能彰显每个人的价值。他们已经不同于社会上一般的残疾人群体，已经不太看重物质报酬了，希望能够实现更高层次上的自我价值和满足，这是我来这里之前没有想到的，让我很感动。

(YH120504)

Y社会企业文化的传承得益于综合因素的影响，但根本上而言是对人的培养。除了生活上的生命花开，工作上服务意识的培养之外，在专业素养方面，要求有专业技术及协同意识。注重对员工个人价值的培养和关注，培养员工的自我认同和社会认同，建构自我社会行动的适应力和合法性。

(3) 明确的社会目标和社会企业精神

社会目标是衡量一个组织是否是社会企业的重要指标，对于社会目标的定位和坚持是社会企业家社会企业精神的重要体现。创始人对于Y社会企业的社会目标的坚持和把握体现在其一系列决定和行为上。在Y社会企业的发展过程中，郑先生的几个关键决定直接促成并推动了残友社会企业的发展及合法性体制的建立。

一是开拓性地创造了残疾人弱势群体依托高科技强势就业的路径。这场社会运动直接引发了残疾人生存方式的革命，这对于残疾人社会福利模式的改革和创新是一个创举。对残疾人人力资源优势的发掘、培育和引导，对员工企业公民意识的培养，对残疾人自我价值实现的重视、认同和支持，从根本上体现了Y社会企业文化的内涵，是社会企业家精神的典型体现，也同时使得社会企业家精神得以传承。

二是"裸捐"。2008年，创始人郑先生的裸捐，直接促成了2010年深圳市Z慈善基金会的成立，保障了Y社会企业产权的公益性，保障了社会使命的实践，也从法律上保证了Y社会企业的合法性。

> 1997年开始和这些同命的兄弟们去找一个自己的活法；2000年到2003年他们不停地出成绩，让我看到这种路是选对了；到了2007年、2008年，出现了商业因素开始干扰我们，为了实现残疾人这种自救、自助、自治的这么一条道路，我把所有的东西裸捐，保证还是在这条道路上走，不受商业因素的干扰。
>
> (裸捐) 跟个人的信仰和对生活的认识有关系。对我来说，这是一个非常特殊的东西，我不是一个慈善工作者，我也不是一个企

业家，我仅仅是中国千千万万的那种重残的残疾人中的一个典型。也就是说我这一生困扰我的是由于自身的障碍一直没有自我价值，这是困扰所有残疾人的一个东西。所以，对我来讲，最重要的是这一生能克服自己的这些障碍，实现自己的价值。从1997年到2007年的这十年中，Y这个平台产生了巨大的变化，一是公司多，二是股份有含金量，别人愿意来买你的股份。这种情况下，对我来讲出现了重大的挑战，就是下一步人生的选择。是否学习那些企业家，去当老板？我不愿意，为什么？第一，当老板我也不能到处开着车，我的身体让我没法进行这样的活动；第二，在我的内部，让我跟我的这些同一个战壕里拼搏的这些残疾兄弟产生了隔膜。本来我们是同一个战壕的兄弟，亲密无间、生死与共，如果我是老板，他们是工人，他们要替我打工，这种内部关系的改变我也不愿意。那我就做选择了，我还是愿意作为一个能在这个平台上实现自我价值的残疾人。所以我就把它都捐了。（YZ120829）

2009年11月，郑先生将自己在集团90%的个人股份和各分公司51%的个人股份，以及Y和他个人的商标品牌价值，在律师公证下全部捐献给了基金会。裸捐直接成就了集团三位一体组织架构的成型。

三是三权分立、三位一体组织结构的建构。深圳市Z慈善基金会成立，基金会绝对控股了集团股份有限公司旗下的34家社会企业，保证了社会企业的公益产权属性，从而也保障了社会企业的社会属性和目标，直接奠定了Y社会企业社会合法性的基础。同时通过项目支持中华残疾人服务网等8家社会组织，各自独立而又相关地运行。这个基金会、社会企业和社会组织三位一体的系统协调运作，为残疾人创造高价值的就业机会提供了前提和保证。

三位一体的组织架构让Y集团的社会企业获得了完整的独立公司身份和真正的竞争力。非营利性质的社会组织通过基金会提供项目支持，为公司性质的社会企业提供各种服务，解决了Y社会企业员工8小时之外的包括衣食住行、心理辅导和危机干预等多项需求，照顾了在集团工作的残疾人的日常生活，使得社会企业无须负担残疾员工所产生的额外成本，社会企业可以零负担进入市场，与一般公司进行完全竞争。同时社会企业创造的利润再上缴给基金会，维持体系生存和发展的循环。协调的体系循环和完美的组织架构成为 Y 社会企业的一项创举。正是这样的组织架构保障了 Y 的社会企业能真正进入市场领域，参与市场竞争，获得利润，赢得可持续性发展，也从根本上赢得社会企业的合法性建构。"我们的目标是建立一个从财务报表上看与正常人组成的公司没有任何区别的企业。不来公司，没人能想到我们有这么多轮椅和拐杖"。这是三位一体组织架构的魅力，也是社会企业该追求的最终目标。

四是"去郑先生化"的实践。Y 集团一路走来，从最初的 5 个人，到现在实现了 3700 余名残疾人就业，被所有人尊称为"郑大哥"的郑先生成了 Y 集团离不开的灵魂人物，成为 Y 社会企业的象征。作为一名血友病重症患者，一个不可回避的问题就是，他的生命随时有可能因为脑出血而终结。但他的历史贡献和带头大哥的性格使得他在集团有着绝对的地位和话语权。对于这一点，郑先生努力在用自己的行动为集团的未来发展筹划着。一方面，郑先生用三位一体的组织架构保障了集团的社会企业性质和未来方向。另一方面，他不想因为自己未来的变故影响 Y 集团的发展。所以，2011 年，他开始进行"去郑先生化"，退出集团的日常运营，放弃了财务管理权，聘任了新的集团董事长，他甚至在 Y 集团的新总部没有为自己留一间办公室，而且也很难在总部看到他的身影。

"去郑先生化"是（为了）Y 集团更加强大的一种（努力），对我个人来讲，我敢"去郑先生化"就因为我深深认识到，在几千人中，它的 8 小时内的残疾人技术团队和 8 小时外的残疾人社工团队，已经形成并非常强大了，能进行有效地管制，具有内部非常好的自我循环，可以新人辈出，外部有更大的社会资源支持，我认为 Y 集团已经不需要我在那儿，不要让脆弱的生命和身体，在以后的那种变故当中对集团有更多的影响。（YZ120829）

第六章　社会企业内部合法性建构：自致、协作与融合

正如郑先生在自己微博中写道的：

> Y社会企业"去郑先生化"，是应对"后郑先生期"的挑战。要剥离生命对事业影响风险，用标准化科学的制度取代道德纯粹，证明斗志昂扬团队胜过个人胆略魅力。给世人信心，创复制条件。让Y这种热爱世界、生活、生命的社会企业，在世间蔓延，以善行创造美好的和睦生活。让创新的时代，总不断有新的Y出现。（郑先生新浪微博，20110919）

他对Y社会企业的发展及未来有强烈的历史使命感和明确的社会目标，对自己及集团有清晰的认识和把握，后郑先生时期的去郑先生化，是为了Y社会企业未来更加自主地发展和壮大。而事实上，他从不曾离开，隐退后以另外的方式更加积极地推动着Y社会企业一路向前。正如他所言："人生是艰苦的，对于那些不甘于平庸鄙俗的人，是一种每日的战斗！"

就像多年的老同事评价他一样，"Y就是他的生命，做Y是他自己的一种生存方式，他尽自己最大的努力去把这个事业做好，就是让自己过得快乐，也打造这么一个平台，让更多的残疾人能在这个平台上发挥（才能），那他拼了老命，别的人就跟着他一起拼命"。"郑先生是拿命在做事业，他自己也承认的，也是大家都了解的。他用这种执着、坚韧和拼命，打造着Y作为世界著名社会企业的奇迹。"调研中，大家都表示，郑大哥是Y集团的支柱和灵魂，Y集团不希望离开他。

在调研中，就像很多员工说的，他们在这里找到了自信，这个平台给予了他们机会，使生命再次花开，得到成长。L因为一场车祸高位截肢，但她一直很乐观积极，她说："我越来越关注内心的自在。通过努力，现在的我更加开朗自信。但愿此生如夏花般绚烂，更好地服务有缘之人。"同样命运的L说："Y使我找回了自信、让我胸怀理想、充满激情地面对生活。同时也让我找到了生命中的另一半，在这里感谢Y、感谢每一位付出的兄弟姐妹！"W是集团的新人，他说："我带着强烈的职业感来到这里，在这里我找到了人生的方向，从此不再迷茫！"

"在生活上和工作中我变得更加自信了！感恩这个平台，我会再接再厉！"这个平台给予了他们希望和机会，这种互助和成长型的企业文化，使得残疾人士得到的不仅是一份工作和就业的机会，更多的是生命的成长，这是Y社会企业的社会价值最深刻的体现和表达。因此，从这个意义上而言，Y社会企业做到了作为社会企业本身而言最根本的内涵要求，就是关注生命、关注个人、关注个体的意义和生命成长，Y的社会行动践行了企业理念和价值目标，履行着作为社会企业的社会使命，从这一点而言，Y社会企业本身的存在就是社会价值和使命的呈现。

人称"飞哥"的H先生，是当年动漫公司创业团队的"动漫七匹狼"之一，集团的资深员工。虽然身材矮小，但长长一串的履历表和丰富的职业经历，让人感受到他大大的能量。从程序员、设计师，到总经理、秘书长、实验室主任等，他走过了长长的路。长时间的田野调研，让我得以有机会和他数次见面沟通，让我感受到社会企业家精神与他之传承和发扬。

> 我出生在广西一个偏远的贫困县山区，至今县城都还未通高速，父辈都是农民，一辈子都很少出县城。据父母说，我在两三岁的时候，和普通的小孩都是一样的，身高，四肢都看不出异常，随着年龄的增长，别人家的孩子个子一天比一天高，而我却长得很慢，大概在八九岁的时候，父母带过一次到桂林市南溪山医院找骨科医生看，但也检查不出什么结果，就是平时多补补钙，当时家里经济也不好，但老爸老妈还是会时不时买些骨头回来熬汤，找一些补钙的药吃。
>
> 小学是在村里上的，因为这些小伙伴都是从小一起玩的，倒也不会用什么异常的眼光来看待，只是比别人矮一些，自己的成绩也比较好，经常得到老师的表扬，1994年开始升初中了，需要到离家十几里的镇上去读，记得当时自己的身高才76厘米，跟课桌一般高吧。从家里到镇上，走的都是山路，村上的亲戚都说不要送我去读书了，反正就算读书了以后也做不了什么。但老爸老妈坚持一定要送我去上学，每次去学校都是他们骑自行车送到学校。

到了初中，一下子感觉到了外面的世界，整个学校几百个学生，走在校园里，经常会有一帮同学围过来看着，喊"小矮人""土行孙"之类的外号，甚至刚开学的时候，班主任还以为我是哪位同学带着自己的弟弟来上学呢。从一个很偏僻的小山村往外面走出的第一步，确实有很多不适应，甚至退缩、畏惧、自卑……但开明的父母和老师的开导，让我很快转换观念，重拾信心，性格也变得更加开朗，初中三年，和同学打成一片，得到老师的器重，成绩也一直稳居全校前十名。那三年我觉得对自己非常重要，一是在性格上，让自己更加坚强，面对一切都要学会从容有信心，二是更加坚定认为知识才是改变自己的关键出路。

到了高中，进入了县城的重点中学，身边优秀的同学更多，虽然也会时不时遇到一些好奇的同学，或嘲笑的言语，但自己也深知，你没办法去改变别人，那就努力地让自己变得更优秀。第一年考大学，虽然分数线已经过了录取线几十分，但是学校在提档的时候，由于我的身体而退了档案。那时也不知怎么去求助，眼看着别的同学都开开心心地去大学报道了，而自己的却毫无音讯，曾经消沉迷茫了一段时间，以为自己的出路从此就被割断了。

父母和老师让我回去再复读一年，怀着忐忑不安的心情我又重新回到了校园，第二年，终于迎来了好消息，被广西师院录取了（现在的南宁师范大学），读的是计算机专业。家里因为送我读书，已是负债累累，老弟也因为经济情况，14岁就辍学出来打工，很珍惜这次来之不易的机会，也很感恩父母这些年来最无私的付出。大学期间，对树立我的人生价值观非常重要，自己也在尝试从各方面不断去突破，除了学业上的不放松，也去报名参加社团、学生会，锻炼自己的人际交往能力，开阔视野，和同学一起勤工俭学，卖电话卡、卖面包，补给自己的生活费，锻炼社会适应能力。毕业的那一年，也光荣地成了一名共产党员，被评为学院的优秀毕业生。

当我以为自己已经可以轻松踏进社会，开启自己事业征程的时候，现实又给了一次重锤，各大企业来学校招聘，只要进到面试一关，基本都是没有下文了，参加各种招聘会，看到自己心仪的岗位，不是直接被拒绝，也是让回去等消息，就没了然后，社会对残疾人的偏见非常大，残疾就等于残废、无用，对这个群体的包容性很低，机会是少之又少。最后好不容易有一个刚创办的小型网络公司，提供了实习的机会，一个月500元，不包吃、不包住，在当时也是心怀感激了。

2007年，当时在网络上无意搜索到一个叫中华残疾人服务网的网站，得知在经济特区深圳，有一家专门招聘残疾人的企业，了解到创始人郑大哥的故事，记得当时网站上有一段这样深情的文字，深深吸引了我，也让自己有幸与残友结缘：

这里是灵魂避风的港湾，这里是苦乐共享的家园。

这里燃烧着激情与梦想，这里充溢着执着与希望。

在这里，生命摒弃狭隘，慢慢成熟、完整。

在这里，我们手牵手、肩并肩，用信念铸就辉煌。

来吧，兄弟！

这里也许没有你炫耀的薪酬，却能给你的生命增重，改写你的人生轨迹。

让我们一起共同拼搏，铸就辉煌，点亮历史！

通过网站上留的联系方式，联系到了郑大哥，介绍了自己的情况，郑大哥听完，说来吧，这里以后就是你的舞台，这里有一群和你一样身体虽有残缺但充满远大梦想，想要实现自己人生价值的兄弟姐妹，一起奋斗，终有一天，你会让别人刮目相看！

带着憧憬，还有一丝的不安，从家乡的城市独自一人拖着皮箱，启程寻梦之路，来到了特区深圳。记得当年刚来这里的时候，还是蜗居在社区里一个200多平方米单车棚改造的地方，办公、饭堂、宿舍都在一起，当时全部人员不到20人，有坐轮椅的、有拄拐杖的、有脑瘫的、有和我一样身高矮小的，等等。自己第一次看到有那么多和自己一样身体遭遇不幸的残疾人，很是惊讶。但大家都非常开朗，自信阳光，处处体现了平等。

那时候每个人都很拼，经常学习工作到深夜12点，刚开始来的时候，安排做网站建设，一边学习一边跟项目，这个大家庭给我们搭建了一个能够有机会施展能力的平台，深圳的开放和包容给了我们尝试的机会，大家感恩珍惜，精益求精地服务好每一位来之不易的客户，来到这里，感觉自己是鸟儿回到了树林，鱼儿回到了溪河，自由飞翔，自由呼吸，自己的能力也得到了迅速提升，市场的客户对我们也越来越认可。

Y的前十年（1997—2007）虽然未能一起经历，但从自己求学受阻，求职受阻，能感同身受这种在夹缝中的生存、突围，以至耗尽郑大哥的保命积蓄。2007年开始，公司迎来了第一次的爆发和转型，开始向专业化公司转型。之前我们主要是以打字印刷、小型网站开发、小型软件开发为主，很难有一些大的业务。2008年年初，随着规模的飞速发展以及残疾大学生的不断加入，相继在动漫设计、BIM建筑信息、影视特效领域开拓残疾人就业方向。短短一年不到，在动漫设计领域上就开拓了一片广阔市场，团队从组建开始的7个人（时称的"动漫七匹狼"）发展到50多人，自己也被委以重任，从技术岗位转向管理团队，动漫团队最多的时候将近150人，承接的业务也越来越多，深得市场的认可。

2011年下半年，山东日照政府领导盛情邀请Y，在日照一个新工业园专门提供一栋6层的办公楼，希望引入Y模式，解决当地残疾人就业问题。此时，动漫公司的运营已步入正轨，郑大哥也希望Y也能走出深圳，回报社会，惠及更多的残疾兄弟姐妹。带着郑大哥的信任和嘱托，我和另外5名同事一起奔赴山东日照，在当地政府、企业家的共同推动下，创建了山东Y，结合当地残疾人的教育水平、就业需求以及本地市场情况，开展残疾人培训和就业项目。2012年6月，接到总部的调任，需要远赴新疆喀什接受更重要的任务，我匆忙交接了山东Y的工作后，就直奔新疆了。喀什的工作是全新的，环境和条件也不同，但挑战的同时也是机遇。事实证明，我们也做到了。2015年6月，完成援疆三年一个阶段的工作，郑大哥安排我回到深圳总部，在基金会负责全国公益项目的推广，这就是百城万人残疾人士居家就业项目，在全国很多地方推广和复制,马云在 2018 年"双十一"为残疾人云客服的小伙伴们专门发微博点赞。

想想自己,从 2007 年进入 Y 到 2020 年,转眼就 13 年了,自己经历过应该有十几个岗位,数个领域,从软件开发到动漫设计,到电商商务、广告制作、社工服务、基金会工作,再到生物科技。有纯技术、有行政管理、有市场开发、有社区工作、政府项目、团队管理、公司运营等,哪里需要去哪里,需要什么就学什么,跟随着集团这个平台的发展,努力了就会有很多的机会、很多的空间和很多的挑战。2019 年年初,集团开始进军生物科技领域,我又有幸被安排到负责在全国各地招聘医学相关专业的优秀残障大学生,并引入国内外顶尖生物医学领域专家团队,集全国各高校医学、生物学和药学专业毕业的残障大学生精英技术团队。我们的生命科学实验室目前还在建设中,未来将成为深港澳大湾区面积最大、最先进的生命科学实验室。实验室将用于罕见病等疾病的预防与治疗,给残疾人士和罕见病人群提供精准医学技术服务和健康管理。这次郑大哥给予的重任,对我来说是目前为止在专业上最大的跨界,最大的挑战,对于不甘平庸的人生,那就去勇敢地挑战吧。(YF200210)

正如他自己所言,跨界面临着挑战,也是机遇。社会企业角色建构中的文化推动,和社会企业家精神相关。Y 集团的发展,创始人郑先生的个人魅力起着关键的决定性作用。组织精英的领袖作用对中国社会企业的初期发展非常重要,从"郑先生"到"郑先生精神",社会企业家精神的培养和引领,成功地影响和建构着 Y 社会企业的企业文化,这种文化成为推动社会企业发展的决定性力量。

Y 社会企业的发展由于个人目标和企业目标的高度契合,角色建构获得了内部行动者的认可和支持,建立了稳定的内部合法性机制。良好的企业文化和工作氛围成为吸引员工的一个重要因素,薪水并不是员工考虑的首要因素,这一点可以从"选择 Y 社会企业的原因"的数据显示得到验证。

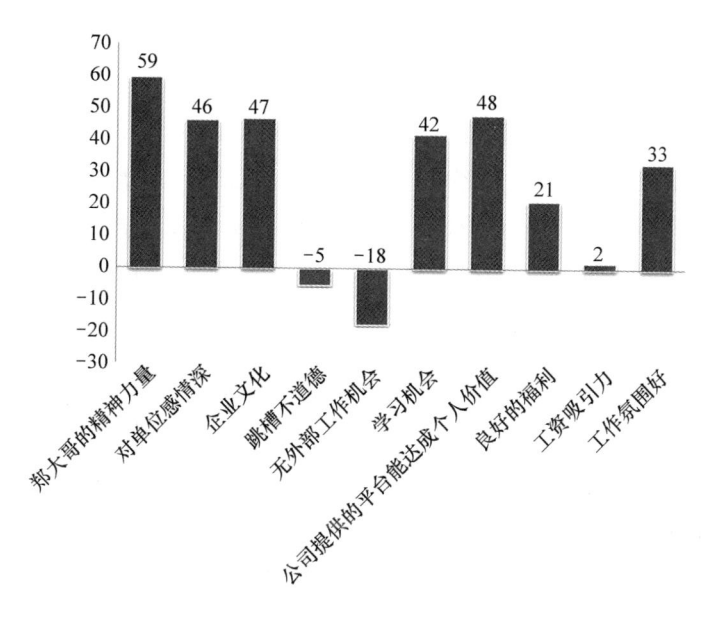

第六章　社会企业内部合法性建构：自致、协作与融合

图中柱状数据：郑大哥的精神力量 59；对单位感情深 46；企业文化 47；跳槽不道德 −5；无外部工作机会 −18；学习机会 42；公司提供的平台能达成个人价值 48；良好的福利 21；工资吸引力 2；工作氛围好 33。

图 6-6　选择 Y 社会企业的原因

有近 60% 的人选择创始人"郑大哥的精神力量"作为留下来的最主要原因，其次则看重 Y 社会企业作为实现自我价值的平台，以及"企业文化"及"对单位感情深"等因素，而工资依然并非关键因素。可见，在社会企业的治理中，社会企业家精神及企业文化对组织管理的决定性影响作用，在很大程度上直接影响了企业员工的个人行动，进而影响到组织目标的实现及外部合法性建构。就像创始人所言："有一条路从来没有尽头，有一种人在荒芜沙漠中不断努力前行，他们乐观看待突如其来的系列困难，靠的是一份亲情和职业操守，在创造价值中一起成长，真的一起做成了一些事。面对成功的磨难，有人领悟到只凭自己无法有此成就，因而更加努力！"

4. 协同发展与社会企业家精神的延续

Y 积极推动残疾人就业，集团内部的员工成长制度成为 Y 运作的一大特色。集团坚信残疾人和健全人是平等的，残疾人之间更是平等的，内部运作建立了完善的 8 小时内自我管理、内部阶梯形培训、商业实战、岗位开放等工作模式。内部阶梯式培训，即为了每一个员工的持续性成长，设立了共享知识池，为每个员工提供获取技术与软技能知识的机会，还以老员工为导师，引领新员工的成长；内部与外部相结合的阶梯性培训，使得员工在商业实战中迅速砥砺成长；岗位开放，则使任何人都可以随时申请集团内部的任何岗位，无论部门、分公司还是地域，这包括平级换位以及同位升级。内部开放的员工成长制度使得员工有了更多的选择和机会，也有利于进一步挖掘自身潜能发挥，这和社会企业的理念根本上是一致的。

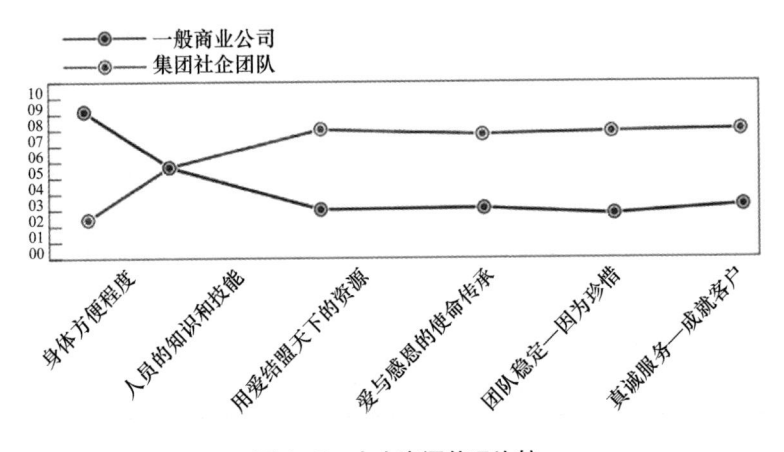

图6-7　人力资源状况比较

企业黄埔是Y集团中一项典型的员工培养制度，也被称为是将才培养。该制度是自下而上推动形成的。很多员工、包括老员工，上班的地方距离总部比较远，感受不到以郑大哥为代表的Y精神和Y文化的感染力，在这种内部需求驱动下，成立了"企业黄埔"，培养具有深厚Y理念文化的和一流领导力的将军。企业黄埔由郑先生任校长，并成立高级参谋部、配备讲师团和项目支撑团队，有清晰的实施流程，管理支撑体系、激励制度和风险管理机制。其基本理念和策略是：目标明确、团队无边界、内外部分享与专题培训的方式相结合、外部参谋团支持、分阶段总结并持续性改进。

企业黄埔是Y员工成长培训内容的一部分。员工的生命成长由三部分组成：一是融入企业社区，了解企业文化；二是企业公民意识的培养；三是技术的成长和培养。技术方面的成长和培训有专门的外部技导师或专业的技术人员负责，这是一个常态的培训，并且公司有每周的读书会和每周周报，针对员工学习成长的培养和督促，为每个人的成长提供自我学习的空间。企业黄埔主要针对 Y 企业文化和企业公民意识的培训培养。企业文化主要针对员工融入主流群体时残疾人的自身定位，主要由 Y 的创始人、老的开拓者和 Y 骨干负责，通过讲述自身的经历以及对工作和生活的感悟去影响他们；企业公民意识通过 Y 的外部支持者来做主题演讲，主要是社会人士，包括一些资深的老义工在内。主要是培养他们的自主和企业公民意识。

> 我们黄埔是跟技术无关，就是一种人生感悟，听完了以后（帮助）自我定位、社会认知，这样的一些东西，我们采取的办法就是，每次课请一个人来主题演讲，内容宽泛到他不需要演讲提纲。（YZ120829）

企业黄埔靠典型的员工培训制度传承企业文化和精神。

> 传承很重要，任何一家公司的事业，最终就是靠人的，这个人认不认同这个事业，这个人有没有能力去带领这个事业往前走，是这个事业将来能走多远的唯一因素，其他的东西都不是关键性的，技术也不是关键性的，因为相对来说，这个时候技术已经是很透明了，这个愿意学，愿意投入，都没问题，关键技术也是一种能力嘛，所以我说的这个能力，目前我会更偏向于管理这种领导力。如果要为了公司未来的发展，把公司越做越大的话，肯定是要靠人，人才不会从天上掉下来，只能靠培养，要培养他的这种精神和价值观的东西，第二个就是要培养他的能力，什么样的人，将来能带多大的本领，培养完了就知道。（YJZ120827）

企业黄埔的课程设计主要围绕 Y 理念与愿景、幸福人生、领导力模型、战略管理、系统思考、麦肯锡方法、慈善公益及核心项目管理等方面展开。企业黄埔作为一项内部培训制度，以员工的生命成长和自身提升为目标，和专业技术的培训相得益彰，共同构成了集团对员工从技术支持和自身生命成长培养的一个完整体系。这和创始人关注企业公民意识的培养和人自身能力的提升，以及人潜能的挖掘和提升直接相关，正是这种完善的人才培养体系和人力资源架构，使得企业文化的传承能具体落实并渗透到每个人的行动中，建构内部社区合法性的坚实基础，使得 Y 集团的稳固发展和快速前进成为可能。

第二节 集团故事："江湖马哥"

M 先生是 Y 集团事业的首批元老，大家都亲切称呼他小马哥，他 2004 年 8 月加入 Y 集团，负责公司 CMMI3 级、CMMI5 级及软件公司新三板挂牌。他大学毕业后因摔伤回家休养，曾经无数次在网上应聘换来无数次的拒绝，在绝望至极之时结缘了 Y 集团。在 Y 集团的这些年，找到了自身才能发挥的平台。他说此生最幸运的就是能和一群志同道合的伙伴在一起为着共同的愿景与目标去奋斗，同时给身边的人带来快乐。

> 还没工作就已经受伤了，那个时候非常绝望，在网上不停地投简历，也打电话，也跟无数个企业联系过、聊过，一聊知识、技术啊方面都是可以的，但我说到我的身体情况时，他们都不愿意，他们说如果有点体力上的东西，比如说要爬几层楼啊什么的你可能会受不了，然后就委婉地把我拒绝了，很多次都是这样拒绝了，后来我就非常绝望，很低落，在家里面甚至把自己封闭起来，然后除了我爸我妈我谁都不想见，所有亲戚我都疏远，邻居啊什么的，因为我觉得我的人生没有多大意义……
> 因为身体情况被无数个企业拒绝了以后，我就想再也找不到工作了，这辈子就完了，然后就在那边很低落，封闭自己，整天打游戏，也啥都不想，那个时候真的是非常灰暗，哎。然后，真的是，老天爷还是很公平的，在一次我们江苏的那个叫《扬子晚报》的

中间那个夹缝里面，我看到了中华残疾人服务网。

他说招收全国的残疾朋友，他不是写残疾朋友，是说招收全国的战友，哈哈，加入我们，实现自己的人生价值！当时觉得这个特别奇怪，我说哪有这样的公司，是不是骗人啊，然后我就很好奇，因为我那个时候有电脑，我就把那个网址放到电脑里面、网页里面去看，一看真的有，其实那个时候各个栏目，什么聊天啊、留言板啊还有一些论坛上，还有一些交友的栏目，很多，我登录进去看，全部是残疾人，然后我就感觉很投缘，这家公司如果真的招残疾人的话，那我也可以试一试，然后就跟你们的某一个版块的版主聊，我说咱们这边公司的负责人是谁，问问他我这种情况能不能进，他就把大哥的联系电话告诉我了……我简单说了一下我的情况，然后最主要的我说我现在生活状况很糟糕，我想到贵公司来看一看，那个时候也是有点半信半疑，但是我还是决定去了，因为我不想在家里面了，在家里面是没有意义的一个生活。大哥就说，你这种情况，我们招，我那个时候就说，我腿可能很容易就会受伤啊之类的，他说没关系，说我们这里的员工都是有残缺的，你这种情况我们招，还有关键的一点就是，你如果真的想来深圳这里实现自己的梦想，你随时可以来，他是这样跟我说的，完了以后我就很感动。然后我就跟家人商量，跟亲戚商量，家人不同意我来，说你去那么远，谁照顾你啊……那个时候我说我已经长大了，不要你们照顾，别人都反对，我给他们做思想工作，也很难，后来我一再坚持，我说我去，我说也不要你们送，你们就让我去就行了。当时我妈就给了我一些钱，还不到一千元钱，然后我就坐着大巴车来了，来的路上，来的过程中我就觉得，只能是试一试，为什么呢，因为我们也听说广东那边有骗子啊，骗子公司，然后带着一种半信半疑的心态进入公司了。

那个时候，我的腿伤还没有完全愈合，我是拄那个单手杖。然后我一只手拄手杖，另一只手提了一个蛇皮袋，你知道吗？蛇皮袋里面，因为我要吃药，放了十几盒药，然后还有一些衣服，也是比较旧的一些衣服，所以一根拐杖，一个蛇皮袋，就南下深圳这边来，寻找自己的梦想吧！在过关的时候下车了，然后他们说里面我们不拉进去，你打个的士过去。然后我就在那边打的士，打不到，为什么，因为我穿的衣服也很破旧，一个手杖和一个蛇皮袋，别人以为我是要饭的，然后我打了一个小时没打到的，我非常绝望，然后我就说这个城市怎么这样呢？特别冷漠？……后来想开了我觉得是那个时候自己很落魄。

后来同事把我接到公司。一到公司就很感动，为什么呢？那个时候公司人不多，就六七个人，有拄拐杖的，有坐轮椅的，郑大哥他自己也在那里，都是残疾朋友，他们没有我们农村那样的异样眼光。我说哇，这里气氛这么好，就像家一样，大家都很专注工作，我说我也想成为这样的人。后来经过了解以后，这里不是骗我的，并不是我所怀疑的那样的一个情况，然后我就在这里拼搏。

因为跟家里面比，在这里找到了一个工作的地方，就形成了一个很大的反差，自己觉得非常来之不易。在这里前三个月，是我拼搏最厉害的时候，那个时候几乎每天都凌晨两三点钟睡觉。我们公司刚来的新员工几乎没有什么工资，但是我也不考虑这些东西，就觉得，哎呀，好不容易找到这么好的一个平台，然后拼命地学，然后别人可能需要好几个月才能做事，我到那里我一个月就可以做事了。因为加班的话经常到两三点，有一次都通宵了，不觉得累，就特别的兴奋，就觉得自己能够靠着自己的努力做一点事情，特别开心，还有那种满足感、自豪感、成就感！（YMZY120901）

M进入Y集团至2012年已经是第九个年头了。从最初的自卑消极、人生无望到如今面对笔者的侃侃而谈、自信乐观，用他自己的话说，就像变了个人一样。无论是个人的自信心还是业务能力，都是一个极大程度上的提升。

他自己也全程参与了Y软件社会企业的CMMI 3级和CMMI 5级评估认证，并作为主要的负责人。当谈到CMMI 5级认证评估的影响时，M提到，这无论对组织还是个人都是极大的促进和提升。

对我个人而言，以前我跟别人聊天还可以，然后我一跟别人分享一些专业的东西，我就怕别人说我，你这个一点都不专业，还拿出来分享。现在我是不怕的，因为我去外面交流过，我给别人讲过，我可能没有完全讲清楚，但是我想讲，因为我觉得我有些东西值得讲，必须讲，我的一个动机就是我讲出来了以后对你有好处，有价值，我就愿意讲，哪怕我可能没讲清楚，或者说得不好，我也愿意讲，不怕你笑话，我讲出来是帮助你的，我帮助别人还怕别人笑话吗？就从我自己感觉的话，这一点可能改变比较大。大家同样也认识到，因为你越往高处走，越知道自己的（知识）匮乏……（YMZY120901）

M 在 Y 集团的个人成长史实际上也见证着 Y 软件社会企业的发展历程。Y 软件社会企业的发展在建构社会企业内部文化的同时，也在建构规范化的管理和技术提升，这个过程直接促使了 Y 社会企业的技术合法性和管理合法性的建构。M 作为 Y 社会企业的资深员工，也伴随着社会企业的发展而成长，并逐渐融入公司的企业文化，把个人的发展目标和公司的发展目标高度契合，最终成长为一名具有高度专业能力和社会企业家精神的社会企业家，带动着新的员工一起奋斗。

可以看出，在整个组织群的中观层面上，组织管理者更偏好的模式是建立文化系统之间的连接，组织更认可的理性方式是去集权化的分散决策，而不是高度集中的集权化规则管理，这样决定了组织的理性结构系统的建立和延续必然有文化系统的因素，而此，也成为 Y 集团一个重要的结构性特征。而这种组织新建立时的组织行为习惯也得以保持，并作为企业应然的行动被接受和延续下来。

三 宏观层面：组织结构变革的主动性适应与融合

开放系统理论认为，组织往往会把复杂的环境要素整合进它们自己的结构中。组织在发展的过程中，在与环境互动的过程中，会把具有代表性的环境要素与组织场域的功能性边界的演变结合在一起，使得组织在更广泛范围内的适应过程中，逐渐把环境的差异反映或复制到它们自己的结构中，从而产生组织结构的演化和制度变革的共生演变，最终组织整合了环境的结构要素。组织结构通过适应性地、无计划地在发展过程中的历史演化，形成复杂的行政管理结构，这种行政管理结构与复杂环境要素相融合，产生组织结构在宏观层面的演化。

> 还是有一些规章制度的，不是一个文件都没有，但是我不许每个部门随意制定。基本的东西是要必须有的。像社会服务的十六质素标准的引进。这种服务的制度你就必须建立，管理制度我不建立那么多。像宿舍管理制度，我全部汉化，都是英文的表格，卫生检查，是吧，残疾人床铺的安排，这个一样都不能少，整个拿来，将所有的表格汉化，我们研究可以做得规范。再多的……人家六百年的慈善事业，社会服务都是一两百年地延续下来了，这是精华，这个要拿来主义，一点都不能少。是吧，你内部自己的小部门，又不懂法律又不懂劳工利益，又不懂什么的，你就给我不停地出制度？你给我停止，不许做。服务的东西必须标准化，必须要严（格）。
>
> 像我们前段时间有个争论，厨房的员工说为什么让我们买打卡机？为什么让我们一天打四到六次卡，那怎么这些上班的人不打。我给他们一讲就明白了，很简单。你们工作是不是零碎的，你们早上起来干完了活就休息了，中午做完饭又休息了，对吧，这些人上的是朝九晚五，当中他不休息。那你们这种零碎的休息的时候，从保护你们到保护员工的利益，你们必须打卡，规定你休息了你就离场，到你上班的时候……你多次离场，我不能让你迟到早退，那你就影响食堂的服务质量了。所以说我用打卡机去控制。就在食堂原地休息和原地干活，也包括打卡。（YZ121129）

组织结构和外部环境的互动分为主动接受和被动接纳两种方式。Y社会企业在服务标准规范建构方面的专业化要求体现了一种主动选择的结果，而这种主动选择获得合法性认可，最终获得了组织的生存和发展。

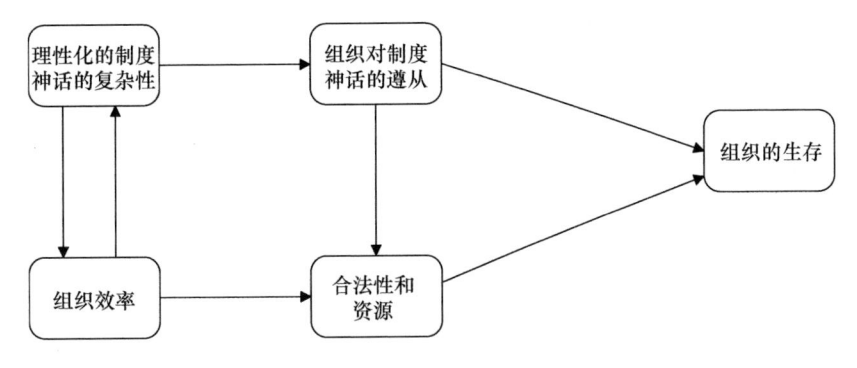

图6-8 组织的生存

资料来源：Meyer, John W. & Brian Rowan, 1977, Institutionalized Organizations: Formal Structure as Myth and Ceremony, *American Journal of Sociology* 83: 340-363.

第三节 效率机制与合法性机制：
结构性矛盾的策略选择

组织在某种程度上都是同时嵌入于关系和制度化的环境中的，因此，组织既关注协调与控制活动，也关注对自身合法性的说明。处于高度制度化背景中的组织，也要面对组织内部和超越组织边界的偶然事件。然而，有些组织的生存更多依赖于组织内部管理和跨越组织边界的交换关系，有些组织的生存则更多体现高度制度化环境的仪式。不过，最终组织的生存是取决于关系还是制度要求，这决定了该组织结构与行动之间结合的紧密程度。

一个组织仅仅靠提高生产绩效，并不能解决不可预测的技术偶然性和环境变迁的不确定性。组织的内部成员和外部支持者要求用制度化的规则，来增强人们对组织产出的信任和信心，从而防止组织的失败。[①] 所以，制度化的组织结构和活动之间关系的强弱，取决于组织与周围关系网络协调的密切程度。

---

① Emery, Fred E., and Eric L. Trist, 1965, "The Causal Texture of Organizational Environments", *Human Relations* 18: 21-32.

对于 Y 集团而言，内部的集群网络就是一个社区，在这个内部社区里面，存在着三种不同类型的单位：基金会、社会企业群和社会组织群。基金会处于组织的顶端，基金会绝对控股社会企业，并为社会组织群的发展提供项目支持，社会组织为社会企业提供社会服务。这三者在内部社区形成了一种良好的内循环，各自独立决策，分散经营，同时又互相联结，共同发展。在内部集群网络中，不同类型的集群之组织结果和关系网络及制度规则均有所不同。社会企业集群的生存和发展更多依赖对关系网络的管理，而社会组织集群的成功要以通过与制度规则保持一致而获得稳定性发展。然而，外部环境的不确定性及变化，使得评估标准有可能发生变化，会重新确定评估标准，这都会对组织的外部合法性建构及合法性地位的确立带来威胁。

组织间的互相依赖关系就集团内部而言，由于三位一体的架构而相互协调，独立发展。社会企业群内部各社会企业之间相互独立，在运作上互不干扰，针对不同类型残疾人开展分类别、多层次的业务。社会组织群内部各社会组织围绕社会企业的发展，开展互补式服务，形成了一个相对完善的社会服务网络集群。各社会服务组织独立注册，独立运作。同时，另一方面，对于各集群内部的发展，社会企业集群由于各自独立的技术和业务领域而相对各自独立，自负盈亏，独立运作。对于社会组织集群来说，社会组织集群的运作和社会企业集群并行并独立发展，但就业务发展而言，社会组织集群的服务对象更主要的是围绕社会企业群体的需要展开，同时履行社会企业的社会使命。但就行政管理而言，社会组织集群分属深圳市民间组织管理局管理，各组织虽然服务对象同一，相互独立，但社会组织群之间是一种扁平化的组织结构，不利于组织发展的稳定性和组织控制。

一 制度化组织中的结构性矛盾：效率机制与合法性机制的矛盾

迈耶和罗恩[①]认为，如果某个组织的成功主要依赖与制度化规则

---

① Meyer, John W. & Brian Rowan, 1977, Institutionalized Organizations: Formal Structure as Myth and Ceremony, *American Journal of Sociology* 83: 340 – 363.

的同形，则该组织常常会面临两个问题。一是技术活动及其绩效要求，与组织遵守制度化仪式规则的努力之间会产生矛盾与冲突。二是这些仪式规则之间也可能存在相互矛盾和冲突。而实际上，偏爱制度化神话的正式结构，与在生产技术活动上有效的结构可能会是不同甚至是冲突的。仪式活动会对各种规则产生十分重要的影响，但对具体的生产绩效的影响并不一定会特别重要。重要的是一些与生产绩效无关的活动，在仪式上却具有重要的影响，其维持着组织的形象并确保组织真实的存在。

因此，组织在发展过程中常面临困境，即遵从制度化规则的活动，会产生必要的仪式性开支，也会带来仪式性收益，从绩效的角度而言，这种开支是不能带来收益的纯成本。但这种额外的成本对维持组织内部和外部的合法性规则十分重要。在迈耶和罗恩看来，这种制度规则会表现出来较高的普遍性，而技术活动则会随着具体的、非标准的和可能是独特的条件变化而变化，所以绝对性的无条件规则与相对性的绩效逻辑之间产生了冲突。制度环境的普遍性和一般化规则，常常不能适用于具体情景。所以，对于组织发展来说，内部的结构性矛盾则实际上面临着效率机制与合法性机制的矛盾。

因为制度环境的多元化，使得寻求外部支持和稳定性的组织也必须要学会容纳各种相互矛盾的结构要素，这种结构要素成为组织发展的内部张力存在于组织的运行和发展中，并影响着组织合法性的建构。Y社会企业的发展，因为三位一体组织架构的支撑，而形成了独特的组织结构和运行模式，内部的技术合法性、管理合法性和制度合法性被组织管理者巧妙地融合在一起，尽管社会企业集群和社会组织集群侧重各有不同，但集团努力把各种仪式性要素的要求和技术性活动的要求连接起来，使得相互矛盾的仪式性要素消化在组织内部社区内，在很大程度上巧妙地化解了仪式要素之间的矛盾，从而在各自发展的基础上取得至少形式上的协调和统一，使得Y集团整体的合法性建构得以进行和维持。

二 矛盾解决的可能路径

对于制度化组织中的结构性矛盾，迈耶和罗恩[①]提出了四种不完备的解决方案：其一，一个组织可以抵制仪式性的要求，但忽略仪式性要求并宣称自己从属绩效逻辑的组织，不一定能取得高的绩效。如果组织拒绝仪式性要求，就会失去这种重要的资源与稳定性来源。其二，或者一个组织可以通过切断与其他组织外部的交易与技术关系而遵从制度化规定，但与外部关系的分离可能会因为组织在管理跨越组织边界交易中的无能而对组织失望。其三，一个组织可以明确承认结构与技术性规则绩效要求的不一致，但结果可能会损害组织的合法性。其四，一个组织可以许诺改革，但把组织的有效结构寄托于将来的策略，会使组织的现有结构失去合法性。但他们认为有更好的方法可以解决这一矛盾，即通过脱耦（decoupling）和信心逻辑，来解决仪式性规则和绩效逻辑之间的冲突。

他们认为，制度化的组织会防止根据技术绩效来评估正式结构，尽量减少对活动的监督、评估和控制，结构单元之间活动的协作、相互依赖和相互调试，是通过非正式手段解决的。企图控制和协调制度化组织中的活动，导致了冲突与合法性的丧失，因此组织结构要素与活动之间是脱耦的，结构要素彼此之间也是脱耦的。而脱耦可以使组织维持标准的、合法的、正式的结构，同时其技术性活动又可以根据实践情况的需要不断调整。另一方面，组织结构与活动脱耦的组织，尽管缺少正式的协作和控制，但仍会有序进行，是因为组织内部成员和外部支持者的信心逻辑和忠诚为制度化的组织提供合理性。

社会企业的专业化和仪式性规则的巧妙分离，使得社会企业的内部运作和组织结构在实质性的运作上能保持适当的分离。集团在近年来的发展中，获得了包括从高科技集团、全国优秀福利企业到年度国际社会企业等大奖，得到了从技术界、政府到社会企业业内的认可。三位一体

---

① Meyer, John W. & Brian Rowan, 1977, Institutionalized Organizations: Formal Structure as Myth and Ceremony, *American Journal of Sociology* 83: 340 – 363.

的独特架构和更多的非正式化的管理模式，表现出更多社会企业的仪式性特征的同时，也体现了社会企业的价值理念。表现出组织形式的市场化、制度性特征的同时，在社会企业组织目标的实现上，体现了社会企业的社会目标和合法性建构的积极路径。

集团内部三位一体的高度理性化和复杂的组织结构，使得 Y 集团能在运行的过程中各自分工而又相互协助，其也因此巧妙地化解了制度化组织运作中的结构性矛盾。当然，这种矛盾还是存在的，但组织的管理者通过充分授权式的管理，专业化和标准化的追求、组织目标明确化和模糊化的处理等行为，使得组织有了充分的能力去应对不确定性带来的可能危机，同时维持组织正式结构的机制。这种组织内外的信赖的氛围和文化使得 Y 有效地建构了一种适应不确定性和维持对组织信心的忠诚逻辑，这种通过组织成员的满意度而建立起来的组织结构要素的遵从，不再是空泛的赞同或口号，而是成为一种积极而有效的情感支持，使得各成员能尽其最大的努力解决问题，并保持对组织的认同和忠诚。内部的社会企业集群和社会组织集群，各自因为组织性质不同其结构和活动也各不相同，但因为企业文化和这种结构产生的特殊组织依赖，使得成员能认同更大的结构内更宽泛的理性，促进组织长期绩效的最大化，最终建构了内部结构的合法性和外部制度的合法性认可。

对于组织的策略选择，组织管理者在主动变革与适应性和稳定性与确定性之间徘徊和取舍。对于组织间互依关系的建立，"为了适应未来，需要有变革的能力和主动调整行动的勇气；另一方面，为了保持组织的确定性和稳定性，需要建立协调跨组织行为的结构——组织间的组织。丧失对自己行为的控制和自主权都是加入集体结构的代价"[①]。社会组织集群，针对内部社区和社会提供专业化的社会服务，都有共同的社会组织文化精神，这些共同的内在特质和形式特点使得组织群中心的建立成为可能，这个中心的建立不仅可以打破目前这种扁平化的组织结构，

---

① Pfeffer, Jeffrey, and Gerald R. Salanick, *The External Control of Organization: A Resource Dependence Perspective*, New York: Harper & Row, 1978, p. 261.

也提高了组织效率，解决了组织效率机制和合法性机制之间的结构性矛盾。

本章小结

该社会企业早期的组织形态反映了当时占据主导地位的是自助与互助的道德逻辑，这种早期的互助模式与当时的社会环境相对应。内部结构的治理过程，反映了它从早期只是作为实现目标的手段，到后来自身价值就是目的，这验证了社会企业的成长路径和社会价值。组织从早期几个残疾人的单纯自我行动到与社会环境的积极互动、高度情景依赖，受环境影响和渗透，反映了社会企业从个体行动到社会行为的建构过程。外部的制度因素不断渗透到组织行动中，建构组织的社会行为，从而完成从个体行为到社会行动的跨越。早期小作坊式的发展是非正式形态的社会企业，只具备社会企业的意义，无明显表征。

在20年来的组织结构变迁过程中，该社会企业成功实现了管理合法性和技术合法性的分离。在组织结构的设置上，决策与执行分离，使得社会企业庞杂的组织结构群首先从结构上得以分化，相互独立，保障了效率机制。社会企业治理架构的完成及正式组织结构的确立，从组织使命、规模、组织结构方面和策略，建构了社会企业的管理合法性和技术合法性。20年来组织形态的不断重构，建立了良好的社会适应性，社会企业的发展与其环境在历史过程中进行互动的具体场景和细节，社会企业创始人和管理者的信念和活动，社会企业家精神及传承对社会企业发展的影响，建构了社会企业内部合法性的稳固基础。

在Y社会企业组织变迁的历史发展过程中，通过对影响组织和制度的形成和发展过程的历史因素的关注和分析，帮助我们更加清晰地认识到社会企业合法性建构的内部条件形成机制和外部制度影响因素。关注组织所处历史环境的制度变迁，关注那些会对组织的机会发展产生影响的更大社会和制度环境中的权利结构和机会场域，关注影响组织结构变迁的制度环境要素，对理解组织合法性建构至关重要。

组织精英在社会企业的发展变迁过程中表现为一种开拓者和创新者。就组织内部而言,关注社会企业家这些组织精英利用环境优势和制度政策促进组织利益的各种社会行动和努力,重视社会企业家行为及社会企业家精神。就外部发展而言,政府、商业企业均成为结构性权利。社会企业在一种彼此之间存在特定关系的制度所组成的制度链条中,确立了自身存在的合法性意义和地位,并通过自身发展强大和社会责任的履行稳固了合法性身份和地位。

第七章

社会企业外部合法性建构：
抗争、合作与嵌入

制度环境中生存的组织，面临着多种资源系统、符号要素或文化系统，组织与环境的互动充满能动性选择，组织运作充满资源的交换和依赖，组织内外的权利伴随组织与制度的互动而展开。在新制度主义者中，迈耶和朱克尔①指出，一旦一种组织形式是嵌入（制度）性的，其生存与繁荣发展的能力就较少依赖绩效，而较多依赖其所传播的可靠的秩序意义。

第一节 社会企业的组织策略：
组织目标的形成和实施

一 社会企业运行中目标的设定

组织的使命和目标与其所在制度环境的匹配在很大程度上影响着组织合法性的建构。在制度性环境下，社会企业要获取资源，获得合法性及生存，必须使得自身目标和社会功能取得一致性。社会使命和价值被看作社会企业的重要表征。因此，从这一角度而言，社会企业的社会使命和价值目标的设定，也被看作社会企业合法性建构的要素，并被认为是社会企业取得社会认知合法性的重要指标。

---

① ［美］史蒂文·布林特、杰罗姆·卡拉贝尔：《制度的起源于转型：以美国社区学院为例》，载［美］沃尔特·W. 鲍威尔、保罗·J. 迪马吉奥主编《组织分析的新制度主义》，上海人民出版社 2008 年版，第 366 页。

第七章 社会企业外部合法性建构：抗争、合作与嵌入　　215

　　组织目标是组织的重要构成，也是组织分析中的重要概念，更是组织运作的重要元素，透过组织目标我们可以观察到组织运作的机理，透视组织是通过何种方式运作以及如何实现组织目标的，组织目标的实现方式和路径就是组织的运作过程，而这一实现目标的路径必须具备合法性，才能达到组织的预设。因此，社会企业运行中的目标设定是一个高度集中和概要的预设，这实际上涉及了社会企业从结构层面的设计到实际运作的一致性。

　　组织分析的自然系统视角强调目标的激励功能，认为目标是参与者获得认同与激励的源泉。[1] 所以，激励性的目标可能是含糊笼统的，不一定有很强的认知指导功能。理性系统视角则强调目标的认知功能，认为目标是提供制定与选择行动方案的准则，是决策与行动的方向与约束。[2] 激励目标和认知目标主要针对的是组织参与者。制度主义学派强调目标的象征意义，象征性的目标主要影响组织的利益相关者。处于开放系统下的制度环境中的组织，其信奉和宣称的象征性目标对于组织资源获得、利益相关者网络建构及合法性获得具有重要意义和影响。

　　开放系统下的组织充满了复杂性和不确定性，组织的目标作为组织的关键因素在于环境的互动中也体现了不同的功能。组织目标是多层次的，面对不同的受众所起的导向性作用各异，目标功能也各不相同，并不一定一致，它围绕组织的存在根据不同的受众发挥不同层面的功能。组织目标因出自不同的来源而体现出各异的目的。组织的制度层面更关注象征性目标，通过强调与更大范围内的社会关系网络的互动而确立组织宗旨的正当性和合法性。组织的高层管理者通常利用激励性目标激发参与者对组织的承诺和忠诚，中层管理者通常负责组织的具体产品和服

---

[1] Barnard, Chester I., 1938, *The Functions of the Executive*, Cambridge, MA: Harvard University Press; Clark, Peter M., and James Q. Wilson, 1961, "Incentive Systems: A Theory of Organizations", *Administrative Science Quarterly*, 6: 129 – 66; Whetten, David A., and Paul C. Godfrey, eds., 1998, *Identity in Organizations: Building Theory Through Conversations*, Thousand Osks, CA: Sage.

[2] Simon, Herbert A., "On the Concept of Organization Goal", *Administrative Science Quarterly*, 1941 (9): 1 – 22; Simon, Herbert A., *Administrative Behavior: A Study of Decision – Making Processes in Administrative Organizations* (4th ed.), New York: Free Press (frist edition published in 1945).

务，更注重执行层面的效力和效果，因此更重视目标的认知属性。组织的参与者则利用组织目标为自己的行动辩护。组织各个层面使用目标的不同界面，内化或复合于自己的行动，成为个人或组织行动的基础或辩护。因此，组织目标成为评价参与者或整个组织的基础。① 目标提供了辨识和评估特定组织运作的准则。

目标和组织行动之间存在紧密关联，但组织目标不一定要先于行动，行动也不一定要完全出自目标。制定目标也可能是为了对过去的行动提供可接受的解释。②

> 从小我就不能上学，十三岁之前基本上不能站着，只能在地上爬，现在终于有了工具，有了轮椅，有了科技。我从小没有接受过教育，每天都是在死亡线上，也不知道明天还能不能活下去。在我四十岁之前，我这个人生也就是很多残疾人的人生：极度自卑，认为自己是家里和社会的负担，觉得自己活着不仅是自己受罪而且家里人也受罪，最后我患上了严重的抑郁症，在这种状态下，Y集团对我来说不是创业，也不是为了制造财富，都不是，仅仅是为了改变，因为原先的活法已经让人没法再活下去了。(YZ120825)

从 Y 集团创立的初衷来看，看似是出于创始人所说的极为简单的原因：换个活法，找个寄托。但从 Y 集团当时自身的发展来看，这是几个残疾人当初的梦想和希望，这种梦想加上拼搏的激情和艰辛的努力，成就了 Y 集团的今天。但从最根本的制度角度来看，它恰恰说明了体制和政策的缺失，使得残疾人的生存和就业变得艰难，而必须依靠

---

① Dornbusch, Sanford M. and W. Richard Scott, with the assistance of Bruce C. Busching and James D. Laing, 1975, *Evaluation and the Exiercise of Authority*, San Francisco: Jossey – Bass; Scott, W. Richard, 1977, "Effectiveness of Organizational Effectiveness Studies", in *New Perspectiveson Organizational Effectiveness*, 63 – 95, ed. by Paul S., Goodman and Johannes M. Pennings, San Francisco: Jossey – Bass.

② Scott, Marvin B., and Stanford M. Lyman, 1968, "Sccounts", *American Sociological Review*, 33: 46 – 62; Staw, Barry M., 1980, "Rationality and Justification in Organizational Life", in Research in Organizational Behavior, Vol. 2, 45 – 80, ed. by Barry M. Staw and L. L. Cummings, Greenwich, CT: JAI Press.

第七章 社会企业外部合法性建构：抗争、合作与嵌入

自身的努力去寻找出路。同时也说明了现代化背景下社会的碎片化，人没有组织和归属感，使得社会的再组织化成为一种需求，改革开放之后社会领域的发展和社会建设的发展成为一种迫切的需要。

> 在做 Y 集团的过程中我慢慢发现了自身的价值，现在我最快乐的是：原来感觉自己是家庭、社会的负担，现在感觉到自己也能承担一些社会责任，一点一点地做下来。感觉到在深圳我能养一千个残疾人，在全国我也能养近四千个残疾人，而且我们的这种做法也向全世界宣告了一种新的形式，就是 21 世纪来临之后，电脑和网络这种生产方式的出现，使残疾人这个被压抑的群体有了崛起的机会，我们也可以庄严地宣告，在屏幕前残疾人不再是家人和社会的负担，而是一种优质的人力资源。（YZ120825）

Y 集团创始人郑先生用母亲留给自己的 30 万元救命钱，开始了和几个兄弟的创业之路。虽然用他自己的话来说，"就是想换个活法"，但我们明白这里面有太多的勇气和坚持。他很明白残疾人人力资源的特点，所以说："一定要做残疾人能跟正常人竞争的事，一定要做高附加值的事。"郑先生最后找到了 4 个残疾人，大家都住在他家里，一起学电脑，尝试做网页，1999 年成立了中华残疾人服务网，后来又申请到了政府的闲置场地，在义工的帮助下 2001 年开办了网吧，随着新人的加入，其不断探讨适合残疾人的工作，最后促成了 Y 集团向软件公司的转型。

> 我们做一个成功一个。是不是有什么先进的管理方式，或者说像我这样一个没上过学的文盲是个天才？不是的，主要是因为每一个走进来的残疾人和我一样，他们追求的不是一种职业的选择，而是在这个平台上，可能只有在这个平台上他们才会有吃穿住和工作的一体化，无障碍的保障使得他们有机会实现个人的自我价值，所以说每个人跟我一样在这个地方不计报酬，表面上看是一种奉献牺牲，其实不是，他们跟我一样，我从来都没觉得我是在为社会、在

为全体人，我就为我自己，因为我之前的人生太自卑了。之前四十年那种高成本高消耗，对家人和对社会的亏欠很难弥补，在这个过程中发现自己，越干越好，越干人生价值越大。(YZ120825)

这种不做家庭和社会的负担，追求个人价值的信念成为残疾人渴望工作的原动力。正如郑先生所言，他们追求的不是一种职业选择，而是一种个人价值的实现。"像我一样积压了很多年的自卑，是每一个Y人前进当中最基本的动力。"这种动力促使和激励着每一个Y人，哪怕付出再多辛苦，也会努力和拼命。

我们的很多员工，一日三餐吃完之后我们要赶他们出去转转，他们出去最多半个小时就回来了，因为他们走出去寸步难行，走出去不方便，走回来坐到电脑前，他们就会变得安全，电脑就是他们整个的世界，那里有他的朋友、他的工作、他学习的爱好，我们很多研究软件的员工，他们不仅上班研究软件，下班了他们是网上程序俱乐部的成员，他们用自己的专业在网上替别人解答难题，给网民们很多建议。我们之前在社区大家看不到我们，搬到这里之后，我们面临大街，我们每天晚上那种一直到深夜的几百个人一起工作的灯光和场景，每一夜都震撼了深圳路过的市民，大家都问这是个什么公司，比网吧还热闹，没有一个是空位。所有的残疾员工都坐在那，一直到十二点钟，我们要赶他们回去，每次赶的时候每一个人都想方设法要留在那里，要加班什么理由都有，其实就是想快乐地生活，这是残疾人最好的一种活法。(YZ120825)

在调研过程中，每次到Y集团，给笔者印象最深的就是他们灿烂的笑容及主动沟通。在Y集团内部，你丝毫感觉不到健全人和残障人之间的区别。他们的思想表现让你感觉不到他们是残疾人，只是肢体不健全者。这种利用电脑屏幕，依靠高科技，与健全人竞争，一样可以做高附加值的工作方式，给残障人找到一条实现自己价值、快乐生活的通道。就像郑先生所言："我希望每一个残疾人因为我们Y集团创造的这种模式,能更好地融入社会,更好地实现自我价值,最终能获得快乐。"

调研期间,笔者跟随 Y 集团部分员工一起参加了一个外部导师的技术培训会。在会上导师问了大家一个问题,想让大家谈谈自己的愿望。其中一个人很主动地站起来说:"我想让大家看都得起我。"这是他最简单最直接的想法,也是很多残疾人的心声。在这里,他们的愿望不再是梦想。

2008 年加入 Y 集团的小 Z,是小儿麻痹症患者,双腿严重残疾,无法行走。2006 年他从某中医学院医学软件专业毕业后,在南昌一家大型企业做到了部门经理,结婚生子,生活稳定,但他还是觉得自己不快乐,不是因为同事排挤他,而是因为他感觉到周围健全的同事们处处小心,在与他交往中非常担心伤害到他。越是小心翼翼,就越是感受到隔膜,"大家都累"。

Y 集团全部由残疾人组成的工作环境和郑先生的个人魅力吸引 Z 拖家带口来到了深圳,他先接受了 9 个月的内部培训。在这 9 个月当中,公司管吃管住,但没有薪水,只有少量的生活补贴。对 Z 来说,他拖家带口 9 个月没有收入,在经济上的压力非常大,这 9 个月是最难熬的。但是他却认为,这 9 个月很重要。

入职后,他从普通软件工程师开始做起,因为技术水平得到同事认可,不到一个月他就被调入项目组,并且开始"挑大梁",成为项目组的负责人。3 个月之后,他一个人独自出差,从客户那里接下一个大项目后,便开始做项目经理。Z 觉得,技术好是基础,他更看重的是个人与组织的价值观是否一致,这是 9 个月的培训可以熬出来的基础。除了提供伙食、住宿,这家公司还是一个有生命力的社区,每一个进 Y 集团的人,能长待下去靠的就是价值观。"表面看,在这里比别的地方付出得多,获得的少。" Z 说:"坚持几天也许可以,这么长时间,自己也就明白是否喜欢这里,能不能走下去了。"

担任项目经理时,Z 开始全程跟踪一个项目。他觉得,软件公司单纯地追求"开发零缺陷"不够有竞争力,他开始尝试新的方式:为客户定制应用。这样的做法很快就在客户中得到不错的反响,变成了 Y 集团免费的传播口碑。正式入职 9 个月之后,Z 被任命为软件公司总经理,到现在他还在亲自负责软件公司的招聘:"必须要有和公司一致的价值观,郑大哥把前面的路都为弟兄们踏平了,找到了这么一条残疾人可以走的路,需要找到能够一起同行的人。"①

正如 Z 慈善基金会秘书长 L 所言,Y 集团不是一个实体,它是一种理念、模式和生活方式。"Y 集团即便消失也是成功的!"Y 集团人最终的梦想就是希望能整合社会资源,实践残疾人等弱势群体的生存革命。创始人说,"未来 Y 集团也可能消失,不复存在了,那说明社会管理的创新和改革已经找到了一种恰当的方式,残疾人的生存和就业不再是问题,残疾人能够融入社会,和正常人一样工作和生活,不需要背井离乡,这是我们的终极梦想。"

Y 集团的发展目标是从 Y 集团人的个人目标出发,将其整合为企业的共同目标,这个共同目标体现了 Y 集团作为残疾人团队的高度社会使命感和责任感,也正是这种企业目标的高度一致性使其能够形成集体一致的组织运行策略。我们的问卷调查结果也正好说明了这一点。当被问及进入 Y 集团的原因时,我们发现:

如图 7-1 所示,各个项目均值越大表示数目越多,通过均值可以看出进入 Y 集团原因的选择多寡。从众数值看来,"实现个人价值"是 Y 集团员工最看重的一个因素,占到比例的 68.50%、其次有 46.70% 的人由于想有自己的事业而进入 Y 集团。残疾人渴望拥有实现自己价值的机会和工作岗位,是员工的诉求,这一诉求在 Y 集团内得到满足和实现,并上升为社会企业社会使命的达成,二者的高度一致使得 Y 集团的运作更依靠一种自然形成的文化因素和力量,而非庞杂的现代企业管理制度。

关于谁设定了组织的目标以及组织目标是如何形成的问题,通过 Y

---

① 彭韧、刘洲:《全球商业经典》2012 年第 7 期。

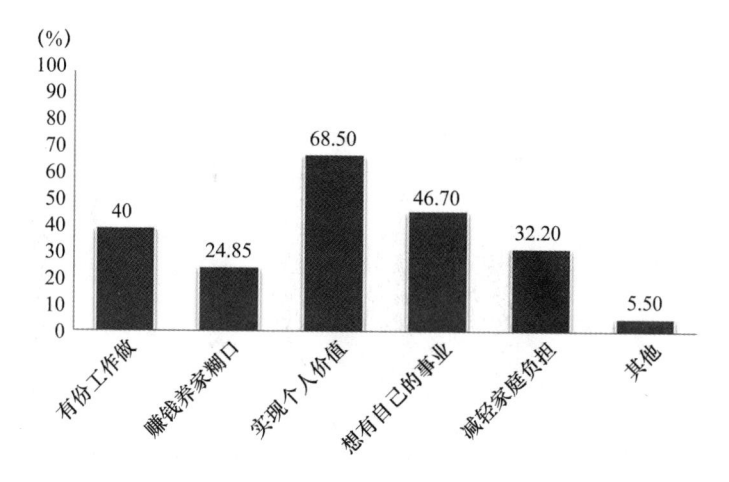

第七章 社会企业外部合法性建构：抗争、合作与嵌入

```
(%)
100
 90
 80
 70                    68.50
 60
 50          40                        46.70
 40                 24.85                      32.20
 30
 20
 10                                                      5.50
  0
       有份   赚钱   实现   想有   减轻   其
       工作   养家   个人   自己   家庭   他
       做    糊口   价值   的事业  负担
```

图 7-1 进入 Y 集团原因的调查统计

集团的发展历程，我们可以很明确地观察到，在 Y 集团的发展中，个人目标和组织目标得到了高度的一致和协调。Y 集团员工因为共同的利益和追求形成了完整一致的利益团体，当然组织的目标不是个人目标的简单叠加，而是参与到 Y 集团中的每个人的个人目标和 Y 集团的发展目标有机结合在一起，所以，二者能够协调一致地发展。

在调查中，笔者针对 Y 集团员工的工作期望设置了 10 个选项，测量 Y 集团的企业目标与员工期望的匹配程度，进一步发掘了在 Y 集团的运作过程中，作为企业主体的员工的期望与组织运行目标的一致性，以及二者之间的关系。

从图 7-2 对 Y 集团员工期望的数据分析中可以得出，Y 集团员工最看重的是工作具有成就感、实现自我价值，良好的个人发展空间，学习新技能的机会及强烈的工作兴趣等。相比较而言，薪酬待遇则不太被看重。由此可见，Y 集团组织目标的设定和 Y 员工的个人期望完全匹配。Y 集团的发展依托于组织目标和个人目标的高度契合，奠定了组织内部合法性的基础，促使社会企业的目标能在一个良性协调和共同发展的基础上顺利实施。

组织的内部参与者是影响组织目标设定的重要来源，外部行动者也会对组织目标产生影响，对于 Y 集团而言，他们都是组织的利益相关

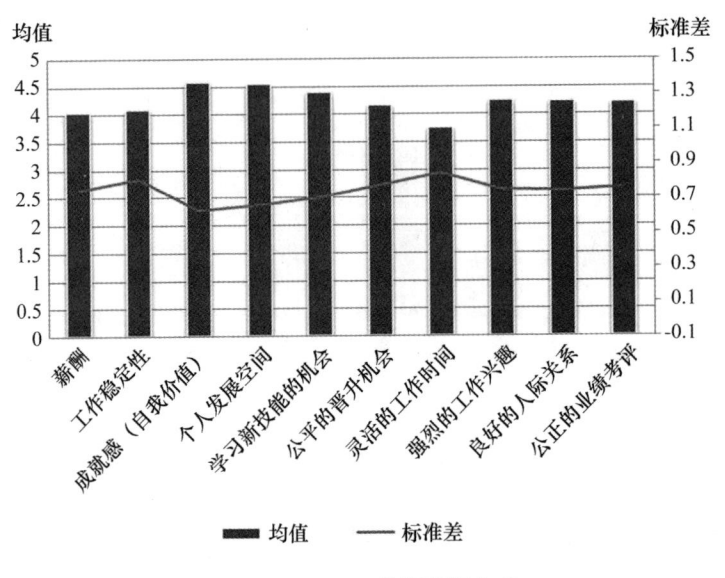

图 7-2 员工工作期望调查表

者群体。开放系统下的组织行动，受利益相关者的影响，利益相关者可能会因为某种权利而影响组织的发展、目标。对于 Y 集团而言，Y 集团在最初的发展中最简单直接的目标就是活下来，换个活法，实现个人的价值和尊严。这种个人价值的实现成为 Y 集团这样一个群体奋斗的象征性目标，这种组织信奉的象征性目标影响着 Y 集团的员工、利益相关者，建构着组织的合法性机制。Y 集团把残疾人追求个人价值这一个人目标，极好地融合到组织中，成为组织发展的原动力，Y 集团通过依靠高科技，通过电脑屏幕这一路径实现了残疾人强势就业、与健全人平等竞争的愿望，改变了残疾人的生存方式，并将继续拓展残疾人人力资源。这一组织目标成就了残疾人的梦想和追求，组织的象征性目标也成为残疾人实在的追求。

这个象征性目标并不是作为一项制度被颁布，而是成为企业文化，来激发参与者对组织的投入，对组织行动认同并主动参与组织活动。另一方面，它也作为一个象征性目标获得了制度层面上的合法性认可，同时也获得了外部行动者的支持和认可。而组织内部各部门的管理者也以此为指引，将这种激励性的目标转化为具体的服务和行动。

当然，在组织目标的设立过程中，存在不同的利益行动者，我们要承认参与者之间可能存在不同的利益诉求，存在可能相互冲突的目标甚至行动。而外部行动者也因为各自的利益诉求和地位而影响组织目标。Y集团因为自身的独特因素而获得了从象征性目标到激励目标的一致和统一，同时取得了组织参与者的认可和支持，使得象征性目标能顺利转化为认知性目标，转化为各自的个人行动，参与组织发展过程。

二 社会企业运行中目标的实施

韦伯指出，任何组织都不会自愿地把保持自己生存的基础只建立在物质和情感动机的感召之上，所有系统都会力图建立和培育对其"正当性"的信仰。[1] 正当性指的是在特定的准则、价值、信仰及定义下的社会建构体系中，确立系统中实体行动的可接受性、恰当性及适宜性的一种普遍认识或认同。[2] 因此，没有组织会只满足于权利结构的建构，他们还会寻求权威结构的建立，而权威一般被看作是具备正当性的权利。

爱默森认为，权利隐匿在对方的依赖中。[3] 权利体现了一种社会关系属性，来源于对对方控制的资源的依赖。在权威结构中，组织目标超越了个人价值的感召而成为系统的诉求，正当性和合法性准则使得行动者从个人行动转向所在系统及其系统中角色的要求，规则和角色要求取代了意愿和选择。因此，斯科特和戴维斯认为，权威是正当化的权利，正当化的权利是受准则约束的权利。[4]

组织中存在不同的控制模式，组织的权利与权威结构是基于人际控制机制。正式权利依附于职位而非个人，权威是准则和信仰依据职称的权利，存在着自上而下的授命和自下而上的认可。而组织结构本身通过

---

[1] *The Theory of Social and Economic Organization*, ed. by A. H. Henderson & T. Parsons, Glencoe, IL: Free Press (first published in 1924), p. 325.

[2] Suchman, Mark, 1995, "Managing Legitimacy: Strategic and Institutional Approaches", *Academy of Management Review*, 20: 571–610.

[3] Richard M. Emerson, Power-Dependence Relations, *American Sociological Review*, Vol. 27, No. 1, 1962, pp. 31–41.

[4] ［美］W. 理查德·斯科特等：《组织理论：理性、自然与开放系统的视角》，中国人民大学出版社2011年版。

职能分工、组织政策和部门设置等实行结构控制。另外，组织文化也是组织控制策略之一。组织控制机制体现了组织目标实施的路径。通过结构控制和非结构因素，实现组织目标，而组织参与者之间的共同信念和准则成为组织的内在属性和性质，它稳固了组织的共同信念和价值取向，影响着组织目标的实现。

Y集团组织目标的实施主要通过人际控制机制、结构控制及企业文化。人际控制机制主要反映在组织的权利与权威结构方面，而权威结构从内部行动者而言，又和组织结构相关联。组织的结构性控制主要通过一系列组织结构的设计来完成。

1. 社会企业目标实施的结构控制

在Y集团三位一体的组织架构中，始终坚持党组织领导的核心地位，党建工作与业务发展双轮驱动。目前，Y集团党委下设Z慈善基金会党支部、关爱残友志愿者协会党支部、社工服务社党支部等9个支部。Y集团始终坚持将党建工作作为事业发展的重中之重，有力推动残友事业不断向前发展。同时，组织的决策管理体系日渐成熟，主要有"三位一体"会议、周例会、职工代表大会及各部门内部会议等。各部门有独立的组织结构设置，部门间既独立发展又相互协作。

"三位一体"会议由三大部门负责人和创始人组成，就每周集团重要事项形成决议。集团层面的每周一例会由董事长、各部门负责人、骨干员工及新人参加。例会主要内容包括：对上周工作进行回顾和总结，本周工作计划汇报，跨部门沟通协调，以及重大事项及问题讨论决策。用创始人的话说，要把每周一例会办成一个学习的大讲堂，成为新员工成长及老员工成熟的平台。

> 周一例会，我把它开成一个大课堂。我的想法是：正规地按照制度进行的事在会上都不体现，那都是他们的事。例会全部出现的是非常事件，跟管理无关又需要危机处理的（事）。（YZ120829）

所以，周例会成为Y集团最重要的一项制度，成为传帮带培养员工的重要方法和手段。

组织向下的沟通层面上有职工代表大会，职工代表大会由全体员工选举产生，代表民意，反映民声。

> 选出来的代表，不是我们从单位的角度认为这个人能干，是劳模，而是跟我们对着干，在员工中威信高的人。这种人进入我们的董事会，来跟我们对衡、决策，这才是代议制的民主。（YZ120825）

每个部门还有自己的例会制度和规章制度。在组织沟通和员工个体参与层面，意见箱的设置是一个重要通道。"意见箱"是集团专门设置的一个员工可以随时反映意见或心声的平台。意见箱实行匿名制，遵守保密原则，对于所反映的问题无论是人和事都遵循保密原则，保障当事人的权益，也有利于问题的处理和解决。

案例7.1 "Y心声"："烫衣板"事件

> 有个聋哑人，提出来我们这个衣服洗得特别好，但是，他有更高的要求，他不像残疾人，你给他洗了就完啦，他洗完了以后，还希望把它熨得漂亮。我们呢，没有自助的熨衣服的地方。你说这个意见好不好，太好了！我们当天下午就回应，马上做了这么一个熨衣台，放到那，底下有个插座，是吧。因为他没匿名，就马上找他过来讨论，我们放一个熨斗好，还是每个员工自备一个熨斗好，结论是放一个熨斗不好。我们放的熨斗很多员工可能不会用，每个人有自己的使用习惯嘛，不会用可能被烫伤。那最后的决定就是，这个叫自助熨衣台，你自备熨斗来熨。想熨衣服的人，你一定有熨斗，不想熨衣服的人也不使用它。你这个决策，如果是我们做，我们想不了这么好，民主决策呀！你就跟真正关心这个地方的这些人讨论，他们一定觉得公司那个熨衣台和洗衣房，就是他家的，就是为他服务的，他真心希望它好，你跟这样的人探讨，一定会完美。（YZ120825）

意见箱的设置是希望每个人能有表达心声的地方，对领导或制度的意见、建议都可以提出来，那是每个人的心声，所以叫"Y心声"。对此，意见箱的负责人也谈道：

> 你看到我们那个干衣机的边上有一个桌，是这个礼拜才做的，这也是别人从"Y心声"里面给我们提出来的。他遇到了一些困难，他的衣服在宿舍里面，因为他这个电压太高了，宿舍住了那么多人啊，怕发生火灾，怕他们出事。然后他们提出来，能不能有一个地方可以熨衣服，没问题啊！只要我们能做的，可以办的事情，我们都会满足大家的要求。我们在那供一个点，谁自己有电烫斗，你喜欢穿得整整齐齐的，我们那有插头、有桌子，你就可以在那烫，就提供这么一个公共服务给大家，既然有这样的需求，我们尽所能（满足）。让我们的员工觉得提出来一些个别需求，在条件允许的情况下，他也能达成心愿。我们也是希望能做到吧，就是力所能及，这是我们第一个"Y心声"反馈的一个事情。（YTL120829）

笔者也就此事访谈了意见箱的另外一位负责人，他也主动提到了有员工希望能有熨衣服的地方，所以他们在讨论了之后给予了积极的反馈。他提到，"大家现在为什么愿意一直跟着Y走，原因就是他感觉到这像自己的一个家一样，感觉到这里是大家一起做主"。（YS120827）当我提出能否访谈当事人的时候，被他直接拒绝了。"不行的，这是保密的。"意见箱成为员工参与组织管理的一个重要通道，成为表达民意的重要路径。负责人把保密性的工作准则作为原则严格要求自己，把这看作一种口碑相传的重要保障。他说，"Y做公益很难。难在哪里，就是你的口碑"。在组织管理中，口碑就是信誉，也是组织权威得以保持的重要因素。

> 民主不能保证所有的结果是正确的，但一定保证所有的错误是暂时的。因为他有人反映嘛，你就可以持续改进。（YZ120825）

在Y集团内部，组织权威的确立，透过民主化的通道自然完成。无论是权利的认可还是授予，在民主的精神和制度下都顺理成章，这直接促使了组织目标的实施，并高度集中化和融合了个人目标和组织目标的统一。这个民主的精神就是创始人推崇的公民社会教育，这种公民的精神及培育用创始人的话来讲，是Y集团的终极目标。

Y集团的组织管理交织着传统型、个人魅力型和科层制管理的不同风格，它们融合在一起成就了Y集团独特的组织模式和氛围。在Y集团内部，认可和规范现有权利结构的基础看似复杂，实际也可以统合在一个共同的规范性认知下：民主。这种民主精神贯彻了从结构到政策到组织目标实施的全过程。三位一体的组织治理结构是组织管理者推崇的西方三位一体、权力制衡的民主制度演化的结果，这是组织内部民主制度的集中体现和表达。组织的结构控制从三位一体会议、每周例会到职工代表大会，无论是权利的授予和认可都有民主的通道和表达。而关于组织权利和权威结构的人际控制系统，也有Y心声这样的民意反映通道来监督。这样的结构设置和规则是组织最重要的战略选择，也使得组织拥有了被认可的权力和权威并获得了最高程度上的正当性和合法性，从而获得了组织的稳定发展及组织的合法性生存。

2. 社会企业目标实施的文化建构

企业文化是支撑企业发展的根本性动力，也是保障企业目标实现的基础，在企业的发展过程中起着关键性的作用。企业文化在Y社会企业的运行中，成为超越制度的一种关键性力量促进社会企业目标的实施。而管理制度则在Y社会企业的发展中显得力量不足或无关紧要。

> 我觉得管理制度分两种：一种是基础架构，这个我已经在尽量地完善它了，三位一体，资金的流程，管理决策的流程等所有流程。另一种是指具体的一些制度，这个我在尽量地阻碍它实行。为什么呢？因为我感觉官僚主义产生的原因是，就四个字，不能免责。Y集团越做越大，部门越来越多，每一个部门都处于保护自己免除责任、免除风险的姿态，每一个部门都想制定一些保护自己的规章制度对不对？那最后就变成了繁文缛节的官僚主义。最后每一

个部门都有规定，然后办起事来，你就被缠在每个部门的管理规定中，还给别人说这是规定啊，得按规定办啊。理直气壮地让你办事的时候额外地拖长时间加大成本，延长了办事的周期，是吧！（YZ121129）

这种企业文化和核心价值观在发展的过程中内化为组织的文化要素，文化力量的影响在某种程度上逐渐替代了冗长的规范制度，文化控制的强作用影响着结构制度控制的力量。

Y集团是一场革命，它要保证效率，所以说我不给各个部门制定所谓规章制度的机会，你有什么好制定的，基本的法都在，Y集团的精神也在，你部门就那点事，你怎么就不能处理？还有，如果老祖宗留下来的都是一些规定，他们还有创新的能力吗？那他们就是墨守成规，他们再制定他们的规定，越制定越细，最后Y集团就变成了一个平庸的，庞大沉重的国企。我总是说Y集团走在钢丝上。我说两边都是深渊，一边是商业，你逐利了你就掉到商业的深渊里了，你就变成了一个可恶的商业怪物，跟跨国公司没区别，不停地逐利，破坏环境，消灭人文，这就是商业公司。另一边的深渊就是国企，扼杀人的创新精神，按部就班，论资排辈。商业公司和国企是Y集团钢丝上的两边的陷阱。（YZ1211292）

在调研和访谈中发现，Y集团20年来的发展，成型的制度性文件很少。调研中一个负责行政工作的员工告诉我：

公司制度真的很少，你很难去找到像别的公司一样的很多规定或规章制度，这里真的很少。大家都是靠自觉，每个人都有自己的岗位职责，而且在这样的环境下大家都是努力去工作，没有人偷懒的，所以不需要制度的约束。

但是包括新员工在内的几乎所有员工都对企业文化耳熟能详。企业的核心价值观逐渐内化成一种理念和文化,深深渗透到每个Y人的日常行动中。这些共同的理解和象征符号,不仅直接影响了个体参与者的信念、行为、默认的规则,也通过融入组织和流程,形成组织内社区文化和秩序,并在组织群社区中体现为较少的工具实质性。这些共同的理解和象征符号嵌入Y集团的企业文化框架中,组织结构和流程制度在某种程度上只是对参与者实施直接影响的文化系统的一种支持和补充。

> 你制定了以后上面有那么多规章制度,有惩有罚,我这个部门为了保护我,我就沿用你的规章制度,再制定我自己的规章制度。就越来越细,全是规章制度,最后就变成了一个蜘蛛网,人在上面根本没法动弹了。以前这个基层问题,本来是扁平式管理,管理后变成三级、五级、十级,十级以后这个问题出现了,我一级一级地报上去,再逐级讨论,再级级落实下来,黄花菜都凉了。但是不制定规则,不代表没有规章制度。一些服务的东西必须标准化,必须建立制度来保障效果。(YZ121129)

Y集团从早期的依靠残疾人个体之间的自助和互助精神,从一个小作坊发展到当前几千人的规范的社会企业,在Y社会企业20年的发展变迁过程中,Y集团的目标,从早期的单纯自足性发展到目前的为了所有Y人的未来福祉这样一个宏大的社会使命和价值而奋斗,Y集团的企业精神作为社会企业文化的精神指引并内化成Y集团员工的个人行动推动着社会企业的发展和进步。以下是对员工如何融入Y集团的调查:

从图7-3可以看出,员工刚进入Y集团时融入团队的方式,其中企业文化的感染受众最广,占到63%,其次是主动融入团队和郑大哥精神的感染,只有3%的员工感觉自己尚未真正融入。由此可见,企业文化的感染和企业精神对员工行为产生了十分重要的影响,会影响到企业目标的实施和完成。正是Y集团的企业精神和企业文化,建构了Y社会企业运作的内部合法性基础,进而促成了Y社会企业运作中社会认知合法性的建构,推动Y集团在尽管没有完善的现代管理制度配套的情况下，也能协调运作并良性发展。

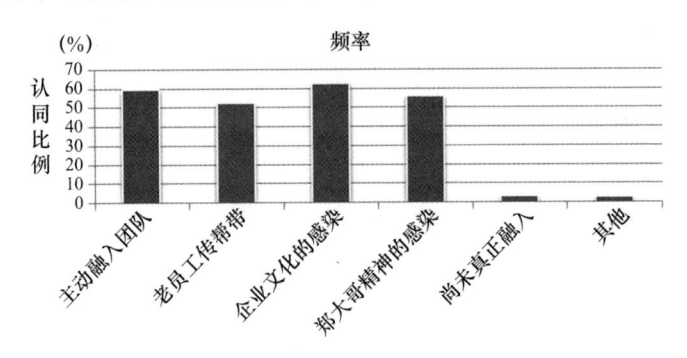

图7-3 员工融入团队的影响因素分析

Y社会企业外部合法性是建构在自身良好运作的基础上的。在社会企业的运作中，组织目标的设定和实施无疑是一个关键，而员工正是社会企业组织目标实施的执行者。在Y社会企业特殊企业文化建构的基础上，Y员工的自助和互助式的内部成长制度直接促使和培养着一批批具有社会企业家精神和理念的社会企业家和员工，这些员工成为Y社会企业目标实施的主要推动者和执行者，因此，员工的自身成长也是社会企业目标实施的重要环节。就像有员工提道：

> 第一次去Y，就让我感觉到Y的家庭式的温暖。我刚来到Y时，我自己都不知道自己来该做什么，什么都不会，到现在经历了诸多岗位的锻炼。郑大哥说我是一个真真正正的Y人，我不求功名利禄，一样走9个月，从没有想过要Y给我多少钱，给我加官晋爵。我来Y前对我自己的工作不明确，也看不到我的前途在哪里，我从来没有想过综合职业发展，很多人都说我能干，其实我只是一个常人，我只是什么都愿意干。愿干是胜于能干。（YCC120924）

愿干、肯干和有机会就尝试，最终成就自身能力的发展和提升，这是大多数Y人都经历过的，也正是这种宽容的环境、人性化的制度和以人为本的精神使得Y社会企业的文化深入人心，并进而推动了组织目标的实施和实现。

第二节　社会企业的生态网络：利益相关者群体

开放系统视角下的组织研究认为，所有组织都处于环境系统下，受外部环境系统影响，并与外部环境产生互动和资源交换。新制度主义关注制度环境下组织与环境之间的互动及合法性的建立。社会企业在发展的过程中也必然面临着与外部环境的互动，外部关系的互动协调是社会企业在集体行动策略下的环境管理与控制的表现，这些集中体现在组织的社会行动中。就组织生态网络中的内部机制而言，表现为重要内部参与者的共同决策和联盟；外部机制则体现在集体行动策略下的环境管理与控制，通过与组织外部关系的协调，获取社会企业的技术合法性、社会认知合法性及行政合法性的认同。

一　桥联机制下的共同决策与联盟

Y 社会企业因为集团式的发展策略，社会企业群内部及各社会组织之间形成了负责的关系网络。这个关系网络是针对 Y 集团内部而言的，被称为内部企业社区，但相对于单个的社会企业来说，则又是外部关系网络及资源的整合。因此，对于 Y 社会企业组织管理的互依策略，就集团内各社会企业的发展而言，称为内部协作。

1. 集团内部桥联机制下的共同决策

桥联机制大致是指控制或协调自己同其他形式上独立的实体有关的行动。共同决策是一种重要的桥联手段。① 在组织理论中，共同决策指的是安排外部团体的代表参与组织的决策或咨询，有学者指出，这种做法的意义在于加强组织与其环境的关联，但成本巨大。② 在三位一体的组织治理结构下，组织内部成为一个重要的循环，相互协作又各自独

---

① ［美］W. 理查德·斯科特等：《组织理论：理性、自然与开放系统的视角》，中国人民大学出版社 2011 年版。
② Philip Selznick, *TVA and the Grass Roots: A Study in the Sociology of Formal Organization*, Berkeley: University of California Press, 1949.

立。各社会企业、社会组织在业务和实体上既相互独立,又紧密相关。三大条块之间存在错综复杂的关系,它们构成了集团内部独特的社区关系和社区文化,形成了集团内部的运作体系。各组织之间相互独立,又不可拆分。

组织治理结构的设计为组织内部运作提供了良好的条件。集团内部各社会企业和社会组织之间独立运作、各自管理,并通过制度协调、资源共享、合作分工等方式相互协作、共同发展。同时,集团针对残疾人的特点,实行多层次、多面向、全方位就业。各社会企业之间业务分工明确,各不相同,相互独立。从服务供给来说,各单位服务领域相互补充和协作。除此之外,社会组织也对外提供社会服务。集团内部形成了一个服务领域全覆盖、社会组织和社会企业独立运作而又相互依赖、共同发展的联盟。良好的内部协作制度不仅有效保障了组织目标的实施,也稳固了组织内部运作的合法性基础,促使了外部合法性的确认。

2. 社会企业员工:重要的内部参与者和利益相关方

Y员工不仅是社会企业的内部参与者,同时也是服务受众,是重要利益相关者。员工对企业发展的满意度和归属感从根本上决定着企业的发展及合法性的建构,也直接影响着社会企业合法性建构的程度。因此,对员工满意度的测量可以观察企业合法性的程度及主要影响因素。

本书中,对员工满意度的测量着重关注员工对工作本身的满意度、对工作环境、工作群体的满意度及整体满意度四个方面,结果如下:

表7-1 员工满意度调查表

	极小值	极大值	均值	标准差
同事间的人际关系	2.00	5.00	4.1576	0.69801
生活设施的齐全、可得性	2.00	5.00	4.1455	0.71784
公司的团队氛围	2.00	5.00	4.1333	0.76136
工作场所的安全、整洁度	2.00	5.00	4.1030	0.68631
工作本身的兴趣	2.00	5.00	4.0727	0.69461
工作中学习新技能、新知识的机会	1.00	5.00	3.9818	0.82249
领导我的支持和帮助	1.00	5.00	3.9697	0.83684
公司提供的福利	2.00	5.00	3.9091	0.79494

续表

	极小值	极大值	均值	标准差
工作提供的稳定就业感	1.00	5.00	3.8848	0.79177
目前工作提供的发展空间	2.00	5.00	3.8242	0.81114
自主决定如何完成工作的机会	1.00	5.00	3.8000	0.77460
工作压力的承受度	2.00	5.00	3.7879	0.68777
工作的挑战性	1.00	5.00	3.7758	0.80662
现在的工作与期望的匹配度	1.00	5.00	3.7455	0.86711
工作中得到的成就感	2.00	5.00	3.7394	0.83299
能充分发挥个人能力及特长的机会	1.00	5.00	3.7212	0.87365
人事决策的公平性	1.00	5.00	3.7212	0.85246
部门和岗位职责的分工	1.00	5.00	3.7030	0.79037
从事不同工作的机会	1.00	5.00	3.6788	0.81141
相关决策的参与程度	1.00	5.00	3.6545	0.90833
工作中取得的社会地位	1.00	5.00	3.6303	0.91214
对公司提供的培训	1.00	5.00	3.6242	0.97750
工作休息时间和加班制度	1.00	5.00	3.5879	0.89707
职位晋升的机会	1.00	5.00	3.5758	0.89136
奖惩制度的公平合理性	1.00	5.00	3.5152	0.98529
与其他公司相比,对目前工资收入	1.00	4.00	3.0970	3.34267
有效的 N(列表状态)				

从上表可以看出,员工对同事间的人际关系,生活设施的齐全、可得性,公司的团队氛围,工作场所的安全、整洁度,工作本身的兴趣满意度是最高的。对于企业的整体满意度测量中,对"企业的认同感和归属感"的满意度最高。

当被问及个人前途与公司前途的相关性时,从调查数据发现,个人前途与公司前途之间存在较强的相关性。

从统计数据的比较分析可见,非常相关 50.3% 和比较相关 41.8% 两者占到总数的 92.1%,说明 Y 集团员工把个人前途和公司前途紧密联系在一起,个人使命和组织使命相匹配,能够真正把自身的发展和企业的进步融合在一起,这使得组织管理在互依策略下能相互促进,并更

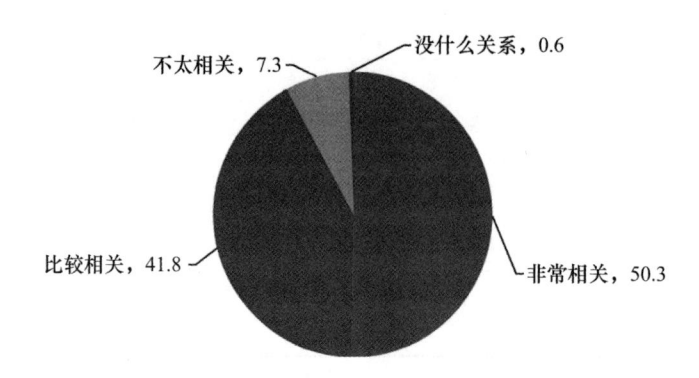

图 7-4 个人前途与公司前途关系（单位：百分比）

易建立协调一致的发展策略。员工是社会企业利益相关者的重要成员，企业员工的合法性评判直接关系和影响着社会企业的发展。良好的企业文化和工作氛围、合适的工作安排及工作兴趣以及 8 小时之外的后勤保障，使得 Y 社会企业取得了内部员工高度的认同感和归属感，建立了稳固的内部协作机制，这成为外部合法性建构的首要及坚实基础。

二 技术合法性的获得与外部性确认

一般认为，新的组织形态是建立在现有资源、知识和支持结构的基础之上的，因此其要受到创立时环境条件的制约。[①] 20 年来的发展，成功的背后充满了辛酸和坎坷，然后正是 Y 集团团队依靠自我拼搏，组建了残疾人团队，创办了高科技公司，在技术方面赢得了社会的认可与支持。创业初期，Y 凭借团队的努力和技术过硬的员工，推动了向软件公司的发展和转型。2004 年，被评为中国科技部双软认定企业，之后又陆续被评为深圳市民营科技企业、深圳市最具爱心企业、深圳市高新技术企业等称号。2012 年荣膺首届（英国伦敦）国际社会企业唯一金奖、首届中国社会创新奖、中国消除贫困奖、全国优秀福利企业、中国公益慈善创新奖等。拥有科技部"双软认定企业"、130 多项软件著作权，通过国际软件行业 CMMI 5 级评估认证。2018 年，残友又开始在人

---

① Elaine Romanelli, The Evolution of New Organizational Forms, *Annual Review of Sociology*, Vol. 17, 1991, pp. 79–103.

工智能，生命科学等新领域进行布局，与 AI 人工智能大数据深度结合，打造大湾区生命科学全产业链实验室。通过新型医疗技术，为特殊群体提前预防、发现、控制、治疗重大疾病和癌症，减少残疾人数量和预防残疾的发生，给残疾人士和罕见病人群提供精准的医学技术服务和健康管理。

一般认为，行业协会是行业或领域、国家甚至国际层面最重要的协会组织。它是"一种公司或从业人员的同盟，是一种处理成员所面临的同类需求和外部力量的正式组织"。[1] Y 集团通过自身的努力，获得了技术的进步和行业认同，通过参与不同类型的专业协会，使 Y 集团获得信息、取得合法性和被认可，同时也获得了在专业领域的话语权。Y 集团随着过硬的专业技术和自身不断地发展壮大，不仅获得了从地方到国家的高度认可，而且开始进入一些专业的协会领域，成为诸如深圳市软件行业协会副会长、深圳市计算机行业协会副会长单位等，这对于 Y 社会企业来说是在专业发展方面最大程度的认可。其中，我们可以从其 CMMI 5 级认证的争取和通过可以发现，社会企业在成长过程中，对外部合法性认证的认同和努力，也正是通过国际标准的认证，其从技术层面获得了组织立足和发展的根本和肯定，奠定了合法性建构的外部基础。

案例 7.2（1）CMMI 5 级认证——技术合法性确认

CMMI（Capability Maturity Model Integration），中文翻译为"软件能力成熟度模型集成"，它是世界公认的软件产品进入国际市场的通行证。[2]其认为，只要集中精力持续努力去建立有效的软件过程的基础结

---

[1] Staber, Udo, and Howard Aldrich, 1990, Trade Association Stability and Public Policy, *Organizational Theory and Public Policy*, pp. 163 – 78, ed. by Richard H. Hall and Robert E. Quinn, Beverly Hills, CA: Sage, p. 163.

[2] CMMI 是由美国国防部与卡内基 - 梅隆大学和美国国防工业协会共同开发和研制的，其目的是帮助软件企业对软件工程过程进行管理和改进，增强开发与改进能力，从而能按时地、不超预算地开发出高质量的软件。CMMI 主要关注点是成本效益、明确重点、过程集中和灵活性四个方面。CMMI 共有五个等级：完成级、管理级、定义级、量化管理级和优化级，分别标志着软件企业能力成熟度的五个层次。在优化级水平上，企业的项目管理达到了最高的境界。企业不仅能够通过信息手段与数字化手段来实现对项目的管理，而且能够充分利用信息资料，对企业在项目实施的过程中可能出现的次品予以预防，能够主动地改善流程，运用新技术，实现流程的优化。

构,不断改变管理的实践和过程,就可以克服软件开发过程中的困难。通过 CMMI 认证的级别越高,其越容易获得用户的信任,在国内和国际市场上的竞争力也就越强。Y 软件在 2008 年 10 月通过 CMMI 3 级之后,就启动了 CMMI 5 级认证计划。

CMMI 5 级的启动初始并不顺利,曾一度招致公司高层的反对,是在创始人的坚持下才开展起来的。

> 大家觉得,做 3 级,就已经很麻烦了,再做 5 级,没有什么经济意义了。因为 3 级就可以揽工程。他们认为,当时的 Y 集团很困难,做完了 3 级,就应该把所有的技术力量全部投入市场,多挣钱,这个想的都是好的,但是,他们没有想到一点,Y 集团不是静止不动的。何博士就说大哥把这个当成了一个员工的教育手段,和员工的技术引领,所以大哥呢,把它作为一种不断革命的一种辅助的东西。从发展的眼光看,那必须有 5 级跟着,不断地进入不断地协同。当初强压着签了这样一个协议。最后大家意识到,这不是为了一个开发软件的问题而是团队怎么协同工作的问题。所以现在大家明白它的意义了。(YZ120825)

对于 CMMI 5 级的认证,创始人更看重的是如何永葆社会企业本身的企业精神,如何能在 Y 集团自身不断发展状况的情况下保持企业的协同性发展,保证 Y 集团的每个员工能在企业发展的规划中共同成长并展示 Y 社会企业的企业精神。

> 但最重要的是我觉得,我一直跟他们讲,Y 集团永远不要失去的是,那种不顾一切的闯劲。不冒险就是最大的风险。我们绝处逢生,我们没有资源,我们是光脚,我们在这个商业上拼搏的时候,我们是最弱的,我们带着满身的不方便,带着沉重的生活负担,在去跟别人没法平等竞争的情况下,我们还不冒险,我们还不出奇兵,那静等着我们的不就只有失败吗?所以 CMMI 5 的那个评级大会上,我说,级别评出来了,这个标准也有了,但是我希望大家以

后不要幻想着就这样我们就可以跟别的企业平等地走在一起，不能。因为我们自个儿自身的残障，因为我们特殊的组合，因为我们沉重的负担和因为我们这种残疾的特征，所以说希望大家永远保持大哥给你们树立的榜样，那种不顾一切的闯劲，那种不要一切的奉献之。(YZ120825)

Y软件公司经过三年多的改进和优化，于2012年9月正式通过了CMMI 5级认证的评估，再次成为Y社会企业发展过程中具有里程碑意义的一个事件。这对Y来说，是一个更大范围内、更深程度上和更广泛意义上的一次改进，对Y社会企业的未来产生了极大的影响，无论是内部成长还是外部社会影响都是一个极大的提升。

首先，就内部成长而言，在CMMI 5级认证的过程中，引进很多外部优秀公司的改进专家顾问，帮助识别关键改进项并实施针对性改进，团队在外部专家顾问的带领下自身得到了提升与成长。其次，实现了郑先生期望的团队协同性发展的持续性改进，团队及成员都得到了成长。员工基本从关注技能提升上升到系统思考、生命的提升。形成了新员工成长的方法论，建立了新员工上手包和技术学习地图，配备新员工导师，实行小组制学习。借助外部导师和义工理论，成立了针对老员工提升的企业黄埔军校。公司内部实行多层面的分享会。复次，内部运作方面成立了成熟的项目开发管理体系，成立了成熟的项目管理团队及配套的质量保障体系和团队，严格进行质量监控，保证项目质量。最后，转变观念，要以服务客户价值为宗旨，从基本无客户服务理念（主要关注编码实现）到服务干系人期望的跨越，再到全面服务客户价值，许多客户目前已经成为Y的VIP客户，意识到只有发展更多的稳定持续的客户，为客户持续创造价值，才能获得持续性的发展。而且，这种规范化的运作模式扩展到了整个集团层面的运作，集团也成立了EPG会议，各部门从评估过程中吸取项目运作的流程并规范化部门管理，提升了组织运作的规范性。员工对CMMI 5级认证的通过，对于Y这样的社会企业而言，在国际上的旗帜作用以及对残疾人就业的信心鼓励，都意义深远。

CMMI 5 级认证对内部是一个提升，加强了内部组织运作的稳固性和基础，促进了社会企业生命力的成长，建构了社会企业内部合法性的基础。就 Y 社会企业的外部影响而言，提升了外部社会形象。第一，在业务上，社会影响力扩大，有利于商业合作的扩展和商业收益。它证明了尽管社会企业不以营利为最终目标，以这个商业的手段来实现公益的目的，即便是这样，也可以在技术上做到最好，就资源引入上会有更多的机会。第二，就社会意义而言，企业从自身的发展开始参与到社会领域的建设中来，促进了社会创新和社会管理体制的创新和改进，体现了社会企业的社会意义和价值。同时它改变了传统的认为慈善公益就应该是弱势的，就应该让别人来帮助的那种观念。Y 社会企业 5 级认证的通过证明了，在残疾人特定的领域里，残疾人也可以强势地生存、平等地发展。在社会企业发展的问题上，也回答了社会企业到底有没有出路，能不能和商业企业竞争的问题。第三，证明了在新经济时代，残疾人依靠电脑网络也可以屏蔽自身不足，转变为优质的人力资源，CMMI5 级认证的通过，从技术上充分肯定和证明了这一点。

> 最主要的意义是，它是对残疾人能力的很好体现。甚至正常人做不到的事情，我们残疾人能做到。那说明什么？说明我们的残疾人有这个能力。就宣传意义上来讲的话，他会向咱们市民传递一个信息，我们的残疾人是残而不废的，我们的残疾人的能力甚至比正常人的能力还强。（SLCLH120831）

再者，它是社会企业自身能力的一种展示，是残疾人人权的体现，也是一种自我宣传，对 Y 集团本身及社会企业的发展来说，社会意义深远。

CMMI 5 级认证的通过不仅是自身实力的展示，也再次通过组织自身能力的提升及战略性的组织策略稳固了组织内部的合法性基础，扩大了社会企业的外部影响力，影响了社会公众、政府部门、专家、商业企业等利益相关者群体的社会认知，积极建构了社会企业的外部合法性。企业主动应对外部发展的战略选择，在发展变迁过程中保持与制度环境的积极互动,并且通过制度性的仪式和程序,寻求合法性生存的制度认证。Y 集团的 CMMI 的认证过程,也恰好印证了这一点。

三 资源的组织化与行政合法性认同

在组织的外部关系中,国家是一种特殊的外部力量。有学者指出,作为一类组织,国家最明显的独特属性是能够对其他组织行使权威。①在组织所处的制度化环境中,外部合法性的获取,政府拥有一定的权利和权威。政府通过政策制定,建立游戏规则,规定组织可以做什么,对组织的社会行动做出政策约束和规制。对于社会企业在中国的发展来说,社会企业虽然不是新兴组织,但在当代中国的现代化建设体系下,在社会建设和社会管理体制改革的大背景下,社会企业依然是一股新兴的力量,因为时代背景的不同,使得新时期下的社会企业拥有了不同的内涵和意义。因此,国家对社会企业的外部合法性具有绝对的权威,其中合法律性的获得方面政府有着绝对的话语权。

但是,组织并不只是被动地接受来自外部的法律管制和政策规制,它们也会通过不同方式和资源影响政府政策。组织通过向政府游说、与政府机构之间的人员交流等途径来影响组织外部的政治环境,减少政府对它们的约束或消极影响。那么,在和国家的互动中,如何实现资源的组织化,建立对组织有利的外部环境,则显得十分重要。然而,对于新型的组织形式而言,要建立与国家良好的互动关系,建构积极的外部关系,确立组织的外部合法性,首要的是要确立社会企业本身的专业地位。通过专业技术能力赢得合法性建构的基础,从而实现资源的组织化。

Y 集团与国家的互动主要体现在以下几个方面:与主管科技工作相关的科技局,与主管民生关注的民政部门,以及与主管残疾人相关工作的残联等。

1. 科技系统与技术能力的专业性认同

该社会企业与深圳市科技局的关系,印证了专业能力的发展对社会企业身份认同及合法性建构的重要性。其因为过硬的专业技术能力和规

---

① Lindblom, Charles E., *Politics and Markets*, New York: Basoc Books, 1977, p. 21.

范性发展，获得了深圳市科技局的高度认可和支持。

深圳市科技局对 Y 集团的发展给予了高度的支持和鼓励。创始人郑先生也坦言：

"没有深圳，我的人生将真正的残疾"，这句话是指深圳科技界的领导。为什么？深圳的科技局真正是叫鼓励创业、宽容失败。他只看你是不是真正的作品，有没有好的外包，我们拿的是中国的优秀外包奖，美国的 CMMI 认证我们分别拿到了 3 级和 5 级。所以科技局对我们补助和科技奖励，是很多大型的科技公司都拿不到的。（YZ120825）

科技局 2005 年批准 Y 集团成立深圳市无障碍信息研究会，支持 Y 集团事业的发展。2006 年开始，其被深圳市软件协会、计算机协会、信息工程协会吸纳为副会长单位。

这么多年，我们在科技界，跟在民生界完全是相反的。他就觉得残疾人做事专注，软件水平高，所以一直给予鼓励。（YZ120825）

没有获得环境赋予合法性权威的复杂组织，必须通过绩效和效率来证明自己的正当性。更为制度化的组织，则更有可能生存下来，也更有可能获得捐赠和社会认可。

CMMI 5 级认证通过之后，政府很开心。L 区政府给我们免费提供办公场地，新闻发布会是深圳市政府和 L 区政府联合举办的，政府定的酒店和发布场地。深圳市政府和区政府分别给予了奖励。美国方面的评估机构也捐赠部分评估费用给我们。（YZ120825）

Y 集团在发展过程中用实力证明了自己，也证明了残疾人人力资源的优势，其是可以依托高科技实现就业的。科技局在技术和专业能力上的认可和支持,推动了 Y 事业的发展和外部合法性的建立。2015 年年底,Y 软件股份有限公司和 Y 电子善务股份有限公司成功登陆新三板,开创了残疾人高科技社会企业上市的先例,再次证明了社会企业一样可以具有市场竞争力,并获得独立的可持续性发展。

2. 民政系统与社会服务的支持性认同

民政局在 Y 社会企业的发展过程中也起着重要的作用,是重要的外部支持者。深圳市民政系统从 Y 社会企业的早期发展开始,就给予了 Y 社会企业发展从硬件、人员到情感上的支持,这对于发展中的社会企业来说,是莫大的鼓励和支持。"民政局是我们真正的娘家。我每次都说,感恩深圳,一个是科技局,一个是民政局。"这个外部支持性的环境对于 Y 社会企业的发展起着十分重要的作用。政府的支持,对于 Y 来说,除了外部支持环境的建构和合法性的确立,从更深层意义上来看,是对残疾人在自身条件下拼搏奋斗、坚韧和努力的一种最大的鼓励和认可,这种认可对 Y 集团的继续前行十分的重要。

民间社会力量的成长在与体制及政府的互动中存在张力、紧张、博弈及合作。Y 社会企业的发展历程展示了民间社会力量的成长和政府之间的张力和博弈,这种关系也必然伴随着民间社会力量的成长过程。政府也可能成为社会组织发展过程中的外部支持者,社会组织在与政府的互动中表现为角色的依附性,对政府的支持甚至演化为一种情感性的依附。在访谈中,创始人多次提到民政局,说民政对于不用他们管的事情,也倾尽了心血,想办法给予支持和帮助。

> 有一个例子是最明显的,就是我们在 2003 年、2004 年这个比较困难的时候,民政做了件事,当时的局长在民政自己的财务里,申请了五套电脑,让我们写了个借条,内部签一个租借协议,从那个电脑厂里买了都还没打开,直接搬到我们这里就让我们用。你能觉得是煞费苦心啊。因为他自个儿批不来钱,因为我们是残疾人不该他管,他没办法帮助,他怎么办?只能用这样变相的方式支持我们。然后除了硬件的支持,人员的支持方面让我们两个残疾人在民政那里上班,每年给我们十万元钱的外包费。现在看呢,两个人十

万元钱好像不多,我们那个时候的工资水准一个人才 1000 多块钱,一年也就是一万多元不到两万元。(YZ120825)

政社互动中,政府的政策对社会组织的发展起着直接而重要的影响,而政府官员个人行为也直接影响并"代表"着政府行为倾向,社会企业在这一时期的依附性角色给组织的发展带来稳定性,但也会因为更多的官员个人行为而充满了不确定性和困境。当问及为什么民政局会给予 Y 社会企业那么多的支持,而且对于不是自己的事情也会去尽力帮忙,创始人说:"我觉得他意识到了我们,虽然那个时候也没搞社会建设,但是他意识到了这个事的伟大意义。就是残疾人搞高科技,自己就能解决残疾人就业,这个方向太好了。"(YZ120825)Y 社会企业在发展中找到了自我定位和方向,找准了依靠高科技促进残疾人强势就业的方向,开拓了残疾人就业新领域。自我价值的实现和社会企业的价值体现,不仅促进了社会企业内部成员对组织的无限忠诚和依赖,也使得相关政府部门开始有了情感的转变。

民间社会力量的发育对政府支持的回应,有的时候已经超越了它本身的意义,这再次彰显了政府在组织运作中的角色和功能性意义。

> 那几年刘局都亲自到我们这儿来送大米、送油,他每次春节来的时候啊,我都会流泪。他送过来的时候我都流泪,他们就说,哎呀老郑我们没做什么就送了几桶油,其实我心里想的是我流泪不是因为这几桶油,我就说这么多残疾人和家属,都希望孩子在这个像家庭一样的环境里能长治久安,那么他们都有一个疑惑就是我们是不是做得不好,为什么残联不理我们,那民政的这种关怀,给这些家属和残疾人无限的希望和信心。我是通过这个很感动,因为这个是我做不到的,我只能说我在生活上关心残疾人,我在市场上给他们找出路,但是,这个是我们做的事,政府的这种支持,那不是我能叫来的嘛。(YZ120825)

民政部门及残联等作为政府结构化权力关系中的重要角色,对残友集团的发展产生重要的意义和影响。而政府各部门不同的角色反应也给这些组织带来了不同的影响，这种影响不仅是政府行为的直接作用，从更深层次和意义上来说，则是政府作为社会企业的运作背景及权力中心之一对社会企业的形成模式和运作模式产生重要作用，甚至是更深的情感依附。

Y社会企业近年来的发展获得了政府的认可和支持。从早期的购买服务、人员外聘到现在的服务业务，深圳市民政系统都给予很大的支持。在对深圳市民政系统的调研中，深圳市民间组织管理局的负责人给予Y社会企业充分的肯定。

> 它确实是发展非常迅速。我觉得这跟他摸索出来一个比较好的运作模式有关，人力资源得到充分运用。在信息时代，他把劣势变成优势，他找到了一个很好的模式。这种拼搏、自强，跟他本人的能力、凝聚力是分不开的，所以它发展得非常快。他也非常善于把握机会、社会资源。残疾人给人的印象是只能做一些低端的工作，加工啊、手工啊，这些重复的简单的劳动……那么高科技，说怎么认识Y的这个人力资源，所以他们在这里应该说是尽力在市场上找到一个差异点吧。这个就直接等于说是别人没有的。
>
> 2005年的时候社会企业概念刚刚引进中国，从某种意义上，因为中国没有这种文化，也没有相关的法律。集团2008年成立，通过商业的手段解决了社会问题。从某种角度讲，他也算中国最大的社会企业。Y社会企业特自强不息，能够把握机遇，而且每一步都走得特别好，所以能够获得最大的社会支持。
>
> 首先，他能够充分利用深圳这个改革开放的社会环境、市场环境、体制改革特别是社会组织管理体制改革的这种优势，当然他本身也是非常自强不息，可能放到别的地方没有机会（制度环境的优势，笔者注）。正是因为深圳的这种体制改革优势、这种环境氛围、这种沃土，才把这根苗培育出来。作为民间组织管理局，无论是他2005年的那个信息无障碍研究会也好，还是后来这个民办非企业单位，包括基金会，我们都满腔热情地给他支持，让他通过社会组

织这种形式更多地聚集资源，使他内部的社会企业的构架得以完成。后来到喀什，我觉得他很敏锐。我们共同富裕也不光是说经济，还有和社会的一些结合，他又走在前面。所以我觉得他跟他的企业有真正特区的一些特质，就是敢为天下先，每一步都有创新，又有非常强的学习能力。这种顽强拼搏是一般企业、社会组织可能达不到的，我们给予他们一些政策上的扶持和指导，包括购买服务和项目配套资金等。他提出要社工，我觉得他就知道要按专业化的道路来搞服务，很有战略眼光，没走什么弯路，而且每一步都是踩在这个点上，非常善于抓住机遇，并且积极参与，积极宣传，任何机会都不放过，而且做得也很好。（SMM120903）

诚如深圳市民间组织管理局的负责人所言，民政系统对 Y 社会企业给予极大的肯定和支持，这和 Y 社会企业本身的实力和先进性是分不开的。Y 社会企业自强、拼搏、创新的企业文化、三位一体的管理模式、创始人的创新意识和对外部的敏锐反应、专业化的发展道路及对残疾人人力资源优势的充分把握，都使得 Y 社会企业能在短时期内快速发展，自身实力不断壮大，获得政府系统大力支持，这对社会企业行政及法律合法性的建构及制度层面的外部支持获得都十分重要。

深圳市民政系统是 Y 社会企业合法性评判的重要来源，也是 Y 社会企业的利益相关者重要评判方。不同利益相关者群体会持有不同的评判标准，对于正在起步阶段的中国社会企业而言，政府作为合法性评判的主要外部来源，其外部认可或支持就显得尤为重要。

3. 残联系统与组织效益的业务性认同

残疾人联合会（以下简称"残联"）是半官半民性质的综合性事业组织，具有代表功能、服务功能和管理功能。它代表各类残疾人的共同利益，协助政府、社会推进残疾人事业，对残疾人事业进行整体研究，统一规划，提出政策、立法、规划方面的建议，并在这方面发挥综合、协调、咨询、服务作用等。[①] 在中国人的观念里，残联就是残疾人的娘

---

① 中国残疾人联合会网站，http://www.cdpf.org.cn/2008old/bszn/content/2003 - 11/03/content_ 76610. htm。

家,是代表残疾人的权益的。在长期的发展过程中,残联逐渐演化成了一种具有官方特征的事业组织。但随着社会的发展和残疾人需求的变化,在现代化的发展过程中,残联也必须要学会转变关注方式,做好转型,真正发掘在当今时代背景下残疾人的需求,并作出积极的回应。

对于残联而言,对在中国残疾人事业推动中的社会新生力量要给予积极的扶持。残联要转变思路,积极应对社会领域的发展。社会建设和公民社会的发育,需要相关社会力量和群体的参与。所以,残联要学会转型,在新的时期和形式下要转变工作思路,要认识到社会新生力量的发育对于残疾人事业的推动作用,要给予积极的支持和鼓励。残联作为调整工作思路,作为枢纽型组织,把与残疾人相关的社会力量和事业整合起来,共同推动残疾人事业的发展。

其次,要做的就是转变工作方式,在社会管理体制改革的大背景下,作为代表残疾人利益的残联应依据自身职能充分发挥作用,要积极转变思想、转化思路。对于社会领域兴起的社会企业组织等新兴力量,要学会政社合作,二者要在分工合作的基础上共同努力,回应残疾人的需求和问题。比如对于Y社会企业,可以解决残疾人的就业问题,但是残疾人的康复、维权等问题还是需要残联的介入,这样民间组织和力量才能走得更远。以Y集团为代表的社会企业在社会建设领域而言,是一种社会创新。对于社会创新的尝试,相关部门应给予积极的支持,探索恰当的合作方式,共同发展。

> 残联他伸不伸手很重要,他能伸手支持,那这个事业的发展就会很快。我给你举个例子,我们海南Y就是得到了当地政府和海南残联的支持,他们挂了个牌,是海南省就业实训基地。他们委托我们培训,前期给了一百多万元的培训费,我们就培训了几百个残疾人,从这个培训过程中又选出优秀的,直接在那作为员工,一个良性循环就来了。(YZ120825)

在调研中,对于Y社会企业的发展,深圳市残疾人联合会的相关负责人充分肯定了Y社会企业目前的发展,他谈道:

Y 的发展能充分发挥残疾人的人力资源优势，能发挥技术人才的专业优势，使残疾人能占有一席之地，这是非常了不起的。Y 的创始人善于调动各方的积极性，特别是政府资源。他不是简单地宣传理念，而是通过汇报工作的方式，来让大家有机会了解他，这是非常成功的。他们能非常用心地做企业，本身又是残疾人，能展示残疾人的一些因素，形成有利于宣传的社会环境。Y 在发展残疾人服务业这方面在全国都是很成功的，也很专业。就社会建设的层面来说，也是非常成功的。政府也要积极去了解民间社会组织的发展，使得社会组织能在社会建设中和政府建立一种良好的关系，推动社会建设的发展，政府要扶持社会组织的发展，要制定相应的发展规划，加大政府对社会服务的资金等扶持力度，残联现在有支持，但是力度还不够。残联不是单纯地就做好自己的事情，残疾人的就业是个很重要的工作，Y 集团做的就不错。（SDH120828）

残疾人联合会是残疾人系统的重要组织，在安排残疾人就业方面起着重要作用。在中国，残联是一个半官方组织，残联的支持对于 Y 社会企业的发展来说也是一个很重要的方面。就目前发展来看，Y 社会企业在制度层面就残联系统来说，外部社会行政合法性和法律合法性的建构已基本确立，但双方的合作需要进一步互动和沟通。

残联是 Y 社会企业合法性评判的重要来源，也是 Y 社会企业的重要利益相关者和重要的外部支持者，Y 社会企业在发展的过程中，残联同样对 Y 社会企业的发展起着重要的影响作用，而这种外部关系的建构同样是和 Y 社会企业本身的努力是分不开的。

我们在 2004 年开始，就给了他们一些支持，体现在哪里呢？主要就是我们这个残联的网站建设，我们想建立的是一个服务的平台。那么这个网站建立以后，特别是网站反映的一些东西，反映的是最基层的残疾人的工作状态，他们是怎么去工作的，在这种情况下，这个网站在残联系统中是比较有特色的。Y 的优势在于，第一是他服务这么多残疾人，他对残联的工作，对残疾人应该说首先他有感情；第二，业务方面相对于一般的网站设计公司来说，他绝对是更加了解；第三，我觉得就是在制作过程中间，我们的沟通非常畅通，随时可以修改和调整。所以这个网站建立以后，其实对他们后期的工作影响挺大。迈出这一步，对他们来说很重要。后来业务的拓展，对 Y 事业的推动，应该说是很大的。这个时候区里的领导也开始关注他们，给了他们办公场所的支持。Y 就从他们家里搬到了正式的一个办公场所，真正意义上的一个办公场所，这一步的迈出，可以说对他们来说，又是有决定意义的。（SLCLH120831）

社会企业合法性的建构，当然首先和自身实力的发展分不开。其次对处于发展阶段的社会企业而言，最重要的还是在于社会企业要保持高度的敏锐性和积极的反应能力，能够把自身的发展实力展示出来，让社会上更多的人知道并了解，进而得到进一步的支持，这种支持对于社会企业的发展来说很重要，得到支持之后，企业才能够更好地发展。

他已经得到一个社会上的认可，他的天地已经广阔了，可以这么说，不是说残联要去支持他，而是政府觉得我们有必要去支持他，我觉得从这个层面来讲，他已经是社会很关注的一个社会企业了。（SLCLH120831）

Y 社会企业在发展的过程中，很好地把握和利用了这些有利的外部因素，从早期的网站建设到后来民政部门的一些支持等，使得 Y 社会企业在壮大自身实力的同时能提高社会知晓度，进而吸引更高质量的人才，循环提升企业的发展实力。所以，Y 的发展经历了已经逐步提高到集中爆发的阶段，一方面是实力的积累；另一方面在于宣传力度的推开，公众知名度得到提升，然后社会和政府越来越关注，外部合法性的建构不论从行政合法性还是社会认知合法性来说，都是一个必然的过程。

4. 制度设置与资源交换：政社互动的案例剖析

社会企业模式在海南省的成功复制展示了政社互动背景下社会企业

角色认同发展和行政合法性确认。"海南Y"的发展完全复制了Y集团的发展模式。海南Y由科技发展有限公司和信息技术研究院组成,体现了一体两面、双轮驱动式的发展模式。海南Y从成立以来的快速发展,也进一步说明了在社会领域政府和社会的协作对社会组织发展有着积极推动作用。

H.Y科技发展有限公司(以下简称"海南Y科技")是Y集团旗下的子公司,于2010年8月在海南省海口市组建成立。海南Y科技继承了集团的以"发展和谐科技,融入现代产业体系"的宗旨,着力实现"大规模的残疾人集中就业,重构中国高科技产业人力结构"的远大构想。海南Y科技是一家以软件和IT服务外包为主的供应商,着重研发创新与转化。海南Y科技的整个团队由来自全国各所重点大学计算机专业的优秀残疾大学生组成。公司实行残疾人自主管理与自主发展,为解决残疾员工上下班困难,实行包食包宿的无障碍大后勤保障,成功实现了残疾人借助高科技集体就业,并形成了一支高效、优质、稳定的软件开发团队。

海南Y信息技术研究院是由海南省科技厅作为业务主管单位,海南省民政厅登记审批,在海南省残联等相关部门的大力支持下,于2011年年底获批成立的民办非企业单位。海南Y信息技术研究院(以下简称"Y研究院")是全球首家以特殊人力资源为科研主力的研究机构,也是中国唯一以网络信息技术为科研目标的科研机构,面向海南省国际旅游岛的国家战略定位,以研发和吸收国内外先进技术并推动海南IT行业整体水平的提升为己任,以残疾人人力资源为基础,为实现"社会民生与现代产业体系互助发展的和谐科技事业"的美丽愿景,进而架构"就业一人、幸福一家、稳定一方"的宏伟目标。

Y研究院主要对接政府各个部门包括残联等,海南科技公司主要从事商业活动,是双轮驱动,科技发展有限公司通过一些商业化的运作来营利,Y研究院主要依靠政府,运用有关残疾人的政策,取得政府的支持。

我们跟残联结合得比较好。Y落户海南,项目一落地,就主动跟省残联取得了联系。我们争取了一些政府的项目。这些项目主要分两块，一个是残疾人的培训。这个残疾人的培训是制度化的，一年培训四期。它不是临时的行为，而是每年都按照这个制度，来培训海南省当地的残疾人。制度化的培训机制形成后，我们海南Y信息技术研究院和海南省残联联合成立了"海南省残疾人培训就业示范基地"，这个培训基地就设在我们研究院这里。另一块是海南省残联的一个刊物《海南残疾人》的运营，由政府出资支持，具体刊物从页面设计、发行、印刷等整个具体事务，都由我们这边来处理。（HCYL130104）

残疾人培训是海南Y研究院的主要项目之一。培训时根据残障人士文化程度的不同，开展有针对性的计算机技能培训。培训由海南省残联提供名单，并下发到各个县市残联，根据海南Y提供的培训方案，确定参与培训的学员名单。每期培训周期3个月，每期学员40—50人，培训期满获得培训证书。截至2012年年底，已经举办了四期培训班，一共200多人参加了培训。

培训期满的学员，是把那些能够胜任工作的一些学员留下，充实到研究院和海南Y科技发展有限公司的队伍中来。二是由研究院推荐到各个用人单位，解决了他们绝大部分的就业问题，就业率达到90%左右。

每期培训班毕业以后，就给他发一个结业证书，介绍他的特长。然后由研究院出面给他找工作。这个全是自愿的，为学员负责。他们大部分都很难找工作，我们就是本着负责任的态度，培训期间，我们就开始给他联系这个有关单位，一旦结束培训，我们就开始给他找各个单位面试、推荐。（HCYL130104）

另外通过培训解决了资金问题，政府给予每个培训的残疾人一定的政府补贴。海南Y通过残疾人培训项目和当地残联形成了良好的合作关系。培训项目不仅解决了Y的用人问题，也解决了当地残疾人的就业问题，替政府分担了就业压力，政府的资金支持也在很大程度上助推了海南 Y 的发展。

海南 Y 也实行标准化的社会服务，这些社会服务同样涵盖了 8 小时之外的大后勤保障。海南 Y 在短短的两年多的时间里，从最初的 8 个人发展到现在的 40 余人，独立运作，自负盈亏，并实现了持续性营利。

> 我们起步非常好。我们一起步就积极联系了当地政府，争取政府的扶持和支持。这个是很重要的，要是我们几个人不依靠政府，单打独斗，这个创业很难。所以说我们（海南 Y）的运作模式有别于深圳（Y）。我们是创业之初依靠政府，深圳（Y）靠什么呢，是 Y 集团先有影响力了，政府再给予大的支持……如果一个企业做不好，或者是做得不规范，那政府也不可能这么快地给这么大的支持。二者是相辅相成的。（HCYL130104）

Y 社会企业的发展通过创业进而带动残疾人就业，体现了社会企业的社会属性和价值。从传统而言，安排残疾人就业是政府公共服务的一个重要职能，这是政府服务的一项内容。事实上，残疾人就业一直无法摆脱低效率和低能的困境，政府出现"失灵"。Y 社会企业的出现使得政府开始摆脱这样的困境，政府通过购买服务的方式把一些专业服务分担给社会去做。海南 Y 实际上通过服务承办的方式承担了政府的安排残疾人就业的服务项目，通过一种高效和持续性的方式保障了服务效果，赢得了政府的持续性支持。同时它也通过自身的发展绩效影响着政府的态度和行为，并反过来提升了海南残联的地位。海南 Y 和政府的合作实际上实现了双赢，是在社会服务领域探索政府和社会合作路径的有效尝试和成功典范。海南 Y 通过这样一种积极有效的方式在所处制度环境层面建构了积极的合法性机制。海南 Y 科技发展有限公司也被评为海南省青年创业平台"2012 年度最具成长力企业"。

在 Y 社会企业的发展中，并非所有的残联都真正理解了作为社会力量的 Y 集团对于残疾人就业的重要意义。在社会力量急速发展的今天，民间力量的兴起和参与将直接推动社会建设的发展，也必然会引发社会管理体制改革的创新。从政府层面，残联应该做的是积极定位，转变工作方式，而不是排斥、阻碍或无视。事实上，残联每年有足够数额的残疾人保障金用于残疾人事业，但效果就很难评估。如何让效率最大化，这也是国家在社会建设领域应该研究的重要课题。

Y 社会企业在与国家的互动中，通过不同部门关系的建立，也建构了自己外部支持者和社会网络，这种网络内有资源的交换和依赖，也体现了各自权利关系和制约。但 Y 社会企业作为民间生长起来的组织，始终能够保持自己的独立性，并在可能的情况下努力寻求资源，并最大化地整合资源，实现资源的组织化，这是 Y 社会企业发展的一个重要特征，也直接影响和促使着其向前发展，并在多个层面上逐步建立了组织稳固的外部合法性。

四 服务输出与社会认知合法性建构

Y 集团在发展的过程中，作为社会企业，始终在践行着自己的社会使命。就像 Y 集团创始人的最初梦想一样，他要让社会上更多的残障人士更有尊严地活着，能有机会实现自身价值，这一梦想渗透到 Y 集团的企业文化中，更践行在 Y 的发展过程中，体现在 Y 的社会行动中。Y 社会企业，在企业社区内部，在安排残障人士就业的同时，解决了残障人士 8 小时之外的大后期保障服务，形成了完备的高质量服务体系；在对外与社会的互动中，Y 集团也在践行着自己的社会使命和目标，通过与政府、社会组织合作等方式，对社会残障人士及公众普及信息无障碍知识，提供着自己的服务，实现着自己的社会价值和社会责任。

Y 社会服务的输出主要通过 Y 集团的社会服务组织来履行，主要包括深圳市无障碍信息研究会、深圳市社工服务社、深圳市关爱 Y 志愿者协会等。对外社会服务主要体现在以下几个方面：

（一）弱势群体的服务需求与社会企业的服务供给

1. 残障服务的直接输出

（1）盲人电脑公益培训项目：递给盲人的"光明"

盲人电脑免费培训项目是深圳市 I 无障碍研究会的经典品牌项目。2002 年，Y 集团开启了中国首个"盲人电脑免费培训"公益项目，是针对所有盲人开展的社会服务项目之一。

据 2003《互联网与残障用户社会调查报告》显示，随着互联网的发展，中国 6000 万的残障人士也逐渐开始借助网络更广泛地参与社会生活。使用互联网以后，残障用户对于他们的友谊和社会交往的满意程度有了显著的提高。视障群体一般被认为是使用互联网的最困难群体。就业选择面少，信息交流机会几乎没有。由于出版成本问题，华语盲文版的文字书刊极少，且购买与存放成本高昂，以上状况使得盲人在文化学习和技能培训方面极为困难，无法融入主流社会生活。

针对这种情况，中华残疾人服务网采用免费形式，在"华语圈视障人士资讯科技免费培训"服务项目内，加开了盲人电脑培训服务，进行"盲人借助（读屏软件）使用电脑培训"和"盲文读写课程教育"的免费服务至今。很多盲人通过培训已能熟练地上网浏览新闻、阅读图书、收发电子邮件、查询信息等。这个项目公开出版了一本由盲文编写的国际首部《盲人电脑培训教材》。与此同时，研究会积极与相关机构合作，于 2006 年先后承接了深圳市福田区残联盲人电脑培训班项目、深圳市新图书馆盲人阅览室合作发展项目等。

有一个盲人，找到了大哥说，"你们是开网吧的，你们能不能让盲人来上网学学电脑？"那个时候我们根本不懂这些东西，没有人知道盲人可以学电脑。这个人是后天盲，我和大哥都被他那种遭遇感动了，特别同情他，就想帮帮他。但我们不知道怎么教盲人学电脑，然后就在网上查到广州有一个叫永德软件的盲用软件，当时一套软件要 2500 元钱，网站没钱，就找我们义工捐了 2600 元钱，大哥派了一个车，载我们的义工花了 100 元钱的学费，去学了一天，然后买了他的一套软件回来，我们义工就开始研究，怎么捣腾这套软件，因为没接触过根本就不懂，然后就从个案开始做起。2009 年，据深圳市残联统计，我们培训的盲人已经超过一万人次。

盲人电脑培训是一条非常艰辛的路。我们的盲人学员首先要教会他这一百几个键。你要手把手告诉他这是什么键然后让他摸，告诉他让他慢慢背，这大概花一个月的时间。一定要手把手一个一个

第七章　社会企业外部合法性建构：抗争、合作与嵌入

教，然后背，完了以后再教他背字根，因为他只能打五笔，就这比做任何义工都难。通过这十几年，我们摸索出很多东西。当时我们是自己写教案，写课程记录，我今天教了什么，他学会了没有，明天要复习什么，然后明天你来的时候，我先看，昨天这个义工教的是什么，然后我今天再接着教，每天接力棒就这么接。因为我们是一个义工来做这件事，肯定是照轮值班，这个责任心需要特别强。我们的义工也要定期培训，这是我们推向社会服务的第一步。

中华残疾人服务网一直在和我们一起做这个社会服务，为他提供电脑、场地和维修人员，大哥把网站最好的电脑提供给我们。然后是福田区残联、深圳市残联委托我们培训，他们都做不了。2006年我们和图书馆的合作，把培训地址放到了深圳市图书馆的视障阅览室。深圳好多盲人都是我们的学员。我们不分地域，只要你肯学，不管你是谁，我们都教你。而且我们经常不是只教他，还要到公交站去接，下了课以后再把他送到公交站，让他上车，怕他不知道路。

我和大哥有一个共识，我们做政府不做的事情，我们就要做这些。别人不愿意做，但是真的是（有需要）特别困难的一个群体，我们就愿意做，我们就不怕，尽管很艰难。我们在服务Y这个社区的同时，把服务推向社会，盲人电脑培训是第一个。（YTL120829）

盲人电脑培训是Y社会服务面向社会的第一步，Y运用中华残疾人服务网的资源和义工队合作，开展了面向社会、满足残障人士需求的社会服务，彰显了Y的社会公益使命和社会责任。培训服务项目获得了良好的服务效果和影响力，推动了Y的发展。

郭女士本来在银行工作，后来双眼发展为全盲，不得不离职在家，生活非常苦闷，参加免费盲人电脑培训后，学习非常努力，如今不仅可以在网上自由地浏览各种文字信息，还可以作电子文档，读电子书，听流行音乐，给朋友发Email，甚至喜欢上了聊QQ。在

网下整个人也改变了，常去参加聚会活动并积极地表演节目，她开心的笑容也深深地感染着周围所有的人。

王先生，男，53岁，先天低视力。2006年年初参加研究会自己开的培训班学习，之前只能把眼睛挨在显示器前操作电脑，时间长了很疼很累，伤眼。他有电脑基础，但完全不会读屏软件。经过3个月培训，他熟练运用电脑、读屏软件，甚至配合低视力的眼睛在Word里面绘画。学习毕业后主动申请加入研究会做义工，现在是培训班主要的义工老师，每一次的培训课程都积极准时参加。也主动积极参加其他义工活动。后来因为身体原因，在家中休养。但依然坚持义工本色，主动帮助周围邻居维护电脑、教授读屏软件使用。

深圳市I无障碍研究会通过这样的服务项目帮助残障人士融入社区，具有深远的意义和社会价值。2006年，中华残疾人服务网凭借"盲人电脑免费培训"公益项目与中国电信、腾讯、万科、康佳等深圳知名企业入选十大最受尊敬企业公民行为奖。盲人电脑培训不仅开启了华人圈盲人电脑培训的先河，而且关注到了残障人士服务的弱项，服务了社会，这成为Y集团回馈社会的一个重要举措。

(2) 聋哑人手语推广：联结"你""我""他"

聋人的无障碍信息推广项目，也是深圳市无障碍信息研究会推动的项目之一，也是Y集团对外社会服务的项目。聋人手语推广，最初的形式叫手语歌会，就是组织各个窗口单位、服务单位学手语歌，做手语歌汇演。曾举办了"深圳手语歌会"，会有一些深圳音乐厅知名的交响乐团或者歌唱家来表演。我们以美丽星期天的形式给市民们提供一场手语歌会。

(3) 读写障碍服务项目：开创国内首家读写障碍服务

W读写障碍服务中心是深圳市无障碍信息研究会的一个对外服务项目，主要针对读写障碍困难的学生开展社会服务。

读写障碍的儿童智能正常，主要由非官能障碍或环境因素造成，与大脑神经系统有关，对认字、认读、默写文字表现异常困难，导致对学习失去兴趣、厌烦、恐惧，缺乏自信。调查显示，在香港约有 10% 的人有不同程度的读写障碍，在中国简体字使用地区，普遍认为有 5%—10% 的学生受到读写障碍的困扰，但国内目前对读写障碍的关注度不足，往往错过 7 岁至 12 岁的最佳训练矫治时期。读写障碍项目主要致力于为有读写障碍的学生提供专业支持，帮助他们跨越学习上的困难，发展潜能，重建自信。服务通过"引进创新"的方式，透过推动服务项目计划，建立跨界的社会服务平台。服务主要包括为读写障碍儿童与家庭提供社会工作服务、儿童读写评估服务、儿童读写训练等，并通过社区宣传等方式介绍读写障碍知识，并推动读写障碍理论和实务服务的共同发展。

读写障碍项目的推进收到了良好的效果，后来为了便于独立运作和管理，读写障碍项目单独成立为深圳市卫宁读写障碍中心，成为全国第一家简体字地区读写障碍服务推广机构。中心的成立推动了社会对读写障碍的关注和了解，也服务了更多有读写障碍的孩子能得到适时和适当的服务。读写障碍中心成立近 10 年，被誉为简体中文地区唯一的读写障碍服务机构，是少数具有欧美韦氏智力检测资质证书的服务机构。10 年间服务人次超过 10 万人，为无数读写障碍家庭带来希望。

2. 社会企业的服务供给

（1）出行无障碍服务：填补无障碍出行空白

深圳市一直积极推进无障碍环境建设，将无障碍建设纳入城市总体规划和发展。2010 年 3 月，深圳在全国率先出台了《深圳市无障碍环境建设条例》。2012 年 8 月 1 日，国务院发布中华人民共和国第 622 号国务院令《无障碍环境建设条例》。2013 年 5 月，深圳市规划和国土资源委员会、深圳市改革与发展委员会、深圳市民政局、深圳市残疾人联合发布了《深圳市无障碍设施建设与改造规划》，以构建深圳市交通无障碍环境为导向，提出建立无障碍出行的城市，为市民提供一个安全、便捷、舒适、优美的出行环境，建设一个绿色、健康、可持续发展的"宜居深圳"的发展目标。

随着深圳经济社会的快速发展，社会对弱势群体的服务意识不断提升，城市的无障碍设施改造方面也取得很大改善，但针对残障人士及行动不便群体的无障碍出行车还极为欠缺。Y集团希望回报社会，助残关爱，实现慈善公益与社会企业运营的并行发展，实现社会资源的最大化及可持续性发展。针对行动不便人士出行困难这一需求，发挥自身资源优势，与爱心企业合作，从国外引进先进设备，对车辆进行改装，添加专供轮椅上下车的液压升降平台、供挂拐人士上下车的折叠爬梯等设备，助力无障碍出行。无障碍出行服务项目主要是为深圳市残疾人、出行困难人群提供无障碍出行服务。

为了帮助出行困难人群的无障碍出行，在政府和社会各界的支持下，"关爱大篷车"市民无障碍出行服务计划应运而生，致力于为老、弱、病、残等出行不便人群提供优质的无障碍出行服务。项目参考一些国家和地区的成熟经验，逐步引入社会公共资源，形成标准化服务，弥补政府资源在无障碍出行建设方面的缺失。深圳市无障碍服务中心在慈善基金会的资助下，2011年12月31日由市民政局批准成立。从服务集团内部开始，发展成面向广大市民群众的对外服务机构。无障碍出行服务引入了香港康复会标准化的管理体系，多年来本着专业、贴心、安全的服务理念，为用户提供无障碍出行服务。中心依托社会组织与社会企业双向平台进行本地化实践，以"社会服务社会办"为核心，以政府扶助为保障，实现慈善公益与社会企业运营的并行及可持续发展，逐步引入社会与公共资源，形成标准化服务模式，为解决无障碍出行提供经验借鉴。

无障碍出行项目本着"爱心助残，方便出行"的宗旨，致力于提供方便快捷、安全舒适的接载服务，最终使得交通出行无障碍，进一步促进残障人士融入社会。无障碍出行服务中心提供如下服务：（1）为残障人士，出行有障碍的老、病等行动不方便人士提供无障碍出行服务（不含法律法规规定需前置审批的项目）；（2）定时定点安全完成上述人群于往返地点间的搭载服务。无障碍出行车配备专职司机和服务人员，无障碍车辆将全部交由专业技术公司进行前期改装和定期维护，以保障所有无障碍车辆的安全及性能。市民可通过拨打专业服务热线预约服务。

出行无障碍服务项目填补了中国大陆在此领域的服务空白，为有需要的弱势群体提供了专业性的服务。在项目启动的半年时间里,已出车1800 余次,为残疾人及出行困难人群提供了无障碍出行服务 2600 余人次,受到服务群体的好评,并引起社会大众的广泛关注。服务受众反映,"没想到还有这么便捷的服务,即使坐着轮椅也可以到那么远的地方,真是太方便了""他们的服务很周到,很耐心,想得也周全,也很专业。很感谢他们!"

出行无障碍服务项目是 Y 社会企业针对社会服务需求缺口,履行社会责任和使命的典型反映,是社会企业社会价值的体现和社会属性的必然要求。Y 社会企业整合社会资源到公共服务领域,通过提供专业化、高效率的服务填补了公共服务的缺口和不足,把本应该属于政府做但做不好或没有精力做的事情,以一种专业化的服务方式提供给公众。这是一种社会服务的创新,也是社会企业社会管理创新的体现。

无障碍出行服务项目自身填补了深圳市无障碍出行的空白,部分承担了政府公共服务的职能,是社会管理的创新,也是社会价值和使命的具体体现。据项目负责人反映,项目实施至今基本一直处于亏损状态,但这不影响他们把这个项目进行下去。"它本身就是一个公益项目,是 Y 回馈社会的一个反映,所以无论亏与不亏(损),我们都会做下去,因为社会需要。"出行无障碍服务项目得到了服务受众和社会公众的一致好评。在项目运行稳定发展的基础上,申请成立了深圳市无障碍出行服务中心,独立运作,更加高效地服务社会。

无障碍出行服务目前从当初的一个运营项目独立出来作为社会组织群众的一个公益机构,独立运营,自主管理。无障碍出行服务项目所需资金全部由企业资助:"车辆是爱心企业赞助的,司机是义工,公益资源有限。每天有上百名残障人士打电话预约,但是我们中心每天只能为10 名残障人士提供服务。""只有增加车辆并配备专职司机,才能满足残障人士的用车需求。"就 2012 年整年的运营情况来看,整体并不十分理想。据了解,电话咨询的很多,但要求预订车辆的不多。大多轮椅使用者以为车辆使用是完全免费的。而实际情况是车辆运营本身需要成本,无法提供完全免费的接载服务。我们可以借鉴经验,对于这些服务社会的公益项目,政府给予一定的资助,推动项目的实施。

创造无障碍环境，改善残障人士平等参与社会生活的物质条件和社会环境，不仅是保障弱势群体等社会成员平等参与社会生活的重要举措，也是现代化城市管理中从无障碍设施到无障碍环境的转变，是城市治理和城市文明进步的重要标志，更加突显在社会发展过程中，国家对无障碍环境建设的重视。

公共交通出行，是重要的民生课题。城市化进程的加速除了基础设施的建设外，公共服务也是重要组成部分。无障碍建设是城市化进程的重要内容，近年来的无障碍建设虽然有很大发展，但依然存在不规范、不标准、不合理的问题。无障碍出行服务项目正是看到了公共物品服务的缺口，在社会治理的过程中间发挥了社会企业的重要优势和敏锐性，在提供差异化的公共交通服务产品方面发挥了重要作用和社会功能，弥补了政府提供公共物品的缺陷和不足，因此得到了社会公众的广泛认可和政府部门的肯定，从而为社会认知合法性建立提供了强有力支持和论据。

（2）舰长计划：点燃公益的星星之火

舰长计划项目面向青年大学生，依托社会企业特殊的公益平台，面向拥有公益情怀及远大志向，并认同公益价值观的青年人，培养青年公益人才。

Y集团拥有成熟的公益人才培养经验，其研究如何从残疾人群体中培养公益人才已有20年之久，致力于培养青年人的公益精神、公益实践能力也有近3年的时间。从2010年的"Y公益实习生计划"到2011年的"Y社会企业见习者计划"，近30位来自全国各大高校的优秀大学生在Y集团接受了系统的公益理念及公益实践培训，并有部分大学生走向了社会各界的精英岗位，成了推动中国社会创新管理及改革的良性迅速发展的优秀新生力量。针对中国公益人才匮乏的状况，Y集团立志更加卓有成效地帮助即将步入社会的青年人塑造正确公益观、培养优异公益实践能力，并从他们当中发掘出中国公益的新生力量、培养中国公益界的青年领袖，"舰长计划"孕育而生。

舰长计划项目通过实缺岗位任职、公益项目运营管理、公益活动策划实施、公益前辈导师辅导等方式，使他们获得专业的公益理论知识及运营技能等实践经验，为成为一名优秀公益人才打下基础。每一位成功结束"舰长计划"的人，都将成为中国社会发展的一枚火种。散播到他们的同学当中，让更多大学生真正了解中国公益的现状和社会组织的发展趋势，让更多的人才进入公益领域，推动中国社会创新管理及改革的良性迅速发展。"舰长计划"为他们提供免费食宿，让实习生到实缺公益岗位任职，前辈导师全程辅导，参与项目运营管理及活动策划实施等工作，并长期跟踪辅助成长。

> 我们把它比作是"公益远航的联合舰队"，我们希望每一个青年进来以后，都能在这个联合舰队中当一个小舰的舰长，所以叫"舰长计划"。这个舰长计划也覆盖着新员工。你进来就是告诉你，想当将军的兵才是一个好兵。在Y这个环境里，空间很大，不是进来了就老老实实当兵。针对不在这里工作的实习生，我们就说，Y是为了回报社会，不在意是否在这儿工作，最重要的是能对年轻人的世界观产生影响。Y希望每个来过Y的人都能在中国的公益远航中担当一个舰长。他们不是来帮我们干活，不是说把他们分到各个部门去干活，而是根据他们的选择，愿意做项目就集中起来做项目；愿意到各个单位去学习，他就去学习。这还包括他们自己以前没有实现的那种梦想和向往，在这只要是能允许的，就允许他做。让他们能充分成长，他们做得很棒。（YZ120825）

舰长计划的实习生在反馈中提到：

> "等到的不仅是一纸证书，而更多的是对另一种生命形态的领悟""感谢您为更多的残疾人提供有尊严、有价值活着的平台，也感谢每一个残疾人给我带来的感动和快乐，学到了很多在社会上学不到的东西""无论走到哪里我都会坚持Y的精神、坚定不移地走完"。（S120820）

Y社会企业和企业家精神的社会影响是发散式的，是深远的。与Y

社会企业的其他社会服务项目不同,舰长计划服务项目实质上是一种导向性的服务项目,通过一定时间的入职实训和亲身体验,感受中国公益组织的运作,并传播和带动更多的有志于社会服务的优秀人才加入中国公益领域这个团队。因此,从根本上而言,舰长计划的意义已经超越了项目本身,它更多地体现了社会企业的社会使命和价值,以及社会创新的本质,它不仅服务残障人士,更从社会创新的视角推动中国公民社会建设的发展。

3. 服务模式的复制与扩展

服务模式的输出是 Y 社会企业社会服务输出的另一种重要形式,这种服务模式的复制通过标准化的流程和服务素质,结合在地环境,获得适应性发展。这些年在海南、喀什、河南、山东、江西、福建等地的社会企业模式复制都非常成功,在地化模式的发展也获得了当地的大力支持。其中喀什 Y 和河南 Y 的发展甚为典型。社会企业在喀什的发展复制了集团的发展模式,实行双轮驱动、一体两面式的发展,在喀什分别成立了喀什 Y 科技有限公司和喀什 Y 就业发展中心,成为社会企业复制的成功典范。

案例 7.2(2)　喀什 Y——爱的飞翔和力量

喀什 Y 科技有限公司是随着深圳援疆计划进入喀什成立的社会企业,于 2011 年 6 月 30 日在新疆喀什成立。它发挥 Y 集团的资源优势,依托 Y 集团的就业模式,使得少数民族地区的弱势群体依托高科技强势就业,以商业手段解决社会问题。Y 在喀什目前主要开展网站软件开发制作、影视制作、广告设计、电子商务、非物质文化遗产及手工艺品的制作、缝纫六大板块的培训、就业和创新发展。喀什 Y 在成立第一年即获得了 2011 年度的"支持喀什市经济社会发展先进企业"称号,并成为喀什市民政团结教育示范基地及自治区残疾人就业基地等。从 2011 年到 2016 年,为当地 1200 多名维吾尔族残疾朋友提供培训就业服务。

喀什 Y 科技成立以来,依据当地的实际情况,在不断探索中积极寻求促进当地弱势群体就业的具体途径,相继成立了喀什 Y 职业技术培训学校和喀什 Y 缝纫培训就业基地。喀什 Y 职业技术培训学校是深圳 Y 集团的援建项目，喀什 Y 自 2011 年进驻喀什以来着力解决喀什地区弱势群体就业问题，当年即招收了 68 名少数民族残疾青年就业。喀什 Y 职业技术培训学校是喀什地区人力资源和社会劳动保障局 2012 年批准创办的一所从事计算机操作（办公自动化）、网页设计、平面设计、计算机（微机）组装与维护和服装缝纫工培训的综合类技能培训学校。学校将与多家名校联合办学，学校总面积达 2000 平方米；有教学电脑 100 台，专职、兼职老师共 11 名，其中 5 名拥有高级资格证。

学校坚持以"职业提供机会、技能改变命运培养实用型人才"为办学宗旨。以残疾人、农村富余劳动力和城镇待业青年及失业人员为主要培训对象。根据不同专业培训的特点，坚持学得快、学得懂、用得上的原则，在短、平、快的教学模式中贯穿对于学生思想品德、自身素质的教育，加强实践能力的培养，加强社会工作能力的指导。坚持创新理念、创新机制、创新人才培训模式、创新课程、创新管理的五个创新，一切以学生为中心和出发点，着力为社会输送合格有用的人才。在喀什地委行署的协调帮助下，喀什 Y 成立了缝纫培训基地。培训基地为残疾员工提供 8 小时以内的工作环境及 8 小时以外无障碍服务场地设备设施。Y 集团在新疆喀什的缝纫培训就业基地已入住 100 名残疾青年，实行食宿培训工作一体化。基地购置了 100 台缝纫机，配备 10 名经验丰富的缝纫师傅教学，3 个月内便可让残疾员工掌握技术，投入生产。新学员说，"没想到这里环境这么好，宿舍像宾馆，有种家的感觉，我会努力学好缝纫技术，用双手养活自己"。

喀什 Y 就业发展中心开创以来，首先利用 Y 集团全国网络，实现市场、产品、服务和技术四大转移，开展了高科技就业和非遗传承两大就业项目，利用 Y 集团的全国就业网络，使沿海地区的市场、产品、服务和技术向喀什 Y 转移，使维吾尔族朋友们不仅学习技能，也看到就业的前景。

其次，用残疾群体认同去淡化宗教文化差异和专业社工设计具民族特色的社会服务方案。开展专业的个案小组工作，为残疾学员提供心理疏导和情感支持。每逢周末，社工和管理团队进行家访，了解维吾尔族残疾人家庭的感受和需求，把学员学习和工作的情况也给家人做介绍，让残疾人家庭感受到党和国家对残疾人就业的重视,打造现代温馨家园。目前,在喀什地区已经解决 100 多名维吾尔族残疾青年就业,所招收的少数民族残疾青年,大多是初中以下学历,以低保户为主,没有技能,但通过喀什 Y 的职业实训,已经能独立开展业务并良性运转。

  喀什 Y 刚成立时也招致了猜忌,经历了初期的艰难发展。喀什 Y 最初也经历了融入与适应的问题。有人对喀什 Y 的董事长 LY 说,"你别说招维吾尔族残疾人,就是招身体健全的人,人家都不愿意去。你有 3 大障碍:语言不同,民族不同,宗教信仰不同"。在这样的情况下,LY 坐着轮椅,走街串巷,讲解自己的奋斗历程。他向大家宣传,"残疾人虽然身体残疾了,但事业不能残疾。现在是互联网时代,是人机对话的时代,这更适合残疾人发展。喀什 Y 公司不做低端产业,我们要做就做高附加值的工作"。员工说"勇哥不仅给了我一份工作,更给了我人生的目标,让我们勇敢地走出家门、走入社会,真正实现了人生价值"[①]。LY 说:"我们都是残疾人,也都是一家人。"这是 Y 社会企业的理念,也内化为每一个社会企业家的企业家精神,正是这种社会企业家精神指引着这些人,引导着社会企业朝前发展。有员工说:"我来 Y 一年多了,我很高兴。喀什 Y 是我们的第二个家,我喜欢喀什这里。"

  LY 是喀什 Y 的董事长,他经常提起的那句话就像他自己一样让很多人熟知,"当你想成功的时候,全世界都会为你让路"。他自幼因脊柱粉碎性骨折,靠钢筋支撑起柔弱身体,寻找工作屡次受挫,被人认为影响市容。加入 Y 后,LY 通过在网络无日无夜地学习,在电脑技术上展现出难得的天赋,他代表中国参加世界级比赛并斩获大奖。LY 是 Y 集团事业的开拓者,是喀什 Y 科技有限公司的创始人之一。2011 年,LY 带领团队前往新疆喀什,为当地残疾朋友搭建就业平台。他克服了资金严重短缺、语言不通、文化信仰存在差异以及自身疾病的困难,促进维吾尔族残疾人培训、就业和创新发展。他说:"只是想来尝试一下,想让成功的残疾人事业模式在新疆、在喀什、在维吾尔族群众中落地开

---

① 转引自《我们不是弱者》,http://politics.gmw.cn/2012-08/10/content_4759872_2.htm。

花。"2011年5月,创立喀什Y,解决68名维吾尔族残疾青年就业,累计捐款500万元。LY在2012年获新疆维吾尔自治区"奋斗改变命运"先进模范人物称号和第七届"中华慈善奖",并被选为新疆喀什市"十大杰出青年"、市人大代表,以及喀什建市60周年10位优秀人物之一等。

F时任喀什Y科技有限公司总经理,访谈中他多次提到当年在喀什工作的情景,社会企业如何在不同的民族文化下建构社会认知的合法性,如何做好社区融入和民族融合。

> 在喀什的三年里,开展残疾人工作可以说是最艰难、最复杂的,但也是最难忘、最觉得自豪的。喀什和深圳距离4000多公里,这里少数民族人口占92%以上,其中90%是维吾尔族,地理气候、文化风俗、饮食习惯,都是完全不一样,更由于民族文化、历史政治因素等,面临着巨大的挑战。残友作为深圳对口援疆公益民生工程,肩负着重要的使命,必须要完成好。不单单是解决少数民族残疾人的技能培训和就业问题,更是要推动新疆喀什之社会融合、社区融合、民族融合、文化融合、残健融合,为地区繁荣与稳定做出贡献,为深圳在全国之援疆成就铸就一道亮丽风景!
>
> 刚到喀什之时,很多人都不理解,几个残疾人千里迢迢跑来喀什干什么,能做什么,行动不便,语言不通,我们拿着残联给的名单,和当地的志愿者挨家挨户开展工作,说明我们来喀什的缘由,帮助大家走出家门,教大家汉语,培训技能,让大家不再是家里的负担。有拒绝,有不解,有担心受骗的,整整一个月,走了几百户,终于第一批68位维吾尔族残疾人和家人带着半信半疑的心情来到了我们喀什基地。
>
> 这其中,有几件事让我们感触很深。一是有一位患绝症的小姑娘,自己也深知生命不多了,来到喀什残友后,非常喜欢待在这个新的大家庭里。突然有一天在办公室晕倒后,就没有醒过来了,周围的村民知道此事,纷纷赶过来把基地重重围住,质问我们这里害死人了,不管我们怎么解释都无济于事,眼看事情失控,这时她的

家人赶了过来,说孩子不是被害死的,而是本来就有重病,不愿回家,希望自己最后的时光在这里度过,因为来到这里之后,感受到从未有的快乐。通过这件事后,当地村民对我们的态度发生了极大的改变,很多残疾人家长都纷纷愿意把孩子送到这里来生活、学习,甚至就业。到我们2015年回来的时候,已经在当地培训了1200多名残疾孩子,现在我们还有一批同事在那边,发展也很是不错。

另外还有一件事也给我留下深刻的印象:在喀什的几年,我们坚持开展定期的家庭走访,一是汇报孩子们在基地的情况,二是了解残疾孩子家庭的情况,给他们带去一些生活帮扶用品,针对性地开展工作。每次去家访,家长们都像是迎接最重要的客户,准备最好的水果食物,很是热情,很是感激。更有甚者,有时我们开车下乡,村民们看到是我们基地的车,就会跑过来拦住,把自己地里的西瓜、哈密瓜、葡萄等,硬是往车里塞。

从拒绝、疑惑到半信半疑,再到主动上门,融为一家人,这样的变化,付出了很多,但收获了更多,残友在喀什的成功,比任何地方都赋予了更重要的使命。在2015年,喀什残友也被国务院授予了"全国民族团队先进模范集体"称号。(YF200210)

喀什少数民族残疾人就业是集团软实力援疆,根据新疆少数民族地区的实际情况,创造出属于当地的就业模式。经过多年的实践探索,走出了一条以深圳Y模式为基础,兼具喀什特色的道路。目前拥有包括制衣厂、培训学校、电子商务、广告印刷等的社会组织与社会企业。结合当地少数民族残障员工特点,实现自我造血与可持续发展,帮助少数民族残障人士成功实现就业。

喀什Y,包括民族的团结它起到一个很大的作用,这个作用不是拿金钱可以衡量的。(SLDH120831)

喀什Y作为援疆项目之一,取得了当地民众的认可,在民族融合等方面堪称典范。就像喀什 Y 的董事长 LY 所言,"我们有 3 个相同点:都是残疾人,都有改变命运的渴望与决心,我们也都是一家人。"喀什是 Y 社会企业社会责任履行的一个典范,它自身的发展也体现了社会企业本身的属性,并在这个过程中建构了自身的合法性机制,稳定了社会企业的发展模式,并获得了外部包括政府和社会公众的认可和支持。

(二) 义工文化和社会企业的角色认同

1. 义工群体:重要外部支持者和同行者

义工在 Y 集团被亲切地称为"同行者",集团自成立以来的发展就伴随着义工的参与。成立于 2000 年的中华残疾人服务网义工队,一直致力于服务深圳的弱势群体,于 2009 年获得广东省志愿服务金奖。2012 年关爱残友志愿者协会成立,至 2012 年年底,注册义工已近 360 人。义工服务得到了社会各界的褒奖和认可,其中广东省五星义工 7 名、深圳市义工服务市长奖 3 名、深圳市百优义工 1 名、深圳市五星级义工 42 名,有 50 人通过全国社工考试,成为专业的社会工作者。义工队的助残服务面向所有的残障人、肢体残缺人士及孤老等弱势群体,主要有面对盲人及老人的免费电脑培训、聋人手语歌会、儿童读写障碍服务、无障碍出行服务及户外义工服务等。周末厨房开放日是义工服务的一个特色项目,从 2008 年 11 月起,深圳义工联各大义工组及义工们"承包"了这个爱心厨房,目前有近 1.5 万人次的义工爱心接力服务,集团残疾员工近 6 万人次受益。另外外部义工导师成为 Y 社会企业发展的重要推动者。集合了商业、社会公益组织的公益慈善平台——爱心柜台项目,也为残疾人手工艺品义卖提供了长期支持和平台服务。

义工群体是 Y 社会企业的重要外部支持者。义工文化是 Y 社会企业文化的重要组成部分,也是 Y 的重要特色之一,义工文化成为 Y 文化不可或缺的一部分,也同样影响着 Y 社会企业文化的构成,并进而造就了 Y 社会企业感恩、奉献的文化特质。义工是 Y 社会企业和社会互动的重要连接,也是社会企业社会认知合法性建构的重要展示。正是由于 Y 社会企业的社会使命和价值吸引了更多的社会公众参与 Y 事业中来。所以,义工文化也是 Y 社会企业社会认知合法性建构的重要见证。

正如郑先生所言:"这些义工以满腔热忱帮助我们,没有一种高尚的情怀是不可能做到的。是他们这种执着爱心的强力支撑,才使我们走得更远、飞得更高。在他们身上,我深刻感受到了什么叫平凡之中的伟大。"

同行者的认可、支持和参与不仅推动着 Y 社会企业一路前行,成为 Y 发展的重要外部支持者,同时也是 Y 社会企业外部合法性建构的重要力量,是社会公众认可的典型代表和重要窗口,是社会企业的重要利益相关者,同时也是 Y 社会企业合法性来源的重要评判者。因为参与 Y 社会企业的义工是真实接触并真正了解 Y 社会企业的社会公众代表,这种社会公众的辐射作用能在极大程度上影响和带动社会公众对 Y 社会企业的认知,从而影响社会企业外部社会认知合法性的建构。

我们现在有名气了,这是在无数义工的帮助下才做到的。你说我要是给"奔驰玫瑰"付工资,我得给她多少钱。我们周末的食堂开放日你看过没有,周末厨房员工休息,一二十个义工来帮我们做至少 70 个人的饭,从中午做到晚上。义工除了用我们准备的菜金买菜,还自己给残疾人加菜——加虾,一加就是十多斤;加烧鹅,一下子 6 只,200 多元一只,那是挺吓人的。每星期两天,一个月 8 天,你算算这些要多少钱啊![1]

2. 义工文化与认知合法性建构

义工群体是社会企业重要的外部支持者。义工文化是社会企业文化的重要特色,义工作为同行者参与到 Y 事业中来,不仅直接推动社会企业的发展,也影响和带动着社会公众的认知改变和社会认知合法性的建构。

---

[1] 深圳新闻网:《残友集团董事长郑卫宁:没有深圳,我的人生将真正残疾》,2012 - 09 - 19, http://www.sznews.com。

7.2 集团故事：最美后勤阿姨——"奔驰玫瑰"

被集团员工亲切称为"田姐"的最美后勤阿姨，就是媒体所报道的"奔驰玫瑰"。她家庭富有，衣食无忧，却不安于享受富太太的生活，每天开着奔驰车来义务给Y兄弟们做饭打扫卫生，数十年如一日。她把Y看作自己的家，把兄弟们看作自己的亲人，做着自己觉得应该做的事。我觉得根本没有把它当作一件什么好事，而是当作一件事儿，做好了就去了。我现在把Y就当作我生活中的一部分，这是真的。因为你把它当作一件事儿的时候，每天去干这件事的时候就觉得特别自然，就这么简单。早上起来你想到的第一件事就是到这来，是吧！你外边有什么事的话，你就想到这边为一个出发点，从来没想过放弃，所以顺其自然就做了，把它当成一份工作了。

2002年一开始的时候就参加了深圳市义工联，通过深圳市义工联的一些朋友也聊过，知道这个Y，参加他们的义工活动。真正从2008年走进来，那时候他们这正好缺人。但是一过来我感觉就离不开了。

实际上没离开在这也是个学习的过程，他们是个弱势群体，我觉得咱们应该拿出点慷慨去想着帮助别人。其实后来我来了之后才发现真正弱势的是自己，为什么呢？因为你除了走路比别人强，其他的你都不如别人。无论学识、见识，还有很多技能方面啊，还有那种心态，精神状态，还有生活中的积极乐观向上的态度，完全跟别人不一样。就完全觉得自己是弱势，这个也的确很吸引人。这个也是我坚持在Y的最重要的原因。

我说我觉得我是幸福的，因为我有个不错的家庭，各方面都有不错的环境，当然最重要的就是家庭。其次就是他们，跟他们的接触，我觉得他们有令我敬佩的地方，原来的这种敬佩都是很平凡的，但现在觉得整个有了一个提升，升华。就觉得生命非常有意义，有意义在哪呢？跟他们在一起其实你没有做什么特别的任务，但他们回报你的那种感恩就特别使你有种自我价值实现的感觉。有种被需要的感觉是吧!

问到我为什么坚持这么多年,很多人觉得,其实你干什么不行,是吧,但是我觉得人一旦锁定了这个目标就乐意朝着这个目标走下去的话,你就乐在其中。

Y发展越来越大,人也越来越多,但是Y的文化始终没有改变,包括自强自立,感恩嘛。这些文化的传承是整个持续性的传帮带。这个传帮带主要是什么呢,就是公司的凝聚力,就比如我们这食堂,他靠的是家庭的一种氛围,很多家长一来都是带着很多疑问来的,他带着自己的孩子,但是这家长都来了,你在这住一晚,多观察多看看,了解一下,家长带着孩子一起感觉像家庭的一种氛围一样,包括围餐,还有叠衣服、洗衣服这种一条龙服务在一起,在这吃喝拉撒服务全包了,这才是一个生活方面的,还有就是精神方面的,一起的氛围啊,还有团结、互助、友爱等,这就是主题文化,传承帮带,把这些人凝聚在一起,形成一种向心力。

让我很感动的事情,印象很深刻的有一次。我曾两次登上珠峰。有一次在珠峰大本营面对雪山给Y祈祷。当时我下来很多人听到我在为残疾人祈祷,然后很多人就一起为参加人祈祷,喊着为残疾人祈祷。他们不知道我在哪个单位,他们听到我在为残疾人祈祷,面对着世界最高峰,面对着洁白的雪山,一起祈祷。

我等到给他们祈祷完之后才想起给自己的家人祈祷。后来我就写了一篇微博,写了因为在我的生命里边,Y的兄弟姐妹已经跟我的生命融为一体了,有时候想到他们就是我生命中最重要的人。

这里最吸引你的地方,就是他们充满积极向上乐观不放弃的一种精神,还有就是那种不是亲人胜似亲人的那种氛围。其实最重要的还是你刚才说的社工的理念,自己在这份工作中的感染力,对这些人的感染,你拿他当真正的朋友就行了。比如他们谁之间有了矛盾啊,或者部门之间有什么了,我都会参与解开这个结,就什么话都会说,这也是一种信任,不是亲人胜似亲人的那种感觉,这种知心的程度时间长了你就会觉得就有了责任,我觉得这是日积月累形

成的一种相互信任、相互帮助的状态。（VT120824）

田姐被 Y 员工称为知心大姐，员工有什么烦心事包括生活上有什么困惑都会找田姐帮忙。在 Y，像田姐这样的义工还有很多，在和 Y 长期接触的过程中，这些义工逐渐融入 Y 文化，并成为其中一分子。义工的队伍也越来越壮大，成为 Y 企业文化的重要组成部分，也成为 Y 员工和社会互动的重要媒介。通过义工服务这个平台，社会公众了解了 Y 社会企业的使命和价值，Y 员工也借此和社会公众零距离接触，成为社会互动、融入社会的重要步骤。

就像 Y 的一位资深义工说："现在有自己的事业，发展得很平稳，空出很多时间，就想如果有一些有意义的事情可以做一下，那是最好的。偶然的机会知道了 Y，认识了郑大哥，就过来了。"（VS120831）像这样的义工还有很多。义工目前的服务项目包括每周一次的厨房开放日、免费义剪等一些日常服务。这样的一个交流平台的建立，是对 Y 社会企业外部合法性建构的影响，也同时继续影响着社会公众对 Y 社会企业的了解和认知，进一步加强了 Y 社会企业和社会公众之间的交流，搭建了社会企业外部社会认知合法性的重要基础。

五　商业企业的社会责任与社会企业的公益行动

该社会企业创建以来，为包括福田环保局、深圳软件园、深圳市科技和信息局、中国人民银行及全国各场地分行、中国残联、深圳市民政局、深圳市科协、广东省残联、深圳市残联等在内的近千家政府机构、事业单位、集团企业提供了优质的互联网信息化解决方案，Y 社会企业以先进的技术、24 小时迅捷反应服务、紧随客户需求的专业精神赢得了广泛赞誉。社会企业和商业企业及社会组织的合作，探索出了社会建设领域中多方合作、共同参与的方式，为社会管理体制的改革和创新提供了样本。

（一）商社合作的模式选择

Y 社会企业的组织发展，建立了双轮驱动式的自我发展和自负盈亏的发展模式，进行了社会资源整合的成功探索，把商业企业的社会责任和社会企业的公益行动进行桥联,探索了社会服务提供的新模式。其中,"爱心柜台"项目就是一个商社合作、社社合作新模式的探索,它开创了社会公益领域内商业企业、社会企业和社会公益组织共同参与的一个新模式,搭建了新的服务平台。

Y爱心柜台是为解决重度残疾人手工艺品销售难题、提高残疾人福利而设立的公益项目。集团依据公益创新的新思维,根据"缺陷补偿,潜能开发"的特殊教育原则,免费为低学历重度居家残障人士提供手工艺培训,并专门设立爱心柜台为其产品拓宽销售途径,沃尔玛(中国)无偿提供场地。"爱心柜台"兼有残障人士手工艺品销售平台与慈善义卖平台的双重功能,开创了深圳第一个具有此类功能的公益新形式。爱心柜台的"掌柜"主要由残疾人和义工组成,希望借此解决重度残疾人生存问题并为其实现人生价值提供舞台,也力争为微小草根组织的募款和救助提供渠道与平台。为了充分整合和利用社会公益资源,爱心柜台面向全社会公益组织开放,为有合作意向的公益组织提供慈善公益项目展示、推广与义卖平台,提高社会公众对于慈善公益事业的参与度,努力实现社会公益社会办的愿景。

该项目通过在沃尔玛等大型连锁卖场设立Y爱心柜台出售残疾人手工艺品,所得收入全部返回手工艺品制作者,从而直接提高残疾人的福利。为进一步扩大该项目的惠及面,基金会招募义工教授残疾人手工艺品的制作方法,结合市场需求指导残疾人制作手工艺品的种类和数量,免费上门回收制成的手工艺品。该项目将公益和商业完美结合,拓展了残疾人的就业路径,直接提升了残疾人的社会福利。爱心柜台是企业与NGO公益发展新模式,为残疾人手工艺品提供销售窗口,实现了残疾朋友社区就近就业,成为爱心企业及义工们活动平台。

经过沃尔玛(中国)与Z慈善基金会的共同努力,2011年9月28日,爱心柜台项目正式签约。在沃尔玛(中国)的大力支持和全力配合下,沃尔玛爱心柜台于2011年11月29日在深圳市罗湖区沃尔玛嘉宾店正式启动。这次启动仪式的成功举办,标志着在社会各界的共同努力下,特别是得到了沃尔玛(中国)的全力支持,深圳市首个专业残障人士手工艺品销售平台正式落成。沃尔玛超市对于爱心柜台的启动提供场地和部分人力支持，深圳市和罗湖区残联的理事长，以及深圳市民间组织管理局和罗湖区民政局的多位领导参与了沃尔玛爱心柜台启动仪式。

沃尔玛爱心柜台的发展在沃尔玛（中国）和 Y 集团推动下，发展成为集线上和线下于一体的公益慈善平台。就目前发展来看，它已经成为一个集专业的残障人士手工艺品销售平台、成熟的社会公益资源整合平台、稳定的资深志愿者公益参与平台于一体的公益慈善窗口，也成为 Y 社会企业服务社会、回馈社会，履行社会使命的一个重要媒介和平台。

（二）社会企业的公益慈善与专业化服务

1."爱心柜台"：公益慈善的新平台

沃尔玛爱心柜台自成立和运作以来，在不断的探索和进步中寻求着社会公益组织和企业合作的新路径和新模式，并不断发掘社会企业履行社会使命的新路径和方式。爱心柜台在自身的发展中稳定运行，并逐渐发挥其社会价值和使命，社会效益逐步显现，主要表现在以下几个方面：

（1）沃尔玛爱心柜台为残障人士手工艺品提供多元化的新公益销售渠道。为残障人士手工艺品提供一条长期稳定可持续发展的销售渠道是沃尔玛爱心柜台设立的初衷。爱心柜台形成了稳定有序且多元化的销售渠道。针对残障人士提供的手工艺品，爱心柜台有线下实体柜台的销售，也有线上淘宝商城的销售。爱心柜台手工艺品的日销售量也在稳步提升。

（2）沃尔玛爱心柜台在解决残疾人就业方面初见成效。一个沃尔玛爱心柜台，可以提供七个稳定的残疾人就业岗位。爱心柜台开设至 2012 年年初，已经帮助各社区残疾人职康中心销售残疾人手工艺品并营利 8770 元。随着爱心柜台项目的不断发展和规模的扩大，残疾人就业岗位也将实现规模性发展。

（3）沃尔玛爱心柜台在国内开创了一个全新的公益慈善模式。联合义卖在国外已经是一种较为普遍公益义卖方式，但在国内由于观念的所限和政策方面的一些原因，这种方式还较为少见。为了充分整合社会慈善资源，爱心柜台联合深圳各大公益机构，提出了将沃尔玛爱心柜台开放经营策略，允许各合法公益机构进驻爱心柜台，将其定位为公益义卖和公益项目的推广平台。该创意得到深圳各大公益机构的积极响应。这一公益模式创新牵引各个公益组织，特别是草根公益组织抱团发展，不仅有利于个公益组织自身的发展，同时也可以让各个公益组织在相互合作的过程中互相监督，以增加公益活动透明度。不仅如此，沃尔玛（中国）作为一家知名企业，还可以利用爱心柜台和各公益机构之间的合作关系接触到更多更专业的公益机构，参与更多具有较大影响力的社会公益活动中。

河南省儿童希望救助基金会是参与 Y 爱心柜台的合作单位之一，其在合作项目的评估报告中写道：

> 儿童希望救助基金会自 2012 年以来，已经和沃尔玛 Y 爱心柜台合作两次，四天募集义卖款共 9053 元，同时吸引了深圳市电视台、《南方都市报》等媒体报道，为基金会救助的大病儿童带来了义卖之外更多的社会关注和捐款。沃尔玛 Y 爱心柜台为我们提供了免费的义卖场所，同时，爱心柜台设在沃尔玛超市，也保证了极大的人流量，义卖活动能得到较多的关注。再者，沃尔玛超市的顾客，多为周边居民，他们对爱心柜台的长期活动有了一个从不了解到熟悉、支持的认知过程，这使我们的爱心义卖活动也有了更稳定的关注者、支持者。
>
> 我们非常感谢沃尔玛 Y 爱心柜台为我们提供的服务，同时希望沃尔玛 Y 爱心柜台能够在更大区域的范围内发挥其出色的社会效益，让每一个有沃尔玛的地方，都有爱心柜台带来的社会效益。[①]

爱心柜台不仅为残疾人提供了就业岗位，也开启了公益慈善的新模式，为公益界提供了一个窗口和平台，使得联合义卖成为推动中国公益

---

① 河南省儿童希望救助基金会：《"沃尔玛残友爱心柜台"项目评估报告》，2012 年 4 月 5 日。

发展的一种新思维和新方式。因此，爱心柜台是 Y 社会企业社会责任和职能的一种彰显，它不仅是对社会的回馈，体现了 Y 社会企业的社会使命，而且爱心柜台本身的存在就体现了一种社会创新，是一种社会建设和社会管理体制的创新和改革，而这种创新型的发展和社会企业本身的发展内涵是契合和统一的。

（4）沃尔玛爱心柜台为社会公众参与公益事业提供了一个新平台。在沃尔玛爱心柜台的发展过程中，陆续有许多满怀公益情怀的热心市民来到爱心柜台，并最终加入爱心柜台，成为爱心柜台的爱心掌柜。现在"爱心掌柜志愿者"项目已经成为一个核心子项目，该项目也得到了沃尔玛超市所在社区爱心市民的积极响应。许多志愿者主动要求加入沃尔玛爱心柜台爱心掌柜的队伍，并定时来爱心柜台服务。

沃尔玛爱心柜台从启动至今受到社会各界的广泛关注和一致好评，相关政府领导也参与其中。社会媒体也给予了大量的报道，扩大了爱心柜台的社会影响面，也有助于爱心柜台社会效益的进一步扩散，这对于 Y 社会企业社会影响力的扩大和社会使命的履行具有重要的推动作用。爱心柜台项目的运营和发展得到了合作方沃尔玛的高度认可，其在 2012 年度出具的《"沃尔玛 Y 爱心柜台"项目评估报告》中指出：

> 沃尔玛 Y 爱心柜台是我们回馈社区的重要战略公益项目。之所以选择深圳市郑卫宁慈善基金会作为我们的合作伙伴，是因为其在深圳市，乃至全国范围内的公益成就、社会影响力、财务透明度都值得赞赏。我们相信，其是能够让爱心柜台发挥最大社会效益的最佳合作伙伴。
>
> 沃尔玛爱心柜台自开始运营至今，仅仅一个柜台，就为深圳市多个社区工疗站的残疾人提供了高效、稳定的手工艺品销售渠道，同时也吸引了大量知名的 NGO、普通民众来到沃尔玛，在爱心柜台进行公益义卖。不仅如此，诸如深圳市第二高级中学等学校，甚至将爱心柜台作为其学生课外素质教育的基地——这也使得沃尔玛与社会各界的关系更加融洽、紧密，为中国社区回馈了更多有价值的资源。

我们非常期待沃尔玛爱心柜台能够在更大区域范围内发挥出其出色的社会效益，让每一个有沃尔玛的地方，都有爱心柜台带来的社会效益。

沃尔玛（中国）致力于成为地道的中国企业公民，回馈社区是沃尔玛企业社会责任重点之一。爱心柜台项目成为商业企业社会责任履行和公益项目推介的重要媒介和平台。在这个平台上，商业企业社会责任的履行做得更专业，影响力更大。公益项目的推介在商业企业的支持下，进展也更加顺利，排除了一些基础性的障碍和困难，也更有利于项目的公益性拓展。"对我们（Y集团）来说，我觉得我们最大的收获是通过这个项目探索一种公益组织或公益项目的可持续发展模式。"（YTP120824）

对于爱心柜台的外部评价，笔者也采访了罗湖区残疾人联合会的理事长，对于爱心柜台的运作和社会效益，罗湖区残疾人联合会的负责人提道：

爱心专柜，传统意义上来讲，是为了解决残疾人产品的事情。我们是否能够拓宽思路，让它发挥更大的作用而不仅仅只是卖残疾人这些手工产品？我认为，如果说运作得好的话，还可以把它作为残疾人产品的销售地，慈善募捐的募集地，残疾人的就业地等，有很多合作的空间可以探讨。（SLDH120831）

爱心柜台作为拓展中心的一个服务项目，它是拓展中心的组织职能和社会价值的典型代表，体现为Y社会企业对外社会责任和使命的履行。Y社会企业以吸纳残疾人就业为主体的就业模式，就企业自身运作而言，本身就是社会福利模式的创新，也体现了社会企业的社会使命和责任。而拓展中心则把Y社会企业的社会使命和责任再次延伸和反馈到了社会层面，拓展中心的项目也就成了Y集团履行社会使命、回馈社会的重要表征。

2. "爱心柜台"：社会服务的专业化

爱心柜台的运作借助和沃尔玛（中国）商业企业的合作，推动了Y社会企业社会使命和效益的践行。爱心柜台的运作，成为一个重要的平台和媒介，在社会建设和管理层面体现了一种社会创新，就是专业性，专业的人做专业的事，这是一个至关重要的方向性问题，也是社会分工发展的必然结果。社会创新就是针对重大的社会问题，由特定的主体和社会组织，提出解决方案，其中有三个重要因素：政府的不断放权、相关弱势群体、专业技术资源的支撑。在Y社会企业的社会创新中，政府不断地放权，给予Y社会企业发展和创新机会，而残疾人群体及义工也积极参与到Y社会企业的发展中来，但更重要的是专业技术和资源的支撑。社会企业作为社会创新的典型，正是成功地利用了自身的专业能力，在社会创新领域里拓展了社会企业的发展空间，为"市场失灵"和"政府失灵"找到了解决的路径，成功建构了社会企业的合法性。

专业技术资源的支撑，包括专业人员及专业资源的引入，以及企业家精神和企业家活动，是一个企业成功的关键因素。在Y社会企业里，正是有创始人郑先生这样的企业家，感染周围的人一起奉献，并能准确定位市场，找出商品和服务投放市场并推广。从这个方面来说，其从专业的人，到专业的资源，成就了爱心柜台。

> 我要借用一个柜台的方式，去把残疾人的产品卖出来，那么这个柜台，它一定是最知名的，买的人最多的、最好在卖东西的商业企业里，那是什么呢，就是沃尔玛。沃尔玛的那个现金量和卖货量是最大的。每一次商业活动试点，没有专业的领军人物，没有企业家精神和企业家活动，我宁可不开这个业务。（YZ120825）

爱心柜台服务项目自成立以来，从筹备到运作，经历了一个从探索到稳定发展的过程。2012年年底，爱心柜台项目发展成立为一个独立的民非单位——深圳市卫宁爱心柜台服务中心。通过爱心柜台项目增加了公益慈善收入，创造大批残障人士就业岗位，扩大社企零售实力。其与欧美的中央厨房、免费食堂并称为三大现代慈善商业形式之一。

(三) 嵌入与共谋：三方互动下的网络结构与角色呈现

社会体制改革的最终目标，是建立和完善与社会主义市场经济体制相适应的社会体制。资源优化配置下的开放性和市场参与，可在极大程度上促进公共资源的有效利用。百城万人残疾人远程电商就业公益项目是在残联等相关部门的支持下，由集团协同阿里巴巴等电商巨头形成的联动性就业网络。地方政府积极吸纳社会组织，在资源和合法性上给予大力支持，为社会企业参与社会治理和公共服务供给提供平台、支持和保障。社会企业积极主动进入体制层面，并在某些领域成为主导型角色。"百城万人"居家就业项目就充分展示了政府、社会和商业企业的联动协调、共谋互惠的合作共治新模式。

案例 7.2（3）   "百城万人"居家就业：合作共治下的精准扶贫典范项目

"百城万人"残疾人远程居家就业项目，是 Y 集团、Z 基金会联动社会各界爱心资源共同推动实施的全国性公益项目，为了实现全国覆盖批量残障人士居家远程就业，使寸步难行的残疾人通过互联网平台的工作获得稳定的薪酬，提高生存质量，实现生命价值，达成残疾人特别是重残人员的网络就业、远程就业、居家就业的社会目标。经过与阿里巴巴就残疾人淘宝云客服项目多年探索合作，2014 年年底，与阿里巴巴正式签约，达成云客服服务项目协议。旨在建立一套良性循环发展的有效机制，让传统意义上无就业能力的残疾朋友实现就业，让已就业的残疾朋友提升就业质量，让单一性就业逐步形成联动性就业网络。

"百城万人"就业项目有完善的培训系统和考核机制，从岗前培训、岗中跟踪培训到专业能力提升，为就业人员建立完善的成长计划，形成了不同形式的多层次、多元化就业网络。全国的就业网络包含集中就业、分散就业等三种残疾人就业形式，涵盖了从集中就业示范点，到社区就业安排的社区就近就业示范点及居家就业保障的居家远程就业示范网的多层级就业机制。截至 2018 年，已经覆盖河南、青海、宁夏、江西、广东等 20 多个省、100 多个城市和地区的服务网络，开展培训 600 余期，培训人数超过 2 万人，超过 1 万人实现就业。就业人群的收入水平有所提高，月收入从一千多元到上万元不等。这对曾经因身体不

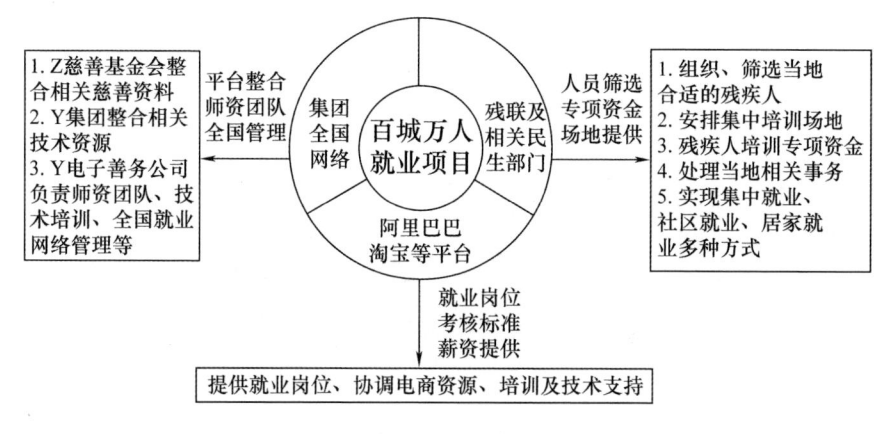

第七章 社会企业外部合法性建构：抗争、合作与嵌入　277

图 7-5　"百城万人"就业项目生态图

[图示内容]

左侧框：
1. Z慈善基金会整合相关慈善资料
2. Y集团整合相关技术资源
3. Y电子善务公司负责师资团队、技术培训、全国就业网络管理等

右侧框：
1. 组织、筛选当地合适的残疾人
2. 安排集中培训场地
3. 残疾人培训专项资金
4. 处理当地相关事务
5. 实现集中就业、社区就业、居家就业多种方式

下方框：提供就业岗位、协调电商资源、培训及技术支持

中心圆：百城万人就业项目
周围：集团全国网络 / 残联及相关民生部门 / 阿里巴巴淘宝等平台

连接说明：平台整合师资团队 集团全国管理 / 人员筛选 专项资金 场地提供 / 就业岗位 考核标准 薪资提供

便，难以走出家门，就业无望的残障人士来说，无疑是自己人生的重要转折点，其获得的回报不仅仅是每月的薪酬，更是对自我价值的肯定。对此，创业团队的一位资深员工也谈道：

> 对于残障群体，由于社会的进步，科技信息的发展和国家的重视，这个群体得到了越来越多的关注。弱势群体借助高科技强势就业，这个平台能最大化个人优势，弱化劣势，具有可持续的竞争力。就我本人来说，如果当年不上学，可能无法想象现在的处境，所以我一直认为，对于残疾人本身，千万别自我放弃。工作改变了自己的人生轨迹，其实对很多残障群体来说，也是一样，当有一个机会或平台让自己觉得不是一无是处，能够让自己有成就感，这个人从各方面都会跟着改变，所以社会需要很多类似的平台涌现。现实一点来讲，不但能自食其力，还有能力孝敬父母，供弟弟妹妹上学，为家里购置新房。（YF180226）

集团创始人谈到，2011年开始，他将长期开展残疾人就业模式与阿里巴巴的业务结合，逐步探索出"云客服"项目并形成标准模式，使残疾群体通过淘宝网平台为消费者提供业务咨询、产品销售、售后服务等远程客服服务，完成远程外派工作，实现残疾人特别是重残人员的

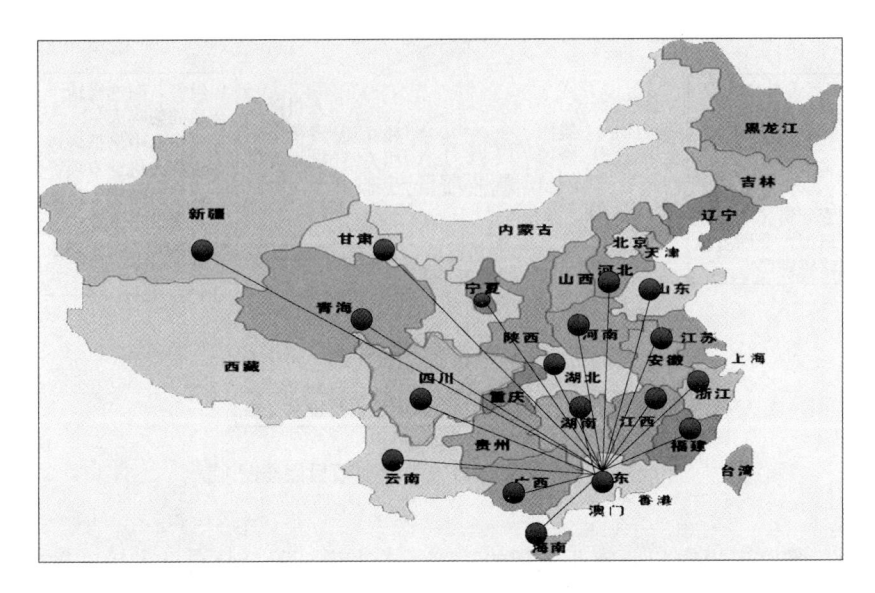

图 7-6 "百城万人"就业项目全国就业网络图

网络就业、远程就业、居家就业。2014年下半年，阿里巴巴与Z慈善基金会正式签约推动该项目，2015年7月，中残联与Z慈善基金会就该项目签约，并作为中残联全国残疾人就业的重大项目启动与推广。"只要当地残联提供精准的残疾人就业需求数据，只要这些人能每分钟打30个字，经过短期的培训我们就能帮助他们实现就业。"集团创始人郑先生称，这个项目给了残障群体就业和实现自我价值的机会。互联网让无体力劳动能力的残疾人可以有尊严地融入社会，让他们成为更优质的人力资源。这一绿色就业项目因其"无生产污染，不需要批地，又解决就业"，成为各地欢迎的扶贫项目。"我们希望这个项目尽快在当地开展，为当地的残疾人开辟就业创业的新渠道。"某市残联副理事长称。①

在项目调研中，我们访谈到Z慈善基金会副秘书长F先生，他具体负责全国公益项目的推广。作为创业团队的资深一员，他也谈道：

---

① 《为残障群众点燃希望》，《经济日报》2016年2月16日。

当时我们与淘宝合作的残疾人远程居家客服项目（云客服），已在集团旗下的电子善务公司试运营了三年有余，已经比较成熟，深得淘宝方认可，残疾人的稳定、专注和细心等特质非常适合通过电脑屏幕端为淘宝商家和客户提供24小时在线客服服务。

这个项目也是自己感触最深的一个项目，跑遍了全国十几个省的县市和贫困山区，了解到还有很多残疾孩子，因为残疾，无法走出家门，少有接受过高等教育（残友原来开展的项目，比如软件开发、动漫设计、影视特效等基本都需要上过大学相关专业的残疾大学生），没有一技之长，真的是一人致残，全家拖贫。"百城万人"就业项目为数万名残疾人不用走出家门就可以就业提供了可能。现在是大数据网络时代，人工智能，5G电商越来越发达，会有越来越多的岗位适合残疾人群体，我们也看到了像阿里巴巴、腾讯、百度、京东等很多大型互联网企业积极开拓适合残障群体的就业岗位。

我们在这当中，虽然不是直接提供就业岗位，只是通过这个平台来连接政府、企业和受众群体，整合各方资源，希望整个社会共同参与，最终让残障群体真正融入经济和社会的文明发展中来。目前，这个项目已经成全国各地残联的常态残疾人培训就业项目，作为中残联和各地政府精准扶贫的品牌项目。记得在2016—2017两年的时间里，当时全国各地政府、残联都希望引入云客服这个项目，很多地方都是市长，甚至市委书记带队来我们集团考察，然后我个人大部分的时间就是到全国各地出差，安排我们和淘宝培训出来的几十位残友总部的老师，奔赴各地开设培训班，培训各地残疾人云客服项目，通过考试后安排上岗。这当中，看到了太多感人的故事和大家通过自己工作，获得收入，重拾信心的幸福瞬间。（YF200210）

"百城万人"就业项目获得了各方的认可和好评，被评为第六届中国公益慈善项目大赛金奖（2017）。残疾人远程居家就业模式是政府、社会及市场三方协作共治的结果。政府作为共建共治共享社会治理格局的资源和平台保障,在共建共治共享社会治理格局中,提供参与社会治理的资格审查、培训引导、资源支持和环境营造等方面的公共服务,Y社会企业作为项目的主导方和推动者,在技术支持、资源整合等方面起着关键作用,市场合作方作为最重要媒介为平台提供工作岗位和薪酬回报,履行了企业社会责任。各方主体在这个就业项目中分工合作,基于各自角色发挥着不可替代的作用,真正推动形成了多元合作、共建共治共享的社会治理模式。社会企业积极参与就业市场和社会治理创新,充分体现了社会使命和价值,赢得了合作伙伴及政府的支持和认可,对社会企业合法性的建构起着重要的推动和形塑作用。

六 社区居民的文化区隔与社会企业的融合策略

奥格本指出,社会变迁过程中,文化集丛中的一部分由于落后于其他部分而呈现滞后的现象,称为文化滞后或文化堕距。[①] 现代社会企业的发展作为一种社会创新,还不为社会公众所广泛认知,社会公众的理念性文化落后于社会企业的发展实践和制度文化,这是发生在组织场域中的一种文化堕距,客观上带来了社会企业和社区居民之间的"文化区隔"。当角色指向更为一般的社会环境与情景时,价值锚定趋势倾向于把角色与社会价值观念连接起来,一些角色在较大社会环境的联系中得到确认、设定和归属。一个社会的观念制度,是长期形成的社会事实,具有强大的约束力,影响着组织合法性的建构。社区是社会企业存续的活动场所,社会公众是社会企业重要的利益相关者,社区融合同样是社会企业发展的重要方面。Y社会企业与社区的互动情况主要分为两类:

第一类,社区居民主动与Y接触,认可和接纳Y的社会企业文化,形成良好的互动关系。这类群体最后很多成了Y的义工。在调研中发现,Y的义工队有很多成员曾和Y同住一个小区,在长期的接触过程

---

① [美]威廉·奥格本:《社会变迁:关于文化和先天的本质》,浙江人民出版社1989年版。

中，了解 Y 并加入 Y 中来，有的后来还成了 Y 的重要成员。

员工 L 是 Y 集团社会组织群的负责人，被称为 Y 集团社会服务的总设计师，他当初就是接触 Y 之后被这种拼搏精神所打动，后来加入了 Y 集团。

> 当时我是义工联的义工，在一次活动当中听说有一个公司，就是有几个残疾人住在我附近，挺困难的，然后我就说带我去看一眼。我就去到大哥家里面，当时 Y 的这些元老都在。然后我看到，工作环境挺困难的，但是我感觉到他们的心态很好。我看到大哥他们情绪特别乐观。但是，确实是工作环境很恶劣，因为没有电脑，特别差的电脑，然后用纸箱在下面塞满了东西垫上，在大哥的饭厅那里，吃住都在他们家。所以，我觉得这个特别不容易，然后我就开始走进他们……再后来我就辞了市义工联助残组的组长，我们 Y 自己成立了个义工队，正式加入了 Y。（YTL120829）

Y 社会企业的企业文化和精神成为 Y 自身的独特气质，这种文化上的引领和影响力不仅成功地建构了社会企业的内部合法性，形成了强有力的企业文化和向心力，同时也成为展示企业发展，吸引社会公众的重要推力，这对社会企业社会认知合法性的建构是十分重要的。

> 我没把它当成是做好事，我把它当成是一个事业。就是和 Y 同行。我觉得他们确实是一个在行动上、在生活上需要帮助的一个群体。在智力上，我不认为他们是残疾人，我认为他们和我一样，没有什么残不残疾，只不过是我们的这个环境残疾了，让他们没办法无障碍地去跟着主流社会走，所以我觉得我们这些健全人，在边上扶他一把，或者是与他一起同行，其实真的很需要。（YTL120829）

Y 在 20 年的发展历程中，吸引了大批这样的"同行者"，这也是 Y 社会企业文化的一个重要特色。这些同行者带动和影响着周围的人，也扩大了 Y 社会企业的社会影响力。

第二类，主要体现在由于业务关系而接触到的社区居民，这部分社区居民的反应不一，有接纳和排斥两种情况。因为没有专业技术业务方面的合作，与社区居民的沟通及认同感的建立则相对困难，这需要一个过程，需要双方进一步的互动和沟通，这恰恰是最难的。Y 集团 8 小时之外的大后勤保障，首先集中体现的一个难题就是解决所有员工"住"的难题，租房成为研究会的一项重要工作，这成为 Y 集团和社区居民直接接触的集中反映。

（一）观念冲撞与社会企业的认同危机

员工 X，是该集团的资深员工，研究会成立之后专门负责大后勤保障，其中一项重要任务就是安置集团所有员工的住宿。根据现有数据，集团近 90% 的员工是残疾人，其中三级和四级伤残达到 50% 以上，对残障员工的住宿安置就成为一件看似简单却十分繁重的任务。员工 X 曾提到，开始几年一提到租房就头大，实在是太难了。现在员工 X 俨然已变成资深的"江湖中介"，对公司附近的房屋租赁市场了如指掌。

案例 7.2（4）　社会观念制度的影响：租房故事

> 很多租房的业主，他们不愿意租给我们。我们每次找中介去租房，就给中介说，先跟房东沟通说有人要租房，以居家的形式租的，不能说是租集体寝室，如果说是租集体寝室的话，他是不会租给你的，还是残疾人。曾经有一次我们去租房，跟中介、跟房东都已经说好了，房子我们都看过了，挺满意的，然后房东问你是个人住吗？我说是个人住的。然后跟房东去签合同，都已经聊得很好了。然后有另一家中介在中间捣鬼，他马上跟房东打电话说，那小子在这里面全租给残疾人住的。然后房东一听，他当时也不是火，不是生气，他说，我不是看不起你们残疾人呀！但是我不愿意把我的房子租给残疾人去住，如果房子有损坏我也不能找你们赔，感觉我欺负你们似的。就是他不愿意租。真的我遇到很多，每次公司做这一块的话，最让我头痛的事就是租房。（YTX120901）

第七章 社会企业外部合法性建构：抗争、合作与嵌入

大后勤保障对于宿舍的管理有严格的规章制度，良好有序的内部管理也能树立对社区居民的良好印象，宿舍安排有值日表，有宿舍管理制度，能够保障基本要求。

> 一般房子租下来，我们都会尽量去保管好，也希望能尽量续租，因为租房子和搬家实在太麻烦了。有次我们还碰到个房东，租的她的房子期满，跟她谈好的，要续租的嘛，她上去一看挺好的。然后她就说卫生很干净，这就是说业主进出卫生很干净。然后说好的跟我签合同的。我们去签合同时，她临时不干了。你马上给我找房，当时我怎么去找，当时我怎么那么快能找到房子？然后，那天正好我们跟老程几个人去珠海那边，当时没回来，在那待了几天。我没办法就给这边房东打电话，你抓紧帮我找到房吧！实在没办法，她也知道我这边的需求是什么样子的！她马上要房，说她要把那套房子卖出去，她已经卖给别人，这房子已经卖出去了，硬要我们搬出来，没办法，就只能搬了。（YX120901）

在和社区居民的互动中，就租房案例来说，并不是被动地躲避和所谓的"欺瞒"，Y也在努力通过自身的展示让更多的人了解Y社会企业，争取接纳和认同。

> 也有碰到房东后来知道租给残疾人的情况，很不乐意的，我们就尽量去争取，跟他说我实在没办法，然后带他到公司来转一下，就是把公司的一些基本情况跟他讲一下，他也感觉，哎呀，人嘛，其实我发现每一个人的心都不是很坏的，人好与坏其实是把自己的那点善良之心有没有在那一时间掏出来，带他转了之后他说，反正都已经这样住进去了，对不对。我也不能为难让你们马上搬出来。他说反正尽量把里面的卫生管好，房子保管好就可以了。（YX120901）

在Y社会企业和社区居民的直接接触中，包括租房，也有非常理

解和支持的居民,这是在长期接触过程中不断沟通的结果。

> 也有我们租房子时事先说明是残疾人一起住的情况。原来在老的办公场所那边的小区,因为之前可能是大哥,还有之前这些兄弟在景田北住那么长时间,树立一些形象吧!所有的居民也基本上都认识他。前几个月,因为我住在那边,有一个老太太,她正好回去的时候和我一个电梯上去了。她说你们还在这里住着嘛!我说是呀!我说我们在这边还住着几套呢,她说感觉好长时间没看到了。你们这些人虽说是残疾人但特有礼貌。每次一大早看到了就笑呀!(YX120901)

Y的主动宣传也会在一定程度上影响到社会公众的认知,改变他们的固有社会观念,在外部关系建构方面起着非常重要的作用。

> 还有一个就是所有的残疾人给人们的印象都不好,看到一些残疾人,他们不了解残疾人,啥都干不了,我们有时间,可能讲就是一个客户,慢慢地刚开始租的话,你一说,人家肯定是不愿意的,我们只能做二年续租,续租的时候,他回来,把他带到公司去了解一下,真正去了解一下还是有的。社区里也有一些好心的居民,每天晚上过来看我们,一开始还以为这是干什么的呢,然后说,这是政府资助的,我说不是的,然后你把这些东西给他一说,一了解,喔。那天有个老太太,也进来说,你们平时有什么需要?过来帮助你,照顾你一下,我看你们每天都那么多残疾人,我说没有的,阿姨,如果你哪天想过来玩就可以过来,阿姨还说,你们有啥事,我给你们来打扫卫生。你们都做这么科技的技术,我都不知道,我刚开始以为是政府托养在这里,你们在这里就是托养的。就是类似于照顾,照顾这个我还想过来,跟你们找个活,扫扫地啊,抹抹那桌子啊。其实好心人真的还是很多的,就是租房这一块儿,任何屋主看我这房子,我租出去,其实业主他们只要你每个月给到就行了,还有一个你要保管好我屋内的东西。我们兄弟们就这人出去嘛,滚

轮椅的给人家一个微笑呀！人家推推你，给你开开门，说句谢谢呀。其实这些人就要这些东西，你如果不愿意的话，他下次看到你他肯定不会理你的。这方面的话还是做得很好的。（YX120901）

Y社会企业内部的大后勤保障是由研究会专门负责，研究会与社区居民的直接接触在租房方面体现得最明显。负责租房的这位Y员工是老员工，在访谈中提到租房中遇到的种种无奈和让人感动的事，他几度哽咽，就像众多的Y兄弟一样，他们对Y社会企业高度认同，倾注自己的所有精力，不仅努力去把自己的工作做好，同时也在工作中传播了Y的社会理念和价值。

Y与社区的融入并不是个体现象，与整个社会观念相关。海南Y的发展过程中也碰到了类似的问题。

> 这个地方的观念也好、经济也好，都相对比较落后，你看这个海南是个国际旅游岛，但是它的民生、经济是很落后的。它经济很落后就导致了在这方面也落后。你比如我们一开始创业的时候租的是一个小区的两套居民楼，那个小区里面的大部分居民是不欢迎的，好多过去找事儿，那个意思就是我们这个残疾人的单位在小区这边住这么多人，好像对这个小区……不好看，好像他们看了不自在、不好受吧。很难接纳，最后我们就撤离了这个小区，我们就在那个郊区搞个地，自己盖了房子。也就说这个社会服务，包括社会观念，海南落伍了，比深圳落后了十年到二十年。社工、义工组织，还没利用好。当地的环境也不允许。（HCYL130104）

同样的为了建构社会企业存续的外部合法性，海南Y也作了一些努力，并通过自身的实力发展去证明自己，而社会的接纳也是个渐进的、双向的过程。

> 但是这个慢慢地要想使社会接纳，我们也尽了些努力，你比如说2012年，我们也搞了一些活动，邀请一些部队、社会组织来参

观，还有青年志愿者、厨房开放日，有重大的一些活动，我们也借助媒体宣传报道。这样呢，慢慢地以后，这个社会有越来越多的人，也开始关注，也开始重视。这样以后，我想再通过几年或者十年吧，也会有更多的社会企业、社会人士，越来越关注。关注多了就好了。这样也就算是有成绩了，我们做出成绩了你不关注也不可能了。我们有了很大的成绩，比如说，我们通过培训、就业，经过几年的积累，我们肯定慢慢地形成了社会影响，那个时候关注的人就多了，随着我们的发展壮大，可能是赢得是参与社会发展这一块吧，也相应地好一些。（HCYL130104）

与社区居民的互动是一个双向的过程，这和社会观念相关，需要一个长期的磨合过程。由于文化区隔导致的观念冲突易引发社会企业的认同危机。因此，对于社会企业的发展及角色建构来说，社会认知合法性的建构是一个长期而复杂且综合的过程。它需要的不仅仅是居民个人观念的转变，更是社会整个环境的转变和推动。

（二）交往互动与社会企业的社区融合

案例 7.2（5）　社区融合中的观念冲撞：搬迁风云

Y 动漫的发展，很好地把三位动漫设计和罗湖当地的产业发展结合起来，一些珠宝企业开始把自己的研发中心设在动漫，Y 动漫和当地的商业企业进行了商业技术方面很好的合作，降低了企业的成本，也提高了效率，对整个行业和当地的经济发展也起到了一个很好的推动作用，得到了区政府的重视。"它还真正为我们罗湖的经济发展提供了一个很好的平台，推动了经济的发展。可以说它远远超出了社会企业的意义了。"（SLCLH120831）在这种情况下，区里更加重视它了。但相对 Y 集团整体的发展而言，这种分散化的发展不利于 Y 更好地发展，企业成本加大，发展难度增加。

在这样的情况下，Y 集团的创始人郑先生就考虑能否把深圳 Y 目前这种分散化的办公场所整合起来，集中化、一体化地发展，降低管理成本，提高服务质量。

第七章 社会企业外部合法性建构：抗争、合作与嵌入

> 我们现在租的是什么呢，在市区里所有的写字楼都不能开火做饭。你知道吧，消防关过不去。而咱们的生产力，就是残疾人你只要让他工作和住在一块，他只要能来就很厉害。之前有个老板，给我个写字楼，一下子给两三层，但那一层也不能改，有消防的，绝对不能住宿，高档写字楼里不让住人，所以就没用。所以说我要找什么样的场地呢，就是像动漫那样，一个大院子，吃住一起，食堂什么的都在里面，那只有自然村。这样就可以扩大发展规模，安排更多的残疾人。
>
> 市区里的问题是，我们的开支太重。在市区里的话我们就只能是住和工作两部分分离了。一分离，我们租一套电梯房4000元，只能住8个人，Y所有的利润都这么进去了。别人就说你们这个赞助了深圳二手屋市场，一千多人，全部靠电梯房这么租，赚多少钱都贴进去了。这简直是非常荒唐。如果在村里拿一个大院，宿舍和其他我都一次性解决了。（YZ120901）

鉴于这种情况，为了Y社会企业更进一步的发展，创始人郑先生提出，能否把Y在市区的总部全部转移到目前处于L区的动漫产业基地。

> 转移过来的话，它有一个好处就是集中在一起。集中在一起的话，那么对集团的管理也好，后勤服务也好，都会比如说降低成本，那么统一管理方面，能够更加集中地给残疾人的生活提高很多更好的服务。所以在这方面的话，向区里提出来，区里很支持，因为区里是看到你发展了以后才支持，很正常。所以区里也在积极运作这件事情。（SLCLH120831）

在笔者和政府相关人员的访谈中得知，L区政府方面也积极支持Y的搬迁，并在得到政府许可的情况下看中了L区市郊W地的一个村落，这个村落风景优美，远离市区，是一个相对原始的村庄，村庄的住户除了有一些外来的在本地创业的人外，绝大部分是本地的原土著居民，村

民个体拥有村庄的股份，具有绝对的话语权。Y的迁址在得到政府许可和支持的情况下，事实上却没有预期那样顺利，而是遇到了当地村民的重重阻碍和压力，招致当地村民的强烈反对和抗议。

> 现在区里面一直在运作这个事，但是这里面还是有一些问题。比如说，我觉得社会对残疾人的这种偏见和歧视还是有的，还有一些顾虑。所以在选址的时候，开始大家都说没问题，后来有一些村民就说我们这个地方全部是残疾人，我们看了，孩子看了都怕，等等。这些导致我们的场地选择出现了很多波折，就是因为梧桐山，它和市内的一些地方不同。这个地方它属于深圳但还是比较原始的村落，就相当于说股份制了，他就是股民。所以在这块的话，他会有很大的阻力。虽然说政府也在协调，但是你只能去做他们的工作，但是不能强压。所以在这块的话，对他们其实已经阻碍了长远的发展，我是这样认为，如果说是要快的话，本来现在已经搞好了的，那对他们来说，他把Y总部搬过来的话，集团式的发展就对他的Y发展更加有利，现在开个会，要两边跑，管理成本也高，区里面是很支持的，包括在资金方面也很支持，区里也希望它能够尽早发展起来，但是确实遇到一些困难。（SLCLH120831）

社会文化和公众信任对社会企业的发展产生很大影响，所在地居民的社会观念和社会认同直接决定着社会企业与社区的融合。当地村民对残疾人的误解和偏见成为搬迁事件中的一个焦点，同时他们更不了解，也不清楚这个几乎都是残疾人组成的一个企业是干什么的？为了让当地的村民更多地了解Y，Y方面也做了很多努力，尝试进行更多的沟通。

> 我曾经请村子里那些德高望重的人，把那些人请过来吃饭，然后那些人回村里把村班和农民叫出来，我叫他们随便参观，我让他看我们那个手机贴钻和软件设计工作。他们看完了后说这么安静啊。而且他们一了解我们的手机贴钻，我们在市区的那些社区安排

4050人就业,每个人收入很高。我说我们进村以后,我立马解决这边多少人的就业问题……我就算是社区关系都做到这个程度了也没用。(YZ120901)

社会文化成为社会企业环境要素的重要方面,可以观察社会企业合法性建构的具体路径。搬迁事情受阻的一个重要原因就是社会传统观念作祟。在他们的固有观念里,残疾人就是不吉利、不吉祥的象征。

他是广东人啊,他有特殊的文化,他讲究吉祥。你知道,那些村民还都有说什么的,说这么多残疾人在我们村里我们看多了以后生残疾孩子都会多,这种观点都是老人说的。区政府通过街道做村长的工作。村民说什么,说Y进来了,那老人家说我们就到他们门口去睡觉。那我能愿意这样吗?可不可能这样是不是?最后我就是放弃。咱们现在进不去啊,我们现在在这个地方,政府选的好场地我们进不去。村民不愿意看那么多残疾人。(YZ120901)

一方面,这种固有的传统文化深深的固化着他们的观念,影响着当地村民的社会行动,另一方面,在这个远离市区但十分著名的小镇里,社会企业对于当地村民而言如同遥远的天书,和他们毫无关联,更无从了解社会企业的社会使命和价值,也对Y社会企业在安排残疾人就业、回馈社区等方面承担的社会责任视而不见,因此,这也造成了搬迁无法进行的根本原因。政府的执行力显然也毫无效果。笔者在调研中了解到,这和利益分配问题也无关。据了解,如果租给Y,因为政府有租金方面的支持,对村民而言收益会更加稳定也会相对更高一些。

那么,我觉得还是这种社会的偏见,因为虽然说通过这么多年残疾人事业的发展,很多人对残疾人事业可以说已经能够直接接纳,甚至可以融入了,但是我觉得还是有许多人对他们有抵触情绪,甚至有一些迷信的色彩,那么他们就会产生一种恐惧感,比如说残疾人到我们村里来，到处是残疾人，他会不会影响到我们村的发展，风水方面会不会有问题，其实主要来说还是这方面的顾虑，而不是在经济利益方面，其实经济利益来讲的话，绝对不会比别的企业运作差，它是这么一个概念。（SLCLH120831）

这是一个社会大环境的问题，即便政府努力也无法左右这样的一种情形。

在调研的过程中，笔者专门就此事联合 YDM 公司、Y 社会工作者等相关员工召集本地村民开了一个座谈会。参与座谈会的有当地的村民、外来在本地多年的创业者，也有艺术工作者。从年龄上来说，有年纪相对比较大的，也有年轻人。参与座谈会的人中间有对 YDM 非常熟悉的老义工，也有是第一次走进 YDM 公司的。其中一位第一次走进 YDM 的中年男子提到，之前知道这里是一个残疾人办的公司，但是做什么的不清楚，有时候很好奇，但是不了解也不敢贸然进来。座谈会上当问及关于当地村民对残疾人在这里工作的看法时，由于这次参加座谈会的人相对都比较活跃，包括当地的一个村民，她是在村子里开商店的，算是对村里的情况比较熟悉，她说，我自己并没有感觉到有什么，我们的关系很好，大家都很友好，是有些人的观念太固执了。期间 YDM 的员工也提到这个店主和 Y 的关系很好，夏天的时候还会给他们煮凉茶喝，买东西还经常优惠，见面也很亲切，因为他们经常碰到，大家都很熟悉。关于村民的看法，他们也表示听到了很多传言，有村民表示觉得看到残疾人不吉利，会觉得很倒霉，认为来到这抢了他们的地盘等。会上反映的情况和我们之前了解的基本一致，笔者观察下来，发现其实如果平日接触得比较多，相互比较了解的话，沟通就容易些，有问题在协商后也容易达成共识，否则就比较难。这个座谈会虽说已提前准备，但是还是没有邀请到更多的本地村民，他们不愿意来参加这样的活动，甚为遗憾。

事实上，这样的情况并非是 Y 这样的社会企业第一个碰到，即便在社会服务更加发达、社会文明相对更高的中国香港地区也出现过类似的情况或问题。为了让每一位公民享有平等居住的机会，自 20 世界 80

年代起，中国香港地区房屋局开始实施资助房屋计划，当地公共屋村的建设得到进一步发展。在公屋区，社会福利署会配套相应的社会服务，会建设一些中度弱智人士的宿舍，比如类似精神病人的日间照料中心或者中途宿舍之类的社区服务中心，会有一些居民反对，甚至也会出现有的居民反对太强烈而无法推行下去的情况。他们会觉得这些人在这里会影响到屋村的安全，会影响孩子的成长等。这些观念即使在这种相对发达的地方也有，社会服务的发展也会受到这样的影响。区残联的相关负责人也表示：

> 包括中国香地区港这些相对来说这种比较发达的地方，它也有这传统的观念，脱不了这传统观念，只不过说相对来说比你可能会好一些，但是也有这种情况，所以说这些东西，说句实话你也无可厚非，你也不能去指责人家，这种观念的改变不是说我们现在想怎么去强压就能改变的东西，它需要一个很漫长的过程。（SLCLH120831）

当地居民的意见是最重要的，所以政府面对这种情况，也不会去强行推进。

> 我去中国台湾地区也碰到，我就发现，当地也重视社区的意见。这是没办法的。残疾人作为这样一个事业发展，这就是应该规避的问题。现在就难在就挤在这个地方，你看我们的食堂已经挤到什么程度，我们食堂里很多健全人都站着吃饭，挤不了了，又不是没有钱，又不是没有人，又不是没有经验，是吧？就是没有硬件，没地方。慢慢来吧，这个是要凭缘分的。
>
> 这个没办法。我为什么对这个能比较平静地接受呢，因为我看到中国香港地区都这样，这么文明的社会，进屋村照样会有问题。这里有个问题就是原始的遗留着的村庄，大家都是亲戚相连宗族式的，这种（情况下）残疾人完全不受欢迎。这个深圳移民的城市社区，大家的文化是谁都不管别人的事，每个人都有隐私，那这种

我们就没问题。但是在深圳，现在有地的还就在村里。
(YZ120901)

透过这次事件可以发现，虽为搬迁事件，事实上却是社会企业的社区融合问题。因为 Y 社会企业的特殊性，它的社区融合问题就更加突出和尖锐。一方面，当地村民固有的传统观念在村落层面上升为一种村落文化并内化为当地社区文化的一部分，左右着社区与社会的互动，成为这次搬迁事情的决定性影响因素。Y 社会企业因为残疾人成员的特殊性，在社会大众中特别是在南方某些地方风俗文化的影响下，他们被异常看待，不易被接受。另一方面，社会企业对当地村民甚至是绝大多数的社会公众而言非常陌生，在他们的观念里社会企业和企业并无不同，并不会得到特别的认可和支持，因此，这也是造成此次事件的一个原因。

再者，从搬迁事件中，可以看出，社会企业所承担的社会责任还是任重道远的。它通过这种形式让更多的残疾人等弱势群体能够激发自身潜能，能够得到社会的认可，逐步融入社区，消除社会对他们的偏见和误会。从这个意义上来看，社会企业所起的作用是非常重大的。如果没有这方面的推动和发展，可能到现在很多人都不能理解残疾人。笔者在调研中曾听闻这样的说法，并被称为自豪的笑谈，"以前在深圳街头，如果碰到残疾人，人家会问，你会不会按摩？现在碰到残疾人，人家会问，你会做软件吗？"这就是社会企业的力量！可见，随着影响力的扩大，社会对残疾人的认知也在发生变化。而社会企业影响力的扩大需要政府、企业和公益等多方面的共同努力。所以，扩大宣传，建立社会企业的公众形象和影响力，还是非常必要的。

搬迁事件中，由于 Y 前期的发展已展示出显著成效而得到政府许可和支持，外部的行政合法性得以积极建构。但搬迁事宜却因没能得到当地村民的认同而搁置，社会企业社会认知合法性的建构在面对社会公众这一层面，显得更加艰难和漫长。这并不是 Y 社会企业本身的个例，这和社会公众的个人观念相关。社会企业和社区的融合，是一个长期的过程。社会认知合法性建构在社会企业还没有形成集群效应和规模化发展的情况,是非常困难的。尽管 Y 社会企业已经做了很多的努力,也在逐步获得包括政府、合作企业、社会公众的认可和接纳,但也需要制度层面社会政策的支持和社会公众观念的转变,这是一个渐进的过程。

社会企业和社区关系的融合,始终是考验社会企业的一个重要环节。Y 企业的社区融合一方面因为 Y 本身的发展,赢得了所在社区居民的接纳、认同、理解和支持,另一方面也因为部分社区民众固有传统观念的影响,不能进行良好的互动,产生抵触情绪。这也反映出社会企业在中国的发展还有很长的路要走,社会环境和社会公众需要进一步认知和了解社会企业,社会企业也需要通过自身实力的壮大及宣传让更多的人了解它。

第三节 资源依赖与制度抗争:外部合法性获得的策略选择

一 社会企业发展的资源依赖与权力控制

Y 社会企业 20 年来的发展变迁,一方面展示了 Y 社会企业的成长历程。从一开始仅仅是残疾人梦想要活着,找点事做。从 5 个人一台电脑的小作坊,到网站、网吧及软件公司的正式成立,经历了一开始几个人因为共同的目标集合在一起为了改变自身的命运,实现人生的价值,到后来成为更多残疾人实现梦想的平台,它是在实践的发展中摸索成立的,是经过精心设计的,又可以任意处置的。软件公司的成立,标志着 Y 社会企业的正式成立,之后进入扩展期。社会企业集群出现,残疾人全方位、多层次就业格局形成,社会企业生态逐步显现。

从组织的发展历程来看,经历了一个以组织为实现目标的手段,到其自身价值就是目的的过程。随着自身发展的壮大,目标成为组织发展的根本要义,Y 社会企业围绕着让更多残疾人自立、自助,实现人生价值的社会目标,通过企业内部社区的建构和外部社会的互动,来践行 Y

社会企业的使命和社会价值。因为 Y 社会价值目标和 Y 人的自身价值的高度契合和一致性，使得在企业社区内部，企业核心价值观成为一种强大的推动力推动着企业文化的建构和企业内部认同，最终企业的内部合法性得以稳固建立并渗透到个体行动者的日常行动中，这为 Y 的持续性发展提供了有力的基础。

另一方面，也因为 Y 企业文化的高度认同，组织权威在社会企业内部更多表现为企业推动，而不是强势和抗压，这种文化上的建构不仅巩固着权威的地位，反之也使得权威能够持续性地推行企业文化，并获得高度的合法性。在 Y 社会企业内部，权力控制更多地被置于企业文化中，通过企业共同认可的信念和规则来实现控制，这些信念和规则为集体行动中的个体成员提供实际的价值和意义，并提供了个人价值实现的目标。这种个人价值目标和社会企业目标的高度契合，无论对于员工个体而言，还是对于集团式的社会企业发展来说，都是非常有利的，这也成为 Y 社会企业的一大特色，成功做到了个人魅力型统治和理性统治的极佳结合。

再者，对于任何一个组织而言，管理好与其他组织的关系是一个重要任务。Y 集团在组织内部的社会企业集群之间，因为业务分工明确而相互独立，自负盈亏，独立发展。而各自相关的运作中有集团完备的组织结构来协调和应对，这是一个结构的创新，也使得管理效率提高，避免了科层制的弊端；另外，对于组织发展而言，管理好组织边界外的组织，构建良好的组织外部关系，也是至关重要的。而制度环境中的组织发展，资源的交换导致组织间的权利与依赖关系的出现。Y 社会企业的发展作为民间成长起来的草根性组织，因为协调良好的内部循环系统，避免了外部资源的基础依赖，在一定程度上保持了自身的独立性。其作为社会管理体制改革创新的一个有效样本，同时也在保持足够独立性的前提下，为资源获取赢得了足够的资本。在与制度环境的互动中交换资源，进行制度性的嵌入式发展，获得资源、利益和控制的权利，最终在确立合法性地位的同时获得社会企业的自主性发展。

二 社会企业合法性建构：从效率机制到合法性机制

Y 社会企业的发展同所有组织的发展一样，不仅受到当前情景的影响，也会受过去历史的影响。Y 同样不仅处于一个资源交换、投入和产出的技术系统，也处于一个由行动者和文化构成的社会系统，Y 社会企业由文化系统建构并受其制约。作为制度环境中的组织，Y 社会企业的发展变迁也经历了从被忽略、逐渐被认同到世界闻名的过程。在自身发展还不够强大的时候，努力提升自身能力，注重效率，提升技术水平，因为组织自身发展的强大而获得社会认可，这符合组织发展的一般规律。社会企业的发展，在没有获得环境赋予的合法性权威的时候，必须通过效率和绩效来证明自己的正当性，在这个阶段，组织则更多地以效率为评估标准，这是组织赢得生存下来的基本保障，Y 前期的发展就较少关注制度环境的因素，更多的是通过自身的努力和技术的提升，来证明自己的实力并寻找发展的路径，直到 Y 员工获得了国际知名奖项，先后被评为中国科技部双软认定企业和深圳市高新技术企业，才引起了政府和社会公众的关注，并逐步获得政府的认可，走进了公众的视野。Y 社会企业在和深圳市科技局的互动中可以看出，Y 之所以就政府部门的互动中与能得到科技局的高度支持，这和自身技术实力的提升有着直接密切的关系。在通过技术赢得合法性的基础上，Y 逐渐走进了政府和社会公众的视野，逐渐在与制度环境的互动中确立社会企业的社会角色，赢得合法性地位的确立。

新的组织形态一定是建立在现有的资源、知识和支持结构的基础之上的，总要受到其创立时环境条件的制约。[①] Y 从最初的发展开始，也经历了一个艰难的爬行期，然后是相对缓慢的成长，直到今天全国范围内的复制和日益扩大的国际影响力。随着组织发展时间的增加，组织最初成立时期的结构和规则逐渐被制度化，与社会企业价值融合并稳固化为企业特征并被长久坚持下来，成为巩固社会企业内部合法性的重要基

---

① Elaine Romanelli, The Evolution of New Organizational Forms, *Annual Review of Sociology*, Vol. 17, 1991, pp. 79 – 103.

础和条件。

为了稳固组织的合法性，在面对外部环境变化下的组织策略选择，Y社会企业更多采取的是主动回应的战略性选择，而不是被动型地接受支配性的要求。Y的组织形态反映了感恩奉献的核心价值观，也反映了占据Y价值观核心的自助与互助的道德逻辑。在合法性建构的过程中，在企业内部社区企业文化的基础上进行适时的内部变革和稳步式跨越，在社会企业外部环境互动中，也实现了组织形态与制度环境之间的共生演变。

本章小结

社会企业外部合法性的建构首先依赖于稳固而协调的内部治理结构，以及内部重要参与者——员工的支持，他们是建构社会企业外部合法性的首要前提和主要力量。其次，社会企业外部合法性的建构依赖于组织利益相关者的合法性评判，评判围绕资源、权力和利益展开。鉴于此，社会企业从目标设定到实施，围绕利益相关者展开，组织发展目标整合了个人目标和企业目标，二者高度契合。社会企业组织管理在环境控制和资源整合方面，外部参与者涉及政府层面的资源整合，社区层面的社区融合、社区文化及公众信任，以及与重要外部支持者——义工群体的互动。与外部利益相关者的互动会影响和建构着社会企业的行政合法性、法律合法性及社会认知合法性。组织系统变迁过程是内部组织结构的完善和外部制度变革相适应的过程。

该社会企业依靠最初的技术和效率赢得了绩效发展的合法性，确立了社会企业的社会地位，在与制度环境的不断互动中，进一步获得了外部参与者包括政府在内的支持。社会企业的发展始终首先因为自身的能力获得的技术合法性奠定了组织合法性，同时保持了发展的独立性和自主性。社会企业在与制度环境相互冲突、竞争合作的过程，也是获得资源和政策支持的过程。需要说明的是，这里的嵌入从根本意义上讲，并非是依附式发展，而是在与制度的博弈互动中，获得一定的政策空间，使发展更具独立性。

　　社会企业要在与制度环境的互动中保持积极的能动性和良好的适应力，外部合法性建构是一个漫长而渐进的过程。对于当前中国社会企业的发展而言，还暂时难以形成规模发展和集群效应，社会认知合法性的建构相对于法律合法性和行政合法性更加艰难，这需要社会企业、政府、社会及公众等的持续性共同努力。

第八章

社会企业合法性建构路径选择：组织行动与制度融合

我国社会企业发展面临的一个关键性问题在于，在现有的制度框架下如何建构有利于社会企业发育的制度及社会环境，如何实现国家、市场、社会在法治范围内有序、协作、共治的合作模式，这是促进社会企业角色建构的基础性要素。可以说，国家与社会关系的博弈，政府社会事务的空间让渡，为社会企业提供了发展的可能性。然而，这种可能性向现实的转化，无不受制于法律规制、政策环境、社会治理体制、公众认知度（含政府官员）等因素的影响。相比于一般的社会组织，社会企业发展面临着更为显性的身份期待与合法性的冲突，合法性机制的建构成为我国社会企业良性运行和发展的关键。

第一节 社会企业角色扮演的"理想类型"

理想类型（ideal types）这一概念最初由韦伯在1904年提出，是为了克服德国人文主义和历史学派过度个体化和特殊化倾向而提出的一种概念工具。理想类型是一种主观建构，它体现了某个时代社会文化现象的内在逻辑和规则。① 韦伯的理想类型成为一种研究社会现象或社会行动的概念性工具和方法，使得研究者能够借此更为明了地概括或展示一种社会现象或行动。

---

① 周晓虹：《理想类型与经典社会学的分析范式》，《江海学刊》2002年第2期。

从全球范围内看，社会企业的发展由于各国政治、经济体制、法律规制等的不同，以及发展路径的差异，对社会企业的认知不一，但这并不影响我们对不同历史背景和发展条件下社会企业的观察。就当代中国社会企业的发展来说，现代社会企业在中国的总体发展尚且稚嫩，基本特征不够明晰，发展个体差异较大，难以概括中国社会企业发展一致性之准则或面貌。根据社会企业的"社会目标、商业手段"的基本准则，笔者以为，我们可从以下几个维度来建构中国社会企业角色扮演的"理想类型"：

第一，社会企业发展目标的社会目的性。社会企业因为强烈的社会使命感和社会责任意识，要求组织发展目标的社会目的性。社会企业有着区别于一般商业企业的"利润最大化"目标的明显特征，就是"使命驱动型"。它的发展是为了一个特定群体或一类人群的特定需求，有着明确的社区利益导向，这是社会企业最根本的组织特征之一。

第二，社会企业产权的公益性和利润分配的有限性。社会企业的社会价值和目标决定了组织产权的公益性导向。社会企业是市场经济条件下的社会主体性企业，它的发展完全遵循商业规律和市场准则，企业产权归企业全体成员所有，员工具有参与权和决策权。社会企业遵循"资产锁定"准则，避免利润最大化，允许股东部分分红，剩余部分要投入再生产。

第三，社会企业发展模式的可持续性。社会企业与传统非营利组织明显的区别在于它本身发展的可持续性。作为社会企业，必须具备自我独立运作的条件，不能单纯依赖外部比如捐赠、慈善等生存，而应该有组织维持自我运营和发展的核心产品或服务，以保持社会企业生存和发展的可持续性。因此，社会企业在发展，应该在保持社会目标的前提下，以企业为主体，保持组织的再生存能力，保证组织目标的实现。社会企业独立运作、高度自治、自负盈亏，参与市场竞争并自行承担风险等。

第四，社会企业治理模式的高度自治性。一般而言，社会企业由公民自愿创立，是公民的自发行为，具有民间性、社会性和独立性。能根据组织运作目标发展业务或提供社会服务，不受政府的直接管理，社会企业的利益相关方可以在不同程度上参与组织治理,政府履行监督职责。[①] 社会企业是通过不断地探索和尝试,在更大的范围内调动社会资源和公众参与,探寻解决社会问题,引发社会变革的路径。社会企业的社会效益不仅在于社会福利的变革,也包含了社会企业在运营的过程中所体现出来的民主赋权的治理结构和所有权结构。

第二节 社会企业合法性建构的组织策略与社会行动

社会企业集中体现了以社会使命为特征的社会属性和以商业企业为特征的经济属性,以及保证可持续性运行的创新性。非营利组织的发展集中体现了社会使命,但因为组织运作模式和法律规制等原因,使得非营利组织和商业企业截然区分和相对。社会企业则正因为自身的经济特性保证了组织本身不依赖外部捐赠的经济独立性和相对的稳定性,使得社会企业的社会使命和价值得以实现。尽管二者是内在统一的,但从实践发展形态来看,社会企业的组织形态更多地体现为一种企业形态。在中国目前的法律环境下,社会企业的企业形态更有利于自身的持续性发展,但是,社会使命和价值目标必须是首要的,在运作过程中也要有能力保持社会企业公益属性的企业治理结构和运行模式。社会企业的组织目标实现路径呈现商业化特征,但经济目标产生盈余是为了更加有效解决社会问题而非利润。

一 社会企业合法性建构的结构策略

社会企业合法性的确立与社会企业的自身发展及所处的制度环境相关。从社会企业发展的结构性策略来看,社会企业合法性的建构一般可

[①] 该研究所选取的社会企业案例典型之处在于,从它的发展历程能发现很多社会企业的明显特征,它的发展在很多方面领先于国内社会企业的总体发展,具有明显的社会企业理想类型的特征。比如多元利益主体参与治理方面,该社会企业的基金会理事会就有该组织义工成员,他们参与社会企业的治理。

以从社会企业的内部和外部两个方面分析。

社会企业内部合法性的确立,主要包括社会企业的组织治理结构和运营模式,以及社会企业的企业文化和共同体参与等。就该社会企业而言,其内部合法性的建构主要依赖以下几个方面:

第一,"三位一体"组织治理结构的建立和运行。三位一体组织结构首先从社会企业的产权属性方面,基金会控股社会企业,保证了社会企业组织产权的公益性和社会属性,确立了社会企业的内部合法性的基础,这是首要条件,也就是最根本要素。一方面,社会企业的共同体参与意识和对企业公民的培育,使得社会企业的社会使命和价值内化为每一个企业个体的个人目标和使命。员工共同参与到集团事业的发展中,每一个人都可以根据自己的意愿寻找合适的发展岗位,这种轮岗式的治理机制和因人设事的制度形式极大地保证了人力资源的自主性和民主赋权原则,使得员工个人积极性得以最大程度地发挥。另一方面,对企业公民意识的培养,不仅成就了工作的投入和坚持,更从更深的层次和意义上培养了一个合格的企业公民和社会公民,这种公民意识的培养不仅有利于残疾人人力资源的提升和完善发展,更从根本上推动了组织的快速发展,这对社会企业内部合法性的确立和合法性机制的建构具有决定性的意义和价值。再者,企业文化为社会企业合法性的建构奠定了最基本的基础和前提。企业核心文化和价值观的渗透从企业文化控制的角度而言,使得文化的力量和渗透更强于制度的规制和约束,这样企业的凝聚力和向心力更强,员工的认同感更强。通过"家训"这种质朴而实在的方式把日常行为塑造、价值观培养、价值目标和企业诉求都以通俗化的方式传递下来,内化为企业员工的日常行动,从个体人的意义上成功形塑了企业的价值观,奠定了社会企业合法性内在的文化价值和要求。因此,从该社会企业发展的内部结果和秩序来看,社会企业的合法性建构在企业内部得以详细地设计和执行,并以有效的方式保障了执行效果,使得内部合法性建构得以坚固。这为中国社会企业的生存和发展提供了极好的借鉴和经验支持,也为组织合法性的建构从实践形态上提供了积极的研究样本。

社会企业外部合法性的建构,主要涉及社会企业的利益相关者群体。该社会企业与政府的互动经历了一个漫长的过程，这符合合法性确立的基本规则。在组织自身没有得到被认可之前，只有靠自身的技术发展来获得外界认可。该社会企业20年来的发展历程完全体现了这一点，经历了从技术合法性到制度合法性的一个过程，并最终取得了国家和政府层面的认可和支持。

第二，与合作单位的互动影响外部合法性的确立，并影响组织的生存和发展。作为社会企业来说，其在发展的过程中要经历比一般商业企业更多的考验和更冷酷的竞争，残疾人这个标签在商业市场竞争中带有的不会是恩惠和施舍，更多的是更加苛刻的要求和相对劣势的环境。只有增强竞争力，才能赢得合作单位的信任和支持，确立业务上的合法性，保障组织的可持续性发展和竞争力。

第三，与社会公众的互动影响外部社会认知合法性的确立。社会认知合法性是外部合法性建构中的基础，也是最具挑战性的。其通过一系列的社会活动履行社会责任，赢得了公众的信任和支持，建构了外部合法性的基础。外部合法性的建构过程中，外部支持者起着十分重要的作用。其中包括义工、专家等同行者。这些同行者不仅给予它的发展以行动、知识支持，也使得社会价值和理念得以传播。

当前中国社会企业的发展，组织的生存是首要的。技术合法性和管理合法性成为影响社会企业生存的首要指标，二者是社会企业内部合法性建构的重要维度。社会企业早期的发展，技术合法性和效率机制是首要的，随着组织发展变迁，管理合法性成为组织管理者追求的目标。社会企业合法性建构的路径选择，首先依赖于完善的组织结构和治理模式。组织的存续取决于组织行动力，行动力提升与组织的治理机制直接相关。社会企业治理结构的完善与提升不仅是组织自身发展的要求，也是与所在制度环境互动下适应性发展的过程。外部环境要素和制度条件会渗透或影响着组织模式的建构，其中包括政府等在内的组织权威的影响尤为明显。

二 社会企业合法性建构的路径依赖

政府、市场和社会三大部门的联动和整合性发展，促使行政机制、市场机制和社会机制成为相互促进和制约的综合体。通过制度化的分工合作，最终形成国家、社会和市场三者分工合作、各司其职的合作共治。社会企业合法性机制的建构过程，也是其与制度环境相互冲突、竞争合作的过程。社会企业的合法化是制度赋予和社会赋予的有机统一。

1. 制度赋予、社会赋予与社会企业的合法性建构

从社会企业的发展实践来看，组织的资源获取受制度环境和社会环境影响。国家对资源配置权力的掌控决定了政府行为对社会企业存在显著影响。社会企业能够在法律性缺失的不利环境中为相关政府职能部门所认可，在于通过自身行动证明，它的发展能够推动社会弱势群体的"赋权"和"增能"，能推动社会创新，这与政府社会管理体制改革的理念相一致。该社会企业在角色建构过程中多次制度性地突破或试水，都得到了政府的认可或支持，这是基于对国家权威认同下的相互赋权。当然，原有的权力结构关系并没有改变，社会企业在这种博弈关系中从对政府的依赖到争取更大程度上的自主与独立。另外，社会企业的合法性建构中，社会赋予也存在直接影响。社会层面主要表现在社会文化和公众信任对社会企业认知合法性的直接作用。事实上，社会资源配置方式的优化是推进社会治理的重要基础，社会资源汲取能力的改善是公共服务创新的重要表现。政府职能的转变和社会自治能力的提升促使了体制变革从社会管理到社会治理在结构、功能和机制上的整合。

我们必须关注到的是，因各类社会企业的不同特征，社会企业法律体系建设要考虑到发展的阶段性及多领域的分类、分级管理。针对社会企业呈现的不同法律形式，遵照组织属性，建立相应的立法机制，优化制度环境。同时，中国社会企业的发展大多和组织精英的个人领导力密切相关，社会企业的发展极度依赖组织精英的个人魅力，在和政府的互动层面，社会企业和政府的沟通大多首先依赖于和政府官员的私人关系，私人关系的非制度化和不稳定性会随着官员的调动而波动，会影响到社会企业的持续性发展，政社合作的制度化和社会政策的支持显得极为重要。

2. 抗争、合作与社会企业的嵌入式发展

社会企业合法性的建构是组织内生性需求和外部制度环境双重作用

的结果，社会企业的合法性确立也包含了内部合法性的确认和外部合法性的建构。内部合法性的建构是社会企业外部合法性建构的前提和基础，外部合法性建构受制度环境影响和制约。社会企业在与政府依附与协作的博弈关系中，一方面依赖于政府的政策支持和法律合法性确认；另一方面，企业主体性特征使其可以依靠组织自身获得可持续发展，可以在与政府的博弈与抗争中，获得最大程度上的自主性发展，这符合社会企业的组织属性要求。社会层面上，社会企业网络结构体现为一种互惠与共谋的合作关系，社会层面的协作促进了社会企业更广范围的发展。社会企业整合了市场部门的特点和第三部门的优势，在社会治理参与中促进了政府、市场和社会的有效合作，推动了社会创新。

随着我国社会组织的逐步发育和企业社会责任的兴起，在公共服务和社会管理等诸多领域，政府、社会组织及企业开始逐步实现跨部门合作，实现优势资源互补的整合型、协作式发展。从社会管理到社会治理的转变，是"改进社会治理方式，激发社会组织活力"的必然要求，也是必经过程。每个组织主体都有自身的权利，要实现从管理主体一元化到多元共治、协同参与的共同治理模式转变，要体现社会治理中多元主体间的平等伙伴关系，实现从依附到平等自主关系的转变，最终真正实现政府主导、社会各方参与，政府治理和社会自我调节的多元化发展局面。

同时，我们必须意识到的是，资源的汲取能力和配置方式是影响社会企业生存发展的必要条件，由于组织化、制度化程度的限定，社会企业对资源的获取和控制能力相对不足。这无疑需要社会企业在与国家互动中保持独立性的同时，更要在与制度环境的互动中保持积极的能动性和良好的适应力，从而获得合法性地位及相应的资源、利益，最终获得自主性发展。

第三节　未来展望

本书通过对社会企业典型案例的经验研究，获得了中国情景下对社会企业组织变迁的具体认识，探讨了社会企业合法性建构的组织策略和路径选择。但还存在一些研究限制和不足，有待以后拓展研究：

首先，理论研究中国化的进一步推进。社会企业相关研究大多来源于西方学者，这些研究大多建立在欧美国家发展的历史背景下。中国社会企业的发展实践，有很多异于欧美社会企业发展的路径和经验。对于中国社会企业发生和成长路径的研究，不能简单套用西方学者的相关理论，要注意不同社会体制和政策的影响，发展出中国本土的社会企业研究范式。

其次，研究方法的多角度尝试。本书选取了适用于启示性案例的单案例研究法，就本书而言，研究设计是可行的，符合研究目标要求。但由于单案例研究本身具有一定的局限性。为了研究结论更扎实和更具说服力，如果条件和资源允许，可以尝试选择多案例研究设计。多案例研究设计因为要占用更多的研究资源和精力，往往超出单个学生或学者的研究能力范围，操作上容易有困难，但多案例设计带来的比较性研究，可以分别独立地从两个或多个案例中得出结论并相互印证，可以增加案例研究的说服力，扩大研究结论的适用性和可推广性，这个优势是单案例研究欠缺的。后续研究可尝试通过多案例研究比较，拓宽社会企业确立和发展的要素分析，在更为丰富的因素下挖掘社会企业合法性确立的结构性因素和制度环境要素，建立更为一般意义上的社会企业合法性机制的建构和路径选择。

今后的研究工作中，笔者会继续对我国社会企业的发展进行更为深入的调研，尝试混合方法的研究设计，对相关议题进行深入的研究和科学论证。

附录 1 访谈对象编码表

序号	编号	受访时所在单位	受访时身份	访谈方式	访谈时间
1	YZ121129	Y集团	创始人	面访	20121129
2	YZ120825	Y集团	创始人	面访	20120825
3	YZ120827	Y集团	创始人	集团例会	20120827
4	YZ120829	Y集团	创始人	面访	20120829
5	YZ120901	Y集团	创始人	面访	20120901
6	YZ120903	Y集团	创始人	集团例会	20120903
7	YZ121226	Y集团	创始人	电话访谈	20121226
8	YZ160928	Y集团	创始人	面访	20160928
9	YH120504	Y集团	董事长	面访	20120504
10	YL120824	Y集团	总经理	来访座谈会	20120824
11	YZWJ120830	Y集团	项目负责人	面访	20120830
12	YF160928	Y集团	创业团队成员	面访	20160928
13	YF180226	Y集团	创业团队成员	面访	20180226
14	YF200210	Y集团	创业团队成员	网络	20200210
15	HCYL130104	H省分部	负责人	电话访谈	20130104
16	KCYL130110	K地区分部	负责人	电话/网络资源	20130110
17	SCYH130128	山东分部	负责人	电话/网络资源	20130128
18	YFL120826	基金会	秘书长	来访座谈会	20120826
19	YTP120824	基金会	项目负责人	面访	20120824
20	YTL120829	基金会	部门负责人	面访	20120829
21	YTX120901	基金会	资深员工	面访	20120901

附录1 访谈对象编码表

续表

序号	编号	受访时所在单位	受访时身份	访谈方式	访谈时间
22	YJZ120827	技术中心	主任	面访	20120827
23	YJY120828	技术中心	部门负责人	面访	20120828
24	YCC120924	技术中心	出纳	电子邮件	20120924
25	YCH120901	技术中心	会计	面访	20120901
25	YWLC120826	文宣中心	员工	面访	20120826
26	YWX120823	文宣中心	办公室主任	面访	20120823
28	YWLS120826	文宣中心	员工	面访	20120826
29	R120830	社会公众	社区居民（12人）	座谈会	20120830
30	R140824	社会公众	社区居民（8人）	座谈会	20140824
31	RZ120830	社会公众	社会公众	电视台采访现场	20120830
32	R111129	社会公众	社区居民（8人）	启动仪式现场面访	20111129
33	RJ111130	社会公众	社会公众	面谈	20111130
34	SMM120903	政府部门	S市民管局局长	面访	20120903
35	SDH120828	政府部门	S市残联副理事长	面访	20120828
36	SLDH120831	政府部门	S市L区残联理事长	面访	20120831
37	VS120831	义工群体	资深义工	面访	20120831
38	VT120824	义工群体	资深义工	面访	20120824
39	VC120710	义工群体	资深义工	内部分享会	20120710
40	V120825	义工群体	活动义工	面访	20120825
41	V190826	义工群体	活动义工	面访	20190826
42	MJ120829	媒体	记者	面谈	20120829
43	MJ120830	媒体	S市电视台记者	面谈	20120830
44	E121129	商业公司	W集团中国公司事务总经理	活动现场面访	20121129
45	E121021	商业公司	L公司项目负责人	电话访谈	20121021
46	NPOX121129	社会组织	S市X公益基金发起人	面谈	20121129
47	E121201	商业公司	D公司销售总监	培训现场面访	20121201
48	E120505	商业公司	H公司项目经理	电话访谈	20120505
49	C180523	商业公司	A公司中国区负责人	面谈	20180523
50	S120820	实习生	大学生（8人）	实习心得	20120820

续表

序号	编号	受访时所在单位	受访时身份	访谈方式	访谈时间
51	S120826	实习生	大学生（4人）	面谈	20120826
52	S160910	实习生	大学生（2人）	网络	20160910

附录2　企业员工调查问卷

亲爱的朋友，您好：

为探寻我国公益慈善的创新发展，探讨社会企业在中国的发展经验及所需政策支持，我们特开展此次调查。本调查所有内容只用作课题研究数据统计，所有信息均遵循保密原则，您在填写问卷时不必有任何顾虑。问卷中所有问题答案没有对错好坏之分，如实作答即可。

我们真诚希望能得到您的支持和配合，谢谢！

第一部分　基本信息

1. 您的性别：（　　）

A. 男　　B. 女

2. 您的年龄：（　　）

A. 18—24岁　　B. 25—34岁　　C. 35—45岁　　D. 45岁以上

3. 您的学历：（　　）

A. 初中及以下　B. 高中/中专　C. 大专　　　D. 本科

E. 硕士及以上

4. 您的身体状况：（　　）

A. 健全　　　　B. 残障（等级：_____）

5. 您进入残友的时间：（　　）

A. 2年及以下　B. 3—5年　　C. 6—7年　　D. 8年及以上

6. 您所在部门：_____

A. 软件公司　　B. 动漫公司　　C. 电子善务　　D. 文宣中心

E. 财务中心　　F. 拓展中心　　G. 研究会　　H. 社工服务社

7. 您是怎么知道残友的：（　　）

A. 媒体报道　　　　　　　　B. 亲友介绍

C. 通过参加类似活动得知　　D. 其他：_____

8. 您进入残友的原因（可多选）：（　　）

A. 有份工作做　　　　　　　B. 赚钱养家糊口

C. 实现个人价值　　　　　　D. 想有自己的事业

E. 减轻家庭负担　　　　　　F. 其他：_____

第二部分　员工满意度调查

请您对目前的工作满意度进行评价，并在各评价项目相应的满意度上划"√"。

编号	你对目前工作的感受	非常满意	比较满意	一般	不太满意	很不满意
1	现在的工作与期望的匹配度					
2	与其他公司相比，对目前工资收入					
3	对公司提供的福利					
4	对公司提供的培训					
5	职位晋升的机会					
6	对工作的挑战性					
7	对目前工作提供的发展空间					
8	工作中学习新技能、新知识的机会					
9	对工作本身的兴趣					
10	对工作压力的承受度					
11	工作中得到的成就感					
12	能充分发挥个人能力及特长的机会					
13	自主决定如何完成工作的机会					
14	工作中取得的社会地位					

续表

编号	你对目前工作的感受	非常满意	比较满意	一般	不太满意	很不满意
15	工作提供的稳定就业感					
16	奖惩制度的公平合理性					
17	从事不同工作的机会					
18	工作场所的安全、整洁度					
19	生活设施的齐全、可得性					
20	工作休息时间和加班制度					
21	对同事间的人际关系					
22	对公司的团队氛围					
23	领导对我的支持和帮助					
24	人事决策的公平性					
25	相关决策的参与程度					
26	部门和岗位职责的分工					
27	对企业的认同感和归属感					
28	绩效考核的客观公正性					
29	工作绩效与待遇的相关性					
30	对目前工作的整体满意度评价					

第三部分　工作期望调查

一项工作可能提供不同的机会，对您来说，从这份工作中获得什么最为重要，请依据您的真实想法在相应的重要程度上划√号，并标识出对您来说最重要的4项。

编号	工作特征的重要性	非常重要	比较重要	一般	不太重要	极不重要
1	好的薪酬待遇					
2	工作的稳定感					
3	工作具有成就感，实现自我价值					
4	良好的个人发展空间					
5	学习新技能的机会					
6	公平的晋升机会					
7	灵活的工作时间					
8	强烈的工作兴趣					

续表

编号	工作特征的重要性	非常重要	比较重要	一般	不太重要	极不重要
9	良好的人际关系					
10	客观公正的业绩考评					

第四部分　几个补充问题

1）如果你对工作整体感到满意，你会：（　　）

　　A. 继续努力，提高绩效；　　　　B. 维持原状

2）如果你对工作整体感到不满意，你会：（　　）

　　A. 降低抱负，离职或工作懈怠，达到心理满意；

　　B. 抱负不变，自我心理调节；

　　C. 找社工倾诉，寻求帮助；

　　D. 寻找改变的机会

3）你认为最可能影响你工作满意度的因素有哪些（多选）（　　）

　　A. 人际关系　　B. 工作压力　　C. 管理体制　　D. 工作自主性

　　E. 福利　　　　F. 培训　　　　G. 薪酬　　　　H. 分配公平性

　　I. 其他：_____

4）您参加过哪些方面的培训（多选）（　　）

　　A. 新员工培训（公司历史/规章制度等）；

　　B. 外派学习；

　　C. 技术知识培训；

　　D. 管理技能培训；

　　E. 销售技能培训；

　　F. 具体工作中所需特殊技能培训；

　　G. 其他

5）如果觉得工作有压力，您会用什么方式减压（　　）

　　A. 听歌看书　　　　　　　　B. 上网聊天

　　C. 找同事聊天　　　　　　　D. 去运动一下

　　E. 打电话给朋友谈心　　　　F. 打电话给家人

　　G. 睡觉　　　　　　　　　　H. 出去逛逛

I. 其他：_____

6）如果你对单位的工作存在疑问，你将：（　　）

　　A. 找机会与领导交流；　　　　B. 与最亲密的同事私下交流；

　　C. 说了也没用，发牢骚泻火；　D. 找社工谈心；

　　E. 其他：_____

7）您认为您的个人前途与公司前途（　　）

　　A. 非常相关　　B. 比较相关　　C. 不太相关　　D. 没什么关系

8）有想过去别的公司吗？（可多选）（　　）

　　A. 有想过但觉得还是这里好　　B. 有想过，但是没有更好的机会，只好留下

　　C. 没想过，这里薪水还好　　D. 没想过，这里的后勤保障服务很好

　　E. 没想过，这里企业文化和工作氛围好，同事亲如一家人

9）你留在残友的原因：（可多选）（　　）

　　A. 郑大哥的精神力量

　　B. 对单位感情深

　　C. 残友的企业文化

　　D. 跳槽不道德

　　E. 找不到更合适的工作

　　F. 工作本身提供了学习机会

　　G. 能体现自我价值，是个很好的平台

　　H. 残友提供给我的福利是其他公司不容易做到的

　　I. 其他单位没这么高的工资　工作氛围很好

10）对您来说，目前的工作：（　　）

　　A. 很适合，而且有能力有信心做好

　　B. 是我喜欢的工作，但是能力有欠缺

　　C. 不是我喜欢的工作，但是我会做好

　　D. 不适合我，就这样凑合吧

　　E. 不适合我，有机会可能会离开

11）个人才能在目前岗位的发挥情况：（   ）

A. 完全没有发挥　　　　　　B. 有些方面没有发挥

C. 发挥尚好　　　　　　　　D. 已充分发挥

12）在残友，您认为物质奖励是否能起到充分的激励作用（   ）

A. 能　　　B. 不一定　　　C. 不能　　　D. 不知道

13）公司如果引入竞争机制，您的态度：（   ）

A. 主动学习，提高自身素质，迎接挑战；

B. 没有竞争就没有压力，企业就没有发展

C. 干一天算一天，到时候再说

D. 国家不会让我们没工作，总会管我们的

E. 还是保持现状比较好，竞争太伤

F. 其他：_____

14）您希望的领导者特质有哪些？（可多选）（   ）

A. 年富力强　　　　　　　　B. 有专业技术背景

C. 开拓创新　　　　　　　　D. 有凝聚力

E. 较强的管理能力　　　　　F. 工作效率高

G. 尊重人才　　　　　　　　H. 其他：（请写出）_____

15）您希望残友应有什么样的价值取向（限选最重要的4个并按重要性排列，将序号直接填在相应选项前的括号内）

（   ）A. 优胜劣汰；

（   ）B. 团队精神；

（   ）C. 以人为本；

（   ）D. 客户至上；

（   ）E. 人尽其才；

（   ）F. 服务社会；

（   ）G. 充分考虑员工利益；

（   ）H. 服务取胜；

（   ）I. 不断创新；

（   ）J. 严守商业道德；

（   ）K. 其他（请指出）：_____

16）你认为残友目前明显的竞争优势是：（　　　）（可多选）

A. 人才优势　　　　　　　　B. 管理优势

C. 文化优势　　　　　　　　D. 成本优势

E. 社会企业本身的优势　　　F. 政策优惠带来的优势

G. 没优势　　　　　　　　　H. 其他：_____

17）您认为目前制约残友发展的主要因素是？在您认为与情况相符合的判断前打"√"。（可多选）

A. 缺乏大批的技术骨干

B. 员工未来预期收益不明确、激励不够

C. 公司长远目标不明确

D. 政府对社会企业的政策支持不够

E. 要自己负担较大的后勤保障成本，经济压力较大；

F. 其他：_____

18）请在您认为与情况相符合的判断前打"√"。（可多选）

（　　）我们的技术水平在进步

（　　）残友晋升的路径是专业过硬

（　　）社工可以帮助我们处理很多事务，他们的作用不可或缺

（　　）8小时外的后勤保障服务是残友重要的一部分，也是残友最大特色

（　　）残友作为社会企业，政府应给与税收优惠和政策支持

（　　）郑大哥是残友的支柱和灵魂，残友离不开他

（　　）残友没必要建立现代化的管理制度，更重要的是企业文化传承

第五部分　开放性问题

你理想中的公司未来是什么？

你希望集团能够为残疾人朋友做哪些方面更多的努力？

您认为目前公司存在哪些困难或问题？解决的路径有哪些？

再次感谢您的支持与合作！

祝您生活愉快、一切安好！

附录3 相关政策法规一览表

年份	文件名称	颁布单位	备注
1998-10-25	民办非企业单位登记管理暂行条例	国务院	
1999-12-28	民办非企业单位登记暂行办法	民政部	
1988-9-27	基金会管理办法	国务院	2004-6-1日废止
2004-6-1	基金会管理条例	国务院	
1989-1-4	民政部关于社会福利企业公司有关问题的几点意见	民政部	
1989-8-17	社会福利企业招用残疾职工的暂行规定	民政部、劳动部、卫生部、中国残疾人联合会	2007-12-31日废止
1989-10-20	政部关于福利企业安置残疾人减免税的比例标准问题的批复	民政部	
1990-9-15	社会福利企业管理暂行办法	民政部	
2007-6-29	福利企业资格认定办法	民政部	
2007-9-12	中华人民共和国个人独资企业法	全国人大常委会	
2007-9-12	民政部关于社会团体登记管理有关问题的通知	民政部	
2009-7-20	民政部 深圳市人民政府推进民政事业综合配套改革合作协议	民政部	
2007-2-25	残疾人就业条例	国务院	
2011-7-5	关于加强和创新社会管理问题的意见	中共中央、国务院	

续表

年份	文件名称	颁布单位	备注
2016-8-3	"十三五"加快残疾人小康进程规划纲要	国务院	
2016-8-21	关于改革社会组织管理制度促进社会组织健康有序发展的意见	中共中央办公厅、国务院	
2016-9-1	中华人民共和国慈善法	全国人民代表大会	

参考文献

一 著作类

王汉生、杨善华主编：《农村基层政权运行与村民自治》，中国社会科学出版社2001年版。

王庆明、黄宪臣、王学东等：《现代企业家经典》，中华工商联合出版社1996年版。

中国大百科全书总编辑委员会《社会学》编辑委员会卷编：《中国大百科全书（社会学）》，中国大百科全书出版社1991年版。

邓国胜：《非营利组织评估》，社会科学文献出版社2001年版。

多吉才让：《新时期中国社会保障体制改革的理论与实践》，中共中央党校出版社1995年版。

杨团主编：《中国慈善蓝皮书（2011）》，社会科学文献出版社2011年版。

杨团：《社区公共服务论析》，华夏出版社2002年版。

张九赋、闵真、杨庆信主编：《社会福利企业管理学》，辽宁人民出版社1989年版。

张永宏：《组织社会学的新制度主义学派》，上海人民出版社2007年版。

张静：《基层政权：乡村制度诸问题》，浙江人民出版社2000年版。

周雪光：《组织社会学第十讲》，社会科学文献出版社2003年版。

郑杭生主编：《社会学概论新修》（第三版），中国人民大学出版社2007年版。

郭国庆：《现代非营利组织研究》，首都师范大学出版社2001年版。

崔乃夫主编：《当代中国的民政》，当代中国出版社1994年版。

谢宇:《社会学方法与定量研究》,北京社会科学文献出版社 2006 年版。
［澳］马尔科姆·沃特斯:《现代社会学理论》,华夏出版社 2000 年版。
［德］斐迪南·滕尼斯:《新时代的精神》,林荣远译,北京大学出版社 2006 年版。
［德］哈贝马斯:《交往与社会进化》,重庆出版社 1989 年版。
［德］哈贝马斯:《在事实与规范之间》,童世骏译,生活·读书·新知三联书店 2003 年版。
［德］马克思、恩格斯:《马克思恩格斯全集》(第 1 卷),人民出版社 1995 年版。
［德］马克斯·韦伯:《经济与社会》,商务印书馆 1997 年版。
［法］托克维尔:《论美国的民主》(下卷),董国良译,商务印书馆 1988 年版。
［孟］尤努斯:《新的企业模式——创造没有贫困的世界》鲍小佳译,中信出版社 2008 年版。
［美］W. 理查德·斯科特等:《组织理论:理性、自然与开放系统的视角》,中国人民大学出版社 2011 年版。
［美］乔纳森·H. 特纳:《社会学理论的结构》(下),邱泽奇等译,华夏出版社 2001 年版。
［美］沃尔特·W. 鲍威尔、［美］保罗·J. 迪马吉奥主编:《组织分析的新制度主义》,上海人民出版社 2008 年版。
［美］杰勒德·克拉克:《发展中国家的非政府组织与政治》,闫月梅译,载何增科主编《公民社会与第三部门》,社会科学文献出版社 2000 年版。
［美］罗伯特·K. 殷:《案例研究:设计与方法》(中文第 2 版),周海涛、李永贤、李虔译,重庆大学出版社 2010 年版。
［美］罗伯特·索洛、［美］安东尼·刘易斯:《工作与福利》,陆云航黄雪蒙译,中国社会科学出版社 2010 年版。
［美］帕森斯·T.:《现代社会的结构与过程》,光明日报出版社 1988 年版。
［美］威廉·奥格本:《社会变迁:关于文化和先天的本质》,浙江人民

出版社 1989 年版。

［美］莱斯特·M. 萨拉蒙：《全球公民社会——非营利部门视界》，贾西津等译，社会科学文献出版社 2002 年版。

［美］戴维·伯恩斯坦：《如何改变世界：社会企业家与新思想的威力》，吴士宏译，新星出版社 2006 年版。

Bauman, Zygmunt, *Modernity and Ambivalence*, Cambridge, UK: Polity Press, 1991.

Carlo Borzaga, Jacques Defourny, *The Emergence of Social Enterprise*, London & New York: Routledge. 2001.

Giddens, Anthony, *Central Problems in Social Theory: Action, Structure and Connection in Social Analysis*, Berkeley: University of California Press. 1979.

Janelle A. Kerlin, *Social Enterprise: A Global Comparison*, UPNE, 2009.

Leadbeater, C., *The Rise of the Social Entrepreneur*, London: Demos, 1997.

Meyer, John W. & Scott, W. Richard, *Organizational Environments: Ritual and Rationality*, Beverly Hills, Calif: Sage, 1983b.

OECD, *Social Enterprises*, OECD, 1999.

OECD, *The Non-profit Sector in a Changing Economy*, OECD, 2003.

Pestoff, Victor A., *Beyond the Market and State: Social Enterprise and Civil Democracy in a Welfare Society*, Aldershot: Ashgate Publishing Company, 1998.

Philip Selznick, *TVA and the Grass Roots: A Study in the Sociology of Formal Organization*, Berkeley: University of California Press, 1949.

Simon, Herbert A., *Administrative Behavior: A Study of Decision-Making Processes in Administrative Organizations* (4th ed.), New York: Free Press (frist edition published in 1945).

Social Enterprise London, *Introducing Social Enterprise*, London, 2001.

Van Til, Jon., *Growing Civil Society: From Nonprofit Sector to Third Space*, Indiana: Indiana University Press, 2000.

二 论文类

安维复：《社会建构主义评介》，《教学与研究》2003 年第 4 期。

蔡禾：《从利益诉求的视角看社会管理创新》，《社会学研究》2012 年第 4 期。

陈金贵：《非营利组织社会企业化经营探讨》，《新世纪智库论坛》2002 年第 19 期。

丁元竹：《社会管理观念创新问题研究》，《理论与现代化》2005 年第 4 期。

杜赞奇、罗红光：《在国家与地方社会之间》，《社会学研究》2001 年第 1 期。

段华洽、王荣科：《中国非政府组织的合法性问题》，《合肥工业大学学报》（社会科学版）2006 年第 3 期。

高丙中：《社会团体的合法性问题》，《中国社会科学》2000 年第 2 期。

官有垣：《社会企业组织在台湾地区的发展》，《中国非营利评论》2007 年第 1 期。

黄剑宇：《社会企业：非营利组织发展的新方向》，《湖南工程学院学报》（社会科学版）2010 年第 2 期。

黄晓星、熊慧玲：《过渡治理情境下的中国社会服务困境——基于 Z 市社会工作服务的研究》，《社会》2018 年第 4 期。

金锦萍：《社会企业的兴起及其法律规制》，《经济社会体制比较》2009 年第 4 期。

景天魁：《创新福利模式优化社会管理》，《社会学研究》2012 年第 4 期。

康健：《发展社会企业，改善社区服刑人员就业状况》，《法制与社会》2008 年第 1 期。

李健：《政策设计与社会企业发展——基于 30 个国家案例的定性比较分析》，《理论探索》2018 年第 2 期。

李三虎：《当代西方建构主义研究述评》，《国外社会科学》1997 年第 5 期。

李衍儒、江明修:《社会企业之发展经验与政策建议:以美国、英国、中国香港与中国台湾为例》,《中国非营利评论》2011年第1期。

李友梅:《秩序与活力:中国社会变迁的动态平衡》,《探索与争鸣》2019年第6期。

李友梅:《中国社会管理新格局下遭遇的问题——一种基于中观机制分析的视角》,《学术月刊》2012年第7期。

李友梅:《中国社会治理的新内涵与新作为》,《社会学研究》2017年第6期。

梁唐:《美国的"社会企业"运动》,《二十一世纪商业评论》2006年第1期。

廖冲绪、张曦:《共建共治共享社会治理格局的逻辑进路、时代内涵与路径创新》,《行政与法》2020年第3期。

林海、彭劲松、严中华:《从NPO到社会企业——非营利组织转型策略研究》,《科技管理研究》2010年第18期。

林海、彭劲松、严中华:《非营利组织向社会企业转型动因及风险规避研究》,《企业观察》2010年第9期。

林莉红:《民间组织合法性问题的法律学解释——以民间法律援助组织为视角》,《中国法学》2006年第1期。

刘小霞:《社会企业的若干问题探讨》,《华东理工大学学报》(社会科学版)2013年第5期。

刘小霞:《社会企业:合法性及困境》,《学习与实践》2012年第10期。

刘小霞:《社会企业研究述评》,《华东理工大学学报》(社会科学版)2012年第3期。

刘小霞:《我国港台地区社会企业发展策略及对大陆社会企业的启示》,《社会工作》2013年第10期。

刘小霞:《我国社会企业的历史演进及制度性角色》,《中央民族大学学报》(哲学社会科学版)2013年第6期。

刘振国:《非营利组织的新形式——社会企业》,《中国社会组织》2008年第2期。

陆学艺:《我国社会建设的主要任务及未来的发展趋势》,《探求》2013

年第 3 期。

罗英豪:《建构主义理论研究综述》,《上海行政学院学报》2006 年第 5 期。

毛丹:《赋权、互动与认同:角色视角中的城郊农民市民化问题》,《社会学研究》2009 年第 4 期。

潘小娟:《社会企业初探》,《中国行政管理》2011 年第 7 期。

彭秀丽:《社会企业理论研究及其对我国公共服务均等化的启示》,《吉首大学学报》(社会科学版) 2009 年第 3 期。

彭洋福、刘新玲:《试述香港社会企业的发展及其对中国大陆的启示》,《中国社会组织》2009 年第 4 期。

彭玉生:《社会科学中的因果分析》,《社会学研究》2011 年第 3 期。

沙勇:《社会企业发展演化及中国的策略选择》,《南京社会科学》2011 年第 7 期。

时立荣:《从非正规就业组织到社会企业》,《理论学刊》2005 年第 9 期。

时立荣、徐美美、贾效伟:《建国以来我国社会企业的产生和发展模式》,《东岳论丛》2011 年第 9 期。

时立荣:《转型与整合:社会企业的性质、构成与发展》,《人文杂志》2007 年第 4 期。

时瑞青:《社会企业概述》,《现代商贸工业》2010 年第 23 期。

孙立平:《迈向对市场转型实践过程的分析》,《中国社会科学》2002 年第 2 期。

孙立平:《迈向实践的社会学》,《江海学刊》2002 年第 3 期。

孙立平:《实践社会学与市场转型过程分析》,《中国社会科学》2002 年第 5 期。

童赟:《韩国社会企业的现状和培养体系》,《理论研究》2012 年第 1 期。

汪志强:《我国非政府组织:检视、批评与超越》,《武汉大学学报》(哲学社会科学版) 2006 年第 2 期。

王富伟:《个案研究的意义和限度——基于知识的增长》,《社会学研究》2012 年第 5 期。

王名、朱晓红：《社会企业论纲》，《中国非营利评论》2010 年第 2 期。

文军：《中国社会组织发展的角色困境及其出路》，《江苏行政学院学报》2012 年第 1 期。

夏锦文《共建共治共享的社会治理格局：理论构建与实践探索》，《江苏社会科学》2018 年第 3 期。

谢海定：《中国民间组织的合法性困境》，《法学研究》2004 年第 2 期。

谢立中：《结构—制度分析，还是过程—事件分析？——从多元话语分析的视角看》，《中国农业大学学报》（社会科学版）2007 年第 4 期。

徐永祥：《和谐社会建构中的民间社会组织及其社会政策》，《学海》2006 年第 6 期。

徐永祥：《社会的再组织化：现阶段社会管理与社会服务的重要课题》，《教学与研究》2008 年第 1 期。

徐永祥：《社会主义公民社会建设的当代意义和路径选择》，《华东理工大学学报》（社会科学版）2012 年第 6 期。

杨凤禄、孙钦钦：《非营利组织的商业化探讨》，《山东大学学报》2007 年第 5 期。

杨家宁、陈健民：《西方社会企业兴起的背景及研究视角》，《中国非营利评论》2010 年第 1 期。

杨家宁：《社会企业研究述评——基于概念的分类》，《广东行政学院学报》2009 年第 3 期。

杨敏：《"国家—社会"的中国理念与"中国经验"的成长》，《河北学刊》2011 年第 2 期。

于立华：《解读社会企业》，《武汉职业技术学院学报》2008 年第 3 期。

余晓敏、丁开杰：《社会企业发展路径：国际比较与中国经验》，《中国行政管理》2011 年第 8 期。

余晓敏、张强、赖佐夫：《国际比较视野下的中国社会企业》，《经济社会体制比较》2011 年第 1 期。

喻安伦：《社会角色理论磋探》，《理论月刊》1998 年第 12 期。

张康之：《合法性的思维历程：从韦伯到哈贝马斯》，《教学与研究》

2002 年第 3 期。

张旅平、赵立玮：《自由与秩序：西方社会管理思想的演进》，《社会学研究》2012 年第 3 期。

张菀洺：《政府公共服务供给的责任边界与制度安排》，《学术研究》2008 年第 5 期。

赵莉、严中华：《国外社会企业理论研究综述》，《理论月刊》2009 年第 6 期。

赵莉、严中华：《西班牙社会企业发展的策略研究及启示》，《管理现代化》2011 年第 4 期。

赵莉、严中华：《英国促进社会企业发展的策略研究及启示》，《特区经济》2009 年第 3 期。

赵萌、郭欣楠：《中国社会企业的界定框架——从二元分析视角到元素组合视角》，《研究与发展管理》，2018 年第 4 期。

赵萌：《社会企业战略：英国政府经验及其对中国的启示》，《经济社会体制比较》2009 年第 4 期。

赵孟营：《组织合法性：在组织理性与事实的社会组织之间》，《北京师范大学学报》（社会科学版）2005 年第 2 期。

周晓虹：《理想类型与经典社会学的分析范式》，《江海学刊》2002 年第 2 期。

朱迪：《混合研究方法的方法论、研究策略及应用——以消费模式研究为例》，《社会学研究》2012 年第 4 期。

朱健刚：《社会企业在当代中国的阶段定位与价值取向》，《社会科学辑刊》，2018 年第 3 期。

［美］比德尔：《角色理论的主要概念及研究》，曾霖生译，《现代外国哲学社会科学文摘》1988 年第 11 期。

［英］罗杰·斯皮尔、梁鹤：《论社会企业的外部支持生态系统》，《江海学刊》2018 年第 3 期。

Austin, J., "Strategic Collaboration Between Nonprofits and Business", *Nonprofit and Voluntary Sector Quarterly*, Vol. 29, No. 1, 2000, pp. 69-97.

Dennis R. Young, "Organizational Identity in Nonprofit Organizations: Strategic and Structural Implications", *Nonprofit Management & Leadership*, Vol. 12, No. 2, 2001, pp. 139 – 157.

DiMaggio, Paul J. and Walter W. Powell, "The Iron Cage Revisited: Institutional Isomorphism and Collective Rationality in Organizational Fields", *Amercian Sociological Review*, 1983, 48: 147 – 160.

Elaine Romanelli, "The Evolution of New Organizational Forms", *Annual Review of Sociology*, 1991, Vol. 17, pp. 79 – 103.

Elizabeth Chell, "Social Enterprise and Entrepreneurship Towards a Convergent Theory of the Entrepreneurial Process", *International Small Business Journal February*, 2007, Vol. 25, No. 1, pp. 5 – 26.

Elsbach, Kimberly, "Managing Organizational Legitimacy in the California Cattle Industry: The Construction and Effectiveness of Verbal Accounts", *Administrative Science Quarterly*, 1994, Vol. 39, No. 1, pp. 57 – 88.

Harding, R., "Social Enterprise: The New Economic Engine?", *Business Strategy Review*, 2004, Volume 15, Issue 4, pp. 39 – 43.

Hibbert, S. A., G. Hogg and T. Quinn, "Consumer Response to Social Entrepreneurship: The Case of the Big Issue in Scotland", *International Journal of Nonprofit & Voluntary Sector Marketing*, 2002, Volume 7, Issue 3, pp. 288 – 301.

Jacques Defourny, "Introduction: From Third Sector to Social Enterprise", in Carol Borzaga & Jacques Defourny (eds.), *The Emergence of Social Enterprise*, London & New York: Routledge, 2001.

Janelle A. Kerlin, "Social Enterprise in the United States and Europe: Understanding and Learning from the Differences", *Voluntas: International Journal of Voluntary and Nonprofit Organizations*, 2006, Volume 17, Issue 3, pp. 246 – 262.

J. Defourny, "Conceptions of Social Enterprise and Social Entrepreneurship in Europe and the United States: Convergences and Divergences", *Journal of Social Entrepreneurship*, 2010, Volume 1, Issue 1.

J. Gregory Dees, "Enterprising Nonprofits", *Harvard Business Review*, Jan. – Feb., 1998.

Kim Alter, *Social Enterprise Typology*, http://www.virtueventures.com/typology, 2007.

Meyer, John W. & Brian Rowan, "Institutionalized Organizations: Formal Structure as Myth and Ceremony", *American Journal of Sociology*, 1977, Vol. 83, No. 2, pp. 340 – 363.

Neck, H., Brush, C. and Allen, E., "The landscape of Social Entrepreneurship", *Business Horizons*, 2009, Vol. 52, issue 1, pp. 13 – 19.

Peredo, A. and McLean, M., "Social Entrepreneurship: A Critical Review of the Concept", *Journal of Word Business*, 2006, Volume 41, Issue 1, pp. 56 – 65.

Raymond Dart, "The legitimacy of Social Enterprise", *Nonprofit Management and Leadership*, 2004 (4).

Shaw, Eleanor, "Marketing in the Social Enterprise Context: Is it Entrepreneurial?", *Qualitative Market Research: An International Journal*, 2004, Vol. 7, No. 3, pp. 194 – 205.

Simon, Herbert A., "On the Concept of Organization Goal", *Administrative Science Quarterly*, 1964, Vol. 9, No. 1, pp. 1 – 22.

Young, Dennis R., "Nonprofit Management in Europe and Asia", *Nonprofit Management & Leadership*, 2003, Vol. 14, No. 2, pp. 227 – 232.

后　　记

　　社会企业在中国的发展引起学界的关注，并不是很久远的事情，我早年的学习研究更多关注非营利组织的中国化实践。2003年2月，上海乐群社工服务社在上海浦东发起成立，其被誉为中国大陆第一家社会工专业机构，开展专业化的社会工作服务。在硕士读书阶段作为导师的项目组成员，我对乐群社工服务社进行跟踪调研。数年的跟踪研究让我观察到中国社会工作服务专业化和职业化发展的必要性和实践中的艰辛，社会服务组织受困于资金、政策、服务能力提升和人才流失的压力。如何保持社会服务组织的可持续性和自主性发展，如何提高社会服务的效率和竞争力，如何才能留守社会服务发展亟须的人才，为非营利组织发展困境寻求可能的出口，这些问题一直萦绕着我，促使我不断深入社会实践，在实践中反思和总结。

　　2007年，一个偶然的机会，我接触到"社会企业"的概念。虽然关于社会企业的概念认定不一，组织形态各异，但"商业手段、社会目标"的简单八字却精要概括了社会企业的内涵和组织属性，我对社会企业的兴趣从此一发不可收拾。我试图去发现和非营利组织有着同样使命和目标的社会企业，如何突破非营利组织的困境，获得组织的发展和成长。当时的中国，业界对于社会企业的概念还非常模糊，就像后来在调研中，一些访谈对象对我说的一样，我自己也不知道我们是社会企业，人家给我说你们是社会企业，符合社会企业的特征，我一对照才发现，我们原来就是社会企业。这样的现象并非个案，这也正说明了实践先行和社会需求的内生性回应，说明社会企业的出现是社会发展的内在需求，而非外部催生。

后　记

感谢我的导师徐永祥先生！我很幸运在我人生的求学路上能遇到这样的恩师。从硕士、博士到工作各阶段，无论在学习上还是生活上，遇到困扰和迷惑，他像有魔法一样总能给我指明道路，并给予力量和勇气。回想当初我和导师谈起社会企业，想把社会企业作为未来的研究方向和兴趣，因为社会企业自身发展的不成熟及学界对社会企业的颇多争议，社会企业实践也相对匮乏，造成研究的困难，徐老师鼓励我做下去，帮我理清思路并纠正了我的诸多误解。我清晰地记得他说，即便失败了，这也是一种尝试。我开始收集社会企业的国内外文献，了解和走访社会企业的发展实践，积累素材。很幸运后来以社会企业为研究主题申请并获批了国家哲学社会科学基金项目，从此确立了以学术为志业的信念。

书稿几易成形，在走访和调研多家社会企业的基础上，选取了深圳市Y集团作为典型案例做深入追踪和具象描述。这是一个有着20余年发展历史的典型中国社会企业，其组织变迁的历程也是中国社会企业的成长史，反映了制度环境下的组织是如何在与环境的互动中建构和确立社会企业的合法性，如何从博弈、抗争到互惠、共谋，从依附、协作到嵌入、共治的过程。希望本书的出版能起到抛砖引玉的作用，引起更多的人关注社会企业的合法性，研究社会企业的生存、发展要素，使得社会企业能在共建共治共享的社会治理格局中发挥应有的积极作用。

我们总说，日月如梭、光阴荏苒。转眼间，对深圳市Y集团的跟踪研究也近十年了。书中的访谈资料收集和时间跨度非常大，从早期观察到进入现场，调研持续了超过8年的时间，资料的收集随着组织的发展不断补充和完善，根据组织发展状况和研究计划定期田野调查，通过深度访谈、焦点小组、问卷调查等方法收集一手资料，真实还原组织的变迁历程和社会行动。中国的社会转型随着经济、政治体制改革的广度和深度不断拓展，中国特色社会主义治理体系不断完善，从"社会管理"到"社会治理"的转变，反映了多元主体共治的诉求和共建共治共享的社会治理新格局的内在要求。转变政府职能，激发社会组织活力，提升公众的参与意识，提升社会自治能力，是当前中国社会治理体制创新的方向。深圳市Y集团20年来的组织变迁作为一个典型样本具象化呈现了中国社会体制变革和历史发展，具有典型意义。

在资料的收集、写作和书稿的整理过程中，我得到了太多人的帮助。感谢徐永祥先生鼓励我进入感兴趣的学术领域，勉我前行。徐老师深厚的学术造诣、渊博的知识基础和豁达乐观的生活态度都深深地影响着我，让我在这个虽艰难但充满挑战乐趣的学术领域里能坚持前行。徐老师曾主动提及书出版的时候帮我写序，可惜我终究还不够幸运，错过了您的再次教诲，愿您在天堂安息，您的学生必会继续努力前行，不负年华。

感谢华东理工大学社会与公共管理学院我亲爱的老师们。张广利教授对于我书稿的行文给了诸多宝贵建议，杨发祥教授总是严厉而又不失耐心地给我指导和帮助，还有学识渊博、慈善和蔼的曹锦清教授、美丽智慧的范斌教授、观点犀利的何雪松教授、充满人文关怀的张昱教授、热情专业的赵方杜教授和充满社工情怀的王瑞鸿教授等，他们都给我很多建议和帮助。感谢赵环博士，虽然他再也听不到我的感谢了，感谢赵老师当初在深圳引荐我进入调研单位，使得研究能够顺利进行。虽然我已从华理毕业数年，但你们却永远给予我最大的支持和鼓励，成为我学术进步的坚强后盾。

还要感谢给我支持的深圳市Y集团的所有朋友们，以及深圳市民间组织管理局、深圳市残联、罗湖区残联的领导、深圳市现代公益组织研究与评估中心及所有与该集团互动的个人和组织！是你们为我热情地提供资料和各种信息，在忙碌工作中接受我的访谈和问卷调查，耐心为我解答调研中的困惑和难题，为我提供各种便利，使得调研得以顺利进行！

特别感谢被集团上下亲切称呼为"大哥"的郑先生，他热情乐观、知识渊博、豁达睿智，充满爱和力量！他多次抱病接受我的访谈，最长的几次访谈单次均超过4个小时，给我的调研以最大的支持和帮助。在多年的持续性跟踪调研中，我们多次电话访谈他也欣然接受，还嘱托我有疑问可以随时沟通。每次拜访，他再忙也要安排时间接受我的访谈，令我十分感动。

2016年9月，我经深圳去香港参加世界社会企业峰会，打电话给郑先生说要去拜访他，其实那次因为时间紧张，是临时约的。之前因为在美国访学，所以我有两年都没有来 Y 集团了。一般除了特别的调研计划会安排假期待比较长时间外，我每年都会找机会来拜访。每次来像自己人一样和他们一起吃食堂，一起聊天，感觉特别好。2018 年我再次拜访他时才知道，2016 年那次见我，是他生病后小半年内见的第一个来访的人，那次他胃癌切管，曾生命垂危！当他说着这些的时候，坐在我面前，还是像往常一样，热情地招呼我喝茶，声如洪钟，激情昂扬地讲述着他的事业和未来！正如他自己微博所写的那样："人生是艰苦的，对于那些不甘于平庸鄙俗的人，是一种每日的战斗！爱与性艰难、生存与职业艰辛，生活就是一个艰苦的包裹。直面人生是不能退缩或堕落，去学会生活、学会爱，去承担这生命中艰苦的一切，然后从中寻觅出美与爱的存在，从一条崎岖的自我路径上寻找到通往整个世界的道路。"我想他找到了！郑先生满载一生的荣誉，最看重的是"全国劳模奖"和"深圳义工市长奖"，他说靠自己的能力，能够帮助别人、服务社会，是最自豪的事！给予，就是快乐！

感恩我一路前行中你们的支持和帮助，没有你们，我的研究不会如此顺利并持续下来。特别感谢集团"小"人物，大能量的飞哥，这么多年来我们像朋友一样，他给予我很多支持和帮助，他把自己本身活成了榜样；感谢充满梦想和能量的鹏方每次热情的招待和安排，感谢海军、廖姐、田姐、陈哥、小占、小马、初明、伟江、麦哥、曾工、小邵、阿武、楚楚、逢路、南瓜、文超、振宇、创新、罗雁、小辛、家兴、小魏、李院长、窗姐、勇哥及所有残友朋友们，感谢你们的支持和帮助，多次接受我的访谈，祝愿一生平安！

感谢我的师弟小贾、吉冰、阿雱为我数次深圳调研提供的大力帮助和支持，解决我的生活难题和保障工作。感谢我的学生为我整理录音资料。最后必须要感谢的是永远在背后默默给予支持和鼓励的我的家人们，让我能在学术道路上坚守而无后顾之忧。感谢我懂事自立的女儿，理解妈妈，给我空间，能让我专心学问。

学术之路，远无止境。志忐中书稿几易落笔，却无比惶恐，我深知还有很多缺陷和不足，遂不敢停下奔忙的脚步，不忘初心，砥砺前行。

感谢父母的关爱和呵护、理解与支持、豁达和乐观，成为我一生最宝贵的收藏！谨以此献给我千里之外年迈的母亲，她劳碌一生的智慧和为了孩子的倾心付出，让我收获满满的温暖和勇气！谨以此告慰遥在天国的父亲，您厚重的爱成就了我一生的力量！

刘小霞 谨识
庚子年春于上海